Michael Hofbauer

Das Reich der Tiere

Gondrom

Text und Illustrationen Michael Hofbauer, Lobbach
Satz und Reproduktionen: Kreisl Repro + Satz GmbH, Hof
ISBN 3-8112-1046-7

Inhalt

Einführung **7**

Stamm: Urtiere **9**
Stamm: Schwämme **11**
Stamm: Nesseltiere **13**
Stamm: Niedere Würmer **15**
Stamm: Plattwürmer **15**
Stamm: Schlauchwürmer **15**
Stamm: Priapswürmer **16**
Stamm: Weichtiere **17**
Klasse: Käferschnecken **17**
Klasse: Schnecken **17**
Familie: Seeohren 17
Familie: Wendeltreppen 18
Familie: Strandschnecken 18
Familie: Sumpfdeckelschnecken 18
Familie: Reusenschnecken 19
Familie: Tellerschnecken 20
Familie: Schlammschnecken 20
Familie: Mützenschnecken 20
Familie: Vielfraßschnecken 21
Familie: Bernsteinschnecken 21
Familie: Tönnchenschnecken 21
Familie: Glasschnecken 22
Familie: Schließmundschnecken 22
Familie: Schnirkelschnecken 23
Familie: Wegschnecken 23
Familie: Egelschnecken 23
Klasse: Grabfüßer **25**
Familie: Zahnschnecken 25
Klasse: Muscheln **25**
Familie: Miesmuscheln 25
Familie: Kammuscheln 25
Familie: Austern 26
Familie: Sattelmuscheln 26
Familie: Feilenmuscheln 26
Familie: Flußmuscheln 27
Familie: Perlmuscheln 27
Familie: Kugelmuscheln 27
Familie: Herzmuscheln 28
Familie: Venusmuscheln 28
Familie: Plattmuscheln 28
Familie: Klaffmuscheln 29
Familie: Schiffsbohrer 29
Familie: Scheidenmuscheln 29
Klasse: Kopffüßer **30**
Familie: Kraken 30
Familie: Tintenfische 30
Familie: Kalmare 30

Stamm: Ringelwürmer **31**
Stamm: Gliederfüßer **33**
Klasse: Spinnentiere **34**
Ordnung: Spinnen 34
Ordnung: Weberknechte 37
Ordnung: Milben 38
Ordnung: Skorpione 39
Klasse: Krebstiere **40**
Ordnung: Blattfußkrebse 41
Ordnung: Kiemenfußkrebse 41
Ordnung: Ruderfußkrebse 41
Ordnung: Wasserflöhe 42
Ordnung: Flohkrebse 42
Ordnung: Rankenfüßer 42
Ordnung: Asseln 43
Ordnung: Zehnfußkrebse 43
Klasse: Tausendfüßer **45**
Klasse: Hundertfüßer **45**
Klasse: Insekten **46**
Unterklasse: Urinsekten **47**
Ordnung: Springschwänze 47
Ordnung: Doppelschwänze 47
Ordnung: Fischchen 47
Unterklasse: Höhere Insekten 48
Ordnung: Eintagsfliegen 48
Ordnung: Libellen 49
Unterordnung: Kleinlibellen 49
Unterordnung: Großlibellen 50
Ordnung: Steinfliegen 51
Ordnung: Ohrwürmer 51
Ordnung: Schaben 52
Ordnung: Schrecken 53
Ordnung: Fangheuschrecken 55
Ordnung: Gespenstschrecken 56
Ordnung: Termiten 56
Ordnung: Pflanzensauger 57
Ordnung: Tierläuse 59
Ordnung: Staubläuse 59
Ordnung: Wanzen 60
Ordnung: Hautflügler 63
Ordnung: Käfer 69
Familie: Laufkäfer 69
Familie: Sandlaufkäfer 70
Familie: Schwimmkäfer 70
Familie: Taumelkäfer 70
Familie: Kolbenwasserkäfer 71
Familie: Aaskäfer 71
Familie: Stutzkäfer 72
Familie: Kurzflügler 72

Familie: Blatthornkäfer 73
Familie: Hirschkäfer 74
Familie: Prachtkäfer 75
Familie: Leuchtkäfer 75
Familie: Pelzkäfer 75
Familie: Schnellkäfer 76
Familie: Klopfkäfer 77
Familie: Diebskäfer 77
Familie: Marienkäfer 78
Familie: Feuerkäfer 79
Familie: Ölkäfer 79
Familie: Bockkäfer 79
Familie: Blattkäfer 83
Familie: Rüsselkäfer 85
Familie: Rollkäfer 86
Familie: Borkenkäfer 86
Ordnung: Schlammfliegen 87
Ordnung: Kamelhalsfliegen 87
Ordnung: Schnabelhafte 87
Ordnung: Blattflügler 88
Ordnung: Zweiflügler 89
Familie: Schnaken 89
Familie: Stechmücken 89
Familie: Bremsen 90
Familie: Raubfliegen 90
Familie: Wollschweber 90
Familie: Schwebfliegen 91
Familie: Vollfliegen 91
Familie: Fruchtfliegen 91
Familie: Schmeißfliegen 92
Ordnung: Flöhe 92
Ordnung: Schmetterlinge 93
Familie: Weidenbohrer 93
Familie: Widderchen 93
Familie: Echte Motten 93
Familie: Miniermotten 94
Familie: Hornissenschwärmer 94
Familie: Wickler 94
Familie: Geistchen 95
Familie: Schwalbenschwänze 95
Familie: Weißlinge 96
Familie: Bläulinge 97
Familie: Fleck- und Augenfalter 98
Familie: Glucken 100
Familie: Nachtpfauenaugen 101
Familie: Spanner 101
Familie: Schwärmer 102
Familie: Zahnspinner 104
Familie: Trägspinner 104
Familie: Bärenspinner 105
Familie: Eulen 106
Stamm: Stachelhäuter 107
Klasse: Seewalzen 107
Klasse: Seeigel 107
Klasse: Seesterne 108
Klasse: Schlangensterne 108
Stamm: Chordatiere 109
1. Unterstamm: Manteltiere 109
2. Unterstamm: Schädellose 109
3. Unterstamm: Wirbeltiere 110
Klasse: Rundmäuler 110
Familie: Inger 110
Familie: Neunaugen 110
Klasse: Knorpelfische 111
Ordnung: Haie 111
Familie: Haie 111
Familie: Blauhaie 111
Ordnung: Dornhaiartige 111
Familie: Meerengel 111
Ordnung: Rochen 112
Familie: Riesenmanta 112
Familie: Zitterrochen 112
Klasse: Knochenfische 112
Ordnung: Störe 112
Ordnung: Aalartige 113
Ordnung: Heringsartige 113
Ordnung: Lachsartige 114
Familie: Lachsfische 114
Familie: Hechte 115
Familie: Lanzenfische 115
Familie: Vipernfische 116
Familie: Laternenfische 116
Ordnung: Karpfenartige 116
Familie: Karpfenfische 116
Familie: Zitteraale 118
Familie: Kielbäuche 119
Familie: Schmerlen 119
Familie: Welse 120
Ordnung: Dorschartige 120
Familie: Dorsche 120
Familie: Seehechte 121
Ordnung: Ährenfischartige 121
Familie: Hornhechte 121
Familie: Fliegende Fische 122
Ordnung: Seenadelartige 122
Ordnung: Stichlingsartige 122
Ordnung: Eberfischartige 123
Familie: Petersfische 123
Ordnung: Kugelfischartige 123
Familie: Mondfische 123
Ordnung: Barschfische 123
Familie: Echte Barsche 123
Familie: Echte Makrelen 124
Familie: Schwertfische 125
Familie: Buntbarsche 125
Ordnung: Plattfische 125

Familie: Schollen 125
Familie: Seezungen 126
Klasse: Lurche 127
Ordnung: Blindwühlen 127
Familie: Fischwühlen 127
Ordnung: Schwanzlurche 128
Familie: Echte Salamander 128
Familie: Olme 128
Ordnung: Froschlurche 129
Familie: Scheibenzüngler 129
Familie: Krötenfrösche 129
Familie: Kröten 129
Familie: Laubfrösche 130
Familie: Echte Frösche 130
Klasse: Kriechtiere 131
Ordnung: Schildkröten 131
Familie: Sumpfschildkröten 131
Familie: Landschildkröten 131
Ordnung: Seeschildkröten 132
Familie: Lederschildkröten 132
Familie: Elefantenschildkröten 132
Ordnung: Krokodile 132
Ordnung: Schuppenkriechtiere 133
Familie: Leguane 133
Familie: Chamäleons 133
Familie: Glattechsen 134
Familie: Haftzeher 134
Familie: Flossenfüße 134
Familie: Halsbandeidechsen 135
Familie: Schleichen 135
Ordnung: Schlangen 136
Familie: Nattern 136
Familie: Ottern 136
Familie: Giftnattern 137
Familie: Riesenschlangen 138
Klasse: Vögel 139
Ordnung: Greifvögel 140
Familie: Habichtartige 140
Familie: Falken 143
Familie: Neuweltgeier 144
Familie: Sekretäre 144
Ordnung: Laufvögel 145
Familie: Strauße 145
Familie: Emus 145
Familie: Kasuare 146
Familie: Kiwi 146
Ordnung: Pinguine 147
Ordnung: Lappentaucher 149
Ordnung: Seetaucher 149
Ordnung: Röhrennasen 150
Familie: Sturmvögel 150
Familie: Sturmschwalben 150
Ordnung: Ruderfüßer 151
Familie: Kormorane 151
Familie: Tölpel 151
Familie: Pelikane 152
Familie: Tropikvögel 152
Ordnung: Schreitvögel 153
Familie: Reiher 153
Familie: Störche 153
Familie: Ibisse 154
Familie: Flamingos 154
Ordnung: Gänsevögel 155
Familie: Entenvögel 155
Ordnung: Regenpfeiferartige 157
Familie: Regenpfeifer 157
Familie: Austernfischer 157
Familie: Säbelschnäbler 158
Familie: Schnepfenvögel 159
Familie: Triele 159
Ordnung: Möwen 159
Familie: Seeschwalben 159
Ordnung: Alkenvögel 161
Ordnung: Hühnervögel 163
Familie: Rauhfußhühner 163
Familie: Hokkos 163
Familie: Fasanartige 163
Ordnung: Kranichvögel 165
Familie: Kraniche 165
Familie: Rallen 165
Ordnung: Taubenvögel 166
Familie: Tauben 166
Ordnung: Papageien 167
Ordnung: Kuckucksvögel 167
Ordnung: Eulenvögel 168
Familie: Eulen 168
Familie: Schleiereulen 168
Ordnung: Trogons 169
Ordnung: Nachtschwalben 169
Familie: Ziegenmelker 169
Ordnung: Seglervögel 169
Familie: Segler 169
Familie: Kolibris 170
Ordnung: Rackenvögel 171
Familie: Hopfe 171
Familie: Eisvögel 171
Ordnung: Spechtvögel 172
Familie: Spechte 172
Familie: Tukane 172
Ordnung: Sperlingsvögel 173
Familie: Schwalben 173
Familie: Seidenschwänze 173
Familie: Stelzen 174
Familie: Würger 174
Familie: Grasmücken 174
Familie: Goldhähnchen 175

Familie: Meisen 175
Familie: Sperlinge 175
Familie: Sänger 176
Familie: Finken 176
Familie: Pirole 177
Familie: Rabenvögel 177
Familie: Paradiesvögel 178
Klasse: Säugetiere 179
Ordnung: Kloakentiere 179
Familie: Schnabeltiere 179
Ordnung: Beuteltiere 180
Familie: Beutelratten 180
Familie: Plumpbeutler 180
Familie: Kletterbeutler 181
Familie: Raubbeutler 181
Familie: Känguruhs 182
Ordnung: Zahnlose 183
Familie: Ameisenbären 183
Ordnung: Röhrenzähner 183
Familie: Erdferkel 183
Ordnung: Schuppentiere 183
Ordnung: Insektenfresser 184
Familie: Igel 184
Familie: Spitzmäuse 184
Familie: Maulwürfe 184
Ordnung: Fledertiere 185
Familie: Hufeisennasen 185
Familie: Flughunde 185
Ordnung: Hasentiere 186
Familie: Hasen 186
Familie: Pfeifhasen 186
Ordnung: Nagetiere 187
Familie: Hörnchen 187
Familie: Bilche 187
Familie: Biber 188
Familie: Wühler 188
Familie: Blindmäuse 189
Familie: Langschwanzmäuse 189
Familie: Riesennager 190
Ordnung: Raubtiere 191
Familie: Hundeartige 191
Familie: Großbären 192
Familie: Kleinbären 193
Familie: Katzenbären 193
Familie: Marder 194
Familie: Schleichkatzen 195
Familie: Hyänen 195
Familie: Katzen 196
Ordnung: Wasserraubtiere 198
Familie: Hundsrobben 198
Familie: Walrosse 198
Ordnung: Seekühe 199
Familie: Gabelschwanzseekühe 199
Ordnung: Schliefer 199
Ordnung: Rüsseltiere 200
Familie: Elefanten 200
Ordnung: Wale 201
Familie: Furchenwale 201
Familie: Pottwale 201
Familie: Delphine 202
Ordnung: Paarhufer 203
Familie: Schweine 203
Familie: Flußpferde 203
Familie: Kamele 204
Familie: Hirsche 205
Familie: Giraffen 207
Familie: Hornträger 208
Ordnung: Unpaarhufer 211
Familie: Pferde 211
Familie: Nashörner 212
Familie: Tapire 212
Ordnung: Primaten 213
1. Unterordnung: Halbaffen 213
Familie: Lemuren 213
Familie: Fingertiere 213
Familie: Loris 214
2. Unterordnung: Affen 214
Familie: Kapuzineraffen 214
Familie: Meerkatzenartige 215
Familie: Schlankaffen 217
Familie: Gibbons 218
Familie: Menschenaffen 219

Register 223

Einführung

Weit über 1 Million Tierarten sind der Naturwissenschaft bis heute bekannt. Man hat ihnen Namen gegeben und versucht, ihre Lebensweise zu erforschen. Über viele Jahrhunderte, ja sogar schon in der Zeit vor Christi Geburt wurden Aufzeichnungen über Pflanzen und Tiere gemacht. Doch was nützen alle Niederschriften und Erkenntnisse des Einzelnen ohne eine allgemeingültige Systematik, die diese mannigfaltigen Informationen ordnet! In früheren Zeiten stellte sich dieses Problem nicht, da die Zahl der Wissenschaftler sehr gering war und eine einfache Namensgebung und Beschreibung deshalb ausreichte. Doch im 18. Jahrhundert trat eine entscheidende Wandlung ein: Die Zahl der Forscher wuchs international, und es wurde immer schwieriger, die entdeckten Arten einzuteilen. Mehrere Namen für dieselbe Art, Verwechslungen und unterschiedliche Beurteilungen machten eine sinnvolle Arbeit oft unmöglich. Ganz abgesehen von den Sprachbarrieren zwischen den Völkern, werden sogar innerhalb der einzelnen Länder bestimmte Tierarten verschieden bezeichnet. Bei den einen sind die Stechmücken Schnaken, bei den anderen heißen sie Mücken; wieder anderswo gelten Fliegen als Mücken und Mücken als Fliegen.

Es ist vor allem Carl von Linné (1707-1778) zu verdanken, daß ein entscheidender Schritt zur modernen Systematik getan wurde. Durch eine zweiteilige Nomenklatur aus lateinischen oder auch lateinähnlichen Namen schuf er eine eindeutige und international gültige Kennzeichnung der bekannten Tierarten. Der erste Name bezeichnet dabei die Gattung, zu der dieses Tier gehört, wobei eine Gattung eine Gruppe sehr ähnlicher Arten zusammenfaßt; der zweite Name spezifiziert das Tier, indem er die eigentliche Art nennt. Als Beispiel sei hier die Honigbiene *(Apis mellifera)* erwähnt. Sie gehört zur Gattung der Bienen *(Apis)* und zur Art der Honigbienen *(Mellifera)*.

So geht man auch heute noch nach demselben Schema vor, um in die fast unüberschaubare Anzahl von Arten Ordnung zu bringen. Im Tierreich spricht man dabei von zoologischer Systematik, die folgendermaßen funktioniert. Durch Beobachtung und Vergleich findet man Unterschiede und Ähnlichkeiten der Tiere heraus. Hier wird besonders auf den äußeren und inneren Körperbau geachtet. Gleichen sich Tiere in den meisten wesentlichen Einzelheiten und können fruchtbare Nachkommen zeugen, so spricht man von einer Art. Arten, die sich nur in Einzelheiten voneinander unterscheiden, faßt man als Gattung zusammen. Mehrere Gattungen noch recht ähnlicher Arten bilden zusammen eine Familie. Verschiedene Familien mit bestimmten Gemeinsamkeiten ergeben eine Ordnung. Die nach Merkmalen zusammengehörigen Ordnungen vereinigen sich auf der nächsthöheren Stufe zu Klassen. Verwandtschaftlich nicht mehr so eng verbundene Klassen mit jedoch immer noch wesentlichen Ähnlichkeiten ergeben zusammen einen Stamm. Und alle Stämme zusammen vereinigen sich schließlich im Reich der Tiere. Um diese Einteilung besser zu verdeutlichen, wollen wir noch einmal die Honigbiene als Beispiel nennen:

Art:	Honigbiene *(Apis mellifera)*
Gattung:	Biene *(Apis)*
Familie:	Bienen *(Apidae)*
Ordnung:	Hautflügler *(Hymenoptera)*
Klasse:	Insekten *(Insecta)*
Stamm:	Gliederfüßer *(Arthropoda)*
Reich:	Tiere *(Animalia)*

Linné ging davon aus, daß eine bestimmte Anzahl Tiere und Pflanzen durch die Schöpfung entstand, die unverändert bestehen bleibt. Obwohl man bald erkannte, daß dies ein Irrtum war, und die Organismen einer stetigen Entwicklung unterliegen, hat Linnés Ordnungsprinzip trotzdem für den Aufbau eines natürlichen Systems Geltung.

Zwei Naturforscher des 19. Jahrhunderts, der Franzose Lamarck und der Engländer Darwin, konnten durch die Zusammenstellung von umfangreichem Forschungsmaterial und nicht zuletzt durch Linnés zoologische Systematik bald nachweisen, daß das Tierreich einer ständigen Entwicklung unterliegt. Lamarck ging davon aus, daß die in der Umwelt erworbenen Eigenschaften vererbbar sind und zu einer besseren Anpassung an die Umwelt führen. Etwa so wie die Giraffe, die sich über viele Generationen nach Blättern von Bäumen streckt und so einen längeren Hals bekommt. Darwin glaubte nicht an diese Theorie, sondern machte zwei andere Faktoren für die Weiterentwicklung im Tierreich verantwortlich: Er fand heraus, daß alle Lebewesen Erbanlagen besitzen, die unverändert weitergegeben werden. Es war ihm klar, daß diese Erbanlagen nur durch eine Auslese (Selektion) beeinflußbar sind oder durch rein zufällige Veränderungen (Mutation), die dann an die nächste Generation weitergegeben werden, und er erkannte, daß gerade diese Erbsprünge der Motor der Entwicklung (Evolution) des Lebens sind. Bringt nämlich ein Erbsprung für das Individuum einen Vorteil, so wird er sich auch für seine Nachkommen günstig auswirken; ist ein Erbsprung ungünstig, so hat das Individuum schlechtere Überlebenschancen und fällt der natürlichen Auslese zum Opfer.

Darwins Theorie von der natürlichen Auslese bildet die Grundlage für eine moderne Abstammungslehre und stellt nach heutigem Wissensstand die plausible

Erklärung für die Entwicklung des Lebens auf der Erde dar. Betrachtet man also ein Werk wie das vorliegende, so muß man sich klarmachen, daß es letztlich nur eine Momentaufnahme ist, denn die Entwicklung ist nicht zum Stillstand gekommen, sondern vollzieht sich heimlich vor unseren Augen. Laufend sterben Tierarten aus und neue kommen hinzu. Mit Hilfe der Grundlagen von Darwins Abstammungslehre und der zoologischen Systematik Linnés ist es möglich, alle bis heute bekannten Tiere in einen Stammbaum des Lebens einzufügen. Obwohl noch viele Fragen offen sind und Unsicherheit über Verwandtschaftsverhältnisse einzelner Tiergruppen zueinander besteht, scheint heute sicher zu sein, daß alles tierische (und pflanzliche) Leben von einzelligen Lebewesen abstammt, die im Wasser gelebt haben. Bis in unsere Zeit haben sich einzelne Arten nahezu unverändert erhalten und geben uns ein Bild vom Ursprung des Tierreichs. Aus den Einzellern entwickelten sich mehrzellige Lebewesen, die noch einfach gebaut waren. Sie bilden den Stamm unseres Baumes. Von hier ging die Entwicklung durch Mutation und Selektion in verschiedene Richtungen als Äste des Stammbaumes, die sich immer weiter verzweigen. Am Ende dieser Zweige stehen, wie Blätter an den Zweigen, die einzelnen Arten.

Beim Durchblättern des Buches wird man feststellen, daß ein Streifzug durch das Reich der Tiere auch eine Reise durch seine Entstehungsgeschichte ist. Es beginnt mit den einfach gebauten Einzellern, halb Tier - halb Pflanze, geht über einfach organisierte Mehrzeller zu den immer höher spezialisierten Organismen, um bei den Herrentieren (Primaten), an deren Spitze der Mensch steht, mit dem Bewußtsein anzuhalten, daß wir noch längst nicht am Ende dieser Entwicklung sind. Der Mensch muß sein ganzes Wissen über diese Zusammenhänge, das er sich mühevoll erworben hat, nutzen, um den Lebensraum Welt zu erhalten und nicht in einer Sekunde zu zerstören, was in Jahrmillionen entstanden ist. Die erheblichen Eingriffe in den Naturhaushalt haben in kurzer Zeit dazu geführt, daß unzähligen Tieren die Lebensgrundlage entzogen wurde und sie unwiederbringlich aus dem Reich der Tiere verschwunden sind. Doch der Mensch scheint die Folgen, die für ihn selbst daraus entstehen, nicht wahrzunehmen. Immer mehr breitet er sich aus und formt die Umwelt aller Lebewesen nur nach seinen Bedürfnissen, ohne zu bemerken, wie er sich dabei seine eigene Zukunft zerstört. Die Artenvielfalt, die in 2 Milliarden Jahren entstanden ist und sich in einem äußerst empfindlichen Gleichgewicht befindet, kann sich dem immensen Druck durch die veränderten Umweltbedingungen nicht im entsprechenden Tempo anpassen und fällt der künstlichen Selektion zum Opfer. Viele Tierarten sterben aus, und durch die Abhängigkeit der Tierarten untereinander steigt der Druck ständig. Erst wenn der Mensch erkennt, daß er momentan zwar an der Spitze des Stammbaumes steht, aber dennoch ein Teil des Ganzen ist, für das er eine Verantwortung trägt, gerät die wunderbare Entwicklung nicht ins Stokken.

URTIERE *(PROTOZOA)*

Urtiere sind die entwicklungsgeschichtlich ältesten Tiere. Alle auf der Welt lebenden Tiere (wie auch der Mensch) sind aus den Vorfahren dieser winzigen Tiere hervorgegangen. Bis in unsere heutige Zeit haben sich zahlreiche Arten der einfach gebauten Lebewesen in ihrem Aussehen und ihrer Lebensweise kaum verändert. Die ältesten Tierarten stammen sogar aus der Zeit vor ca. 500 Millionen Jahren. Das Besondere an allen Urtieren ist, daß sie lediglich aus einer einzigen Zelle bestehen. Man nennt sie deshalb auch Einzeller. Alle Lebensfunktionen (Verdauung, Atmung, Bewegung ...), die bei den übrigen mehrzelligen Lebewesen mit Hilfe verschiedenster Organe ausgeführt werden, laufen innerhalb dieser einzigen Zelle ab. Trotz ihrer Einzelligkeit gibt es bei Urtieren ganz unterschiedliche Gestalten, die jedoch im wesentlichen einige Zellteile gemeinsam haben (siehe Schema Pantoffeltierchen). Allerdings können sich Urtiere unterschiedlich fortbewegen. Das geschieht entweder durch Geißelhärchen, die wimpernartig oder fadenförmig sein können, oder durch Scheinfüßchen.

Wie man heute weiß, ist das Wasser die ,,Wiege des Lebens''. Von dort haben sich aus den ursprünglichen Einzellern immer komplizierter gebaute Tierarten entwickelt, die bald auch außerhalb des Wassers lebten. Urtiere sind überall zu finden, wo Wasser ist: in Pfütze, Teich, Tümpel oder feuchter Erde. Hier ernähren sie sich von Bakterien, Algen und kleineren Einzellern. Einige Arten leben als Parasiten auf Wirbellosen oder Wirbeltieren, wie zum Beispiel die Protomonadinen, die beim Menschen die sogenannte Schlafkrankheit verursachen.

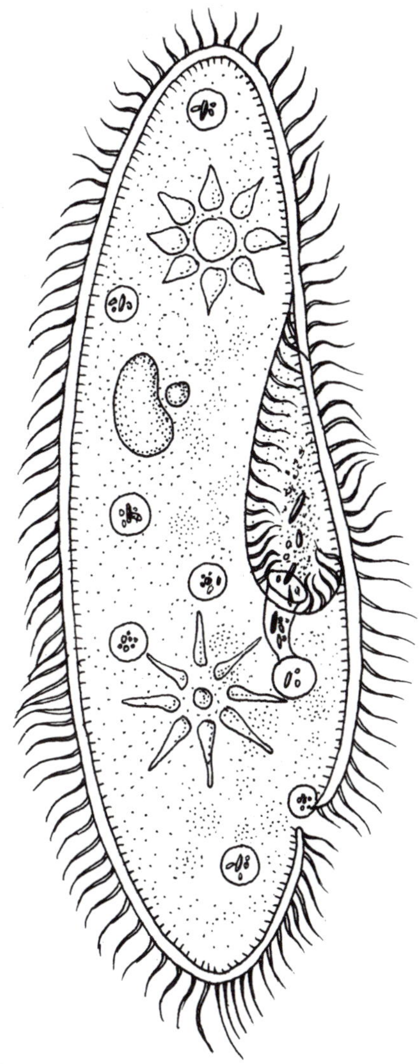

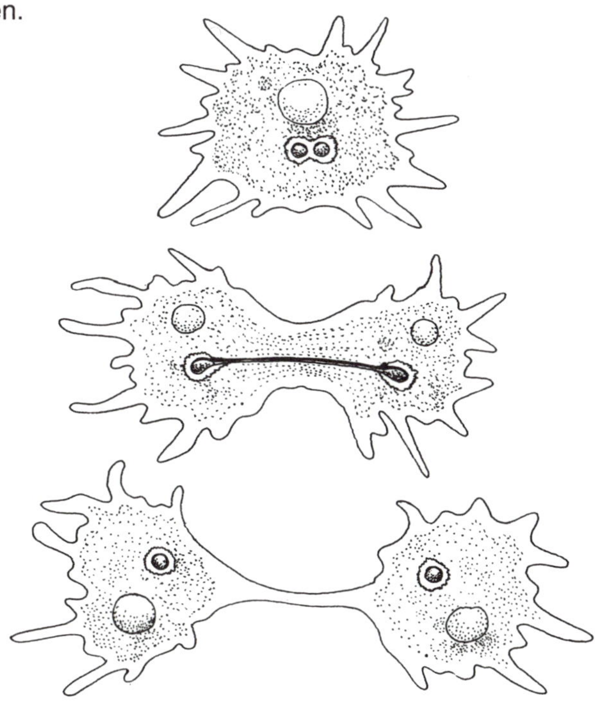

Amöbe

◁ Betrachtet man eine Amöbe unter dem Mikroskop, so sieht man zunächst nur ein schleimiges Klümpchen. Erst nach und nach verändert sich seine Form und wie kleine Wurzeln treten die Scheinfüßchen hervor. Aufgrund eines ständigen Formenwandels nennt man die Amöbe auch Wechseltier. Um sich zu ernähren, überfließt die Amöbe kleinste Pflanzenreste, kleinere Einzeller und Bakterien. Da sie keinen Mund hat, umschließt das Wechseltier die Nahrung völlig und bildet ein Nahrungsbläschen. Von dort gelangen die verdauten Stoffe direkt ins Zellplasma. Bei der Fortpflanzung teilen sich die Zelle und der Zellkern in zwei gleich große Hälften (siehe Schema Zellteilung Amöbe). Das Zellplasma der Mutterzelle lebt also in den Tochterzellen weiter, die sich ihrerseits wieder teilen. Im Grunde kann man die Amöbe somit als unsterblich bezeichnen.

Strahlentierchen *(Thalassicolla nucleata)* △

Strahlentierchen leben im Meer. Das Zellplasma ist von einer schützenden, durchlöcherten Schale, der Zentralkapsel, umgeben. Schier unendlich ist die Formenfülle der Strahlentierchen. Die aus Kieselsäure bestehenden Kapsel-Skelette sinken nach dem Tod der Tiere auf den Meeresgrund. Dort tragen sie zum Aufbau bestimmter Gesteinsschichten durch Ablagerung bei.

Kugeltierchen *(Volvox)* △

Auf den ersten Blick könnte man meinen, das Kugeltierchen sei kein Einzeller, sondern ein Vielzeller. Tatsächlich besteht Volvox aus mehreren Zellen. Solch einen Zusammenschluß mehrerer Einzeller nennt man Zellkolonie. Beim Vielzeller sind die einzelnen Zellen in Aufbau und Aufgabe jedoch sehr verschieden. Bei Volvox bestehen diese Unterschiede erst im Ansatz. Sie hat Körperzellen und Fortpflanzungszellen, die jeweils aufeinander angewiesen sind und alleine auf Dauer zugrunde gehen würden. Diese Zellkolonie von über 1000 Zellen beim Kugeltierchen weist es als Übergangswesen zwischen Ein- und Vielzellern aus.

Augentier *(Euglena)* △

Mit Hilfe eines roten Flecks (Augenfleck) kann sich Euglena zum Licht hin orientieren. Daher kommt auch der Name Augentierchen. Über ihre Körperoberfläche sind wimpernähnliche Geißeln verteilt, mit denen sie zur Fortbewegung heftig schlagen. Die grüne Farbe dieser Geißelträger rührt von dem in der Zelle verteilten Blattgrün (Chlorophyll). Allein durch Sonnenlicht ist Euglena in der Lage, Stärke zu bilden und somit Energie zu gewinnen. Diese Tatsache bewirkt, daß man das Augentier auch zum Pflanzenreich zählen kann. Ist jedoch kein Licht vorhanden, so nimmt Euglena z.B. Bakterien in ein Nahrungsbläschen auf und verdaut diese (vgl. Amöbe). Hier liegt also sowohl eine pflanzliche als auch eine tierische Form der Energiegewinnung vor.

Trompetentierchen *(Stentor polymorphus)* △

Das Trompetentierchen heftet sich mit seinem dünnen Ende an Steinen oder Pflanzen von Tümpeln fest. Durch eine Spirale von Wimpern am oberen, trompetenförmigen Ende strudelt es sich Nahrungsteilchen zu. Trompetentierchen sind schon höher entwickelte Einzeller. Sie haben bereits ein gut entwickeltes Verdauungs- und Muskelsystem.

VIELZELLER *(METAZOA)*

Alle Tiere, die aus mehreren verschiedenartigen Zellen aufgebaut sind, nennt man Vielzeller. Die Zellfunktionen sind kompliziert aufeinander abgestimmt, so daß der Gesamtorganismus funktioniert. Sind Verbindungen zwischen den Zellen gestört, so stirbt das Lebewesen. Je höher entwickelt ein Tier ist, desto umfangreicher wird die Funktionsaufteilung der Zellen. Die einzelnen Zellen sind so stark spezialisiert, daß sie allein nicht mehr lebensfähig sind.

SCHWÄMME *(PORIFERA)*

Die Porifera sind die am einfachsten gebauten Vielzeller. Die einzelnen Zellen sind hier noch nicht so stark spezialisiert. Entfernt man aus dem Schwammkörper Stücke, so sind diese immer noch lebens- und teilungsfähig. Obwohl sie deshalb den Protozoen im Sinne einer Zellkolonie noch recht ähnlich sind, zählt man sie zu den Metazoen. Dies scheint aus folgenden Gründen berechtigt: Wie bei einem anderen mehrzelligen Tier kommen die Einzelzellen nur im Körperverbund vor.

Es bestehen Organe, wie zum Beispiel der mit Geißelzellen ausgekleidete Körperhohlraum, der den Magen-Darm-Trakt bildet. Darüber hinaus können sich Schwämme mit Hilfe von Samen- und Eizellen, über die Teilung hinaus, auch geschlechtlich fortpflanzen. Zur Nahrungsaufnahme wird durch eine dreischichtige Körperwand, die mit feinen Poren durchsetzt ist, mit Hilfe der Geißelzellen ein Wasserstrom in Bewegung gehalten. Dabei werden Kleinstlebewesen ins Innere des Schwammes gespült, die hier von anderen Zellen verdaut werden.

Das eingesaugte Wasser wird durch eine Öffnung (Osculum) wieder ausgestoßen. Kleine Skelettnadeln stützen den Schwammkörper. Sie befinden sich in einer Art Gallertmasse, welche die äußere von der inneren Schicht trennt.

Der Körper der Schwämme gleicht einem großen Kanalsystem. An den Außenflächen sitzen Tausende von Poren, die in Hohlräume führen, die mit Kragengeißelzellen ausgestattet sind. Diese Geißelkammern münden direkt oder indirekt in eine Austrittsöffnung (Osculum) nach außen. Die Pfeile der Abbildung kennzeichnen den Wasserdurchfluß, der durch die Poren ins Innere des Schwamms geleitet wird.

Die meisten Schwämme haben ihre ursprünglich symmetrische Sackform verloren und bilden eine unregelmäßige Form. Durch diese Veränderung sind die Innenwände mit vielen Einbuchtungen versehen. Dadurch wird der Hohlraum im Inneren immer kleiner. Es entsteht ein besserer Wasserdurchfluß und gibt dem Schwamm gleichzeitig mehr Halt. So können sich auch größere Körperformen ausbilden.

▽

Abb.: Längsschnitt durch einen Schwammkörper

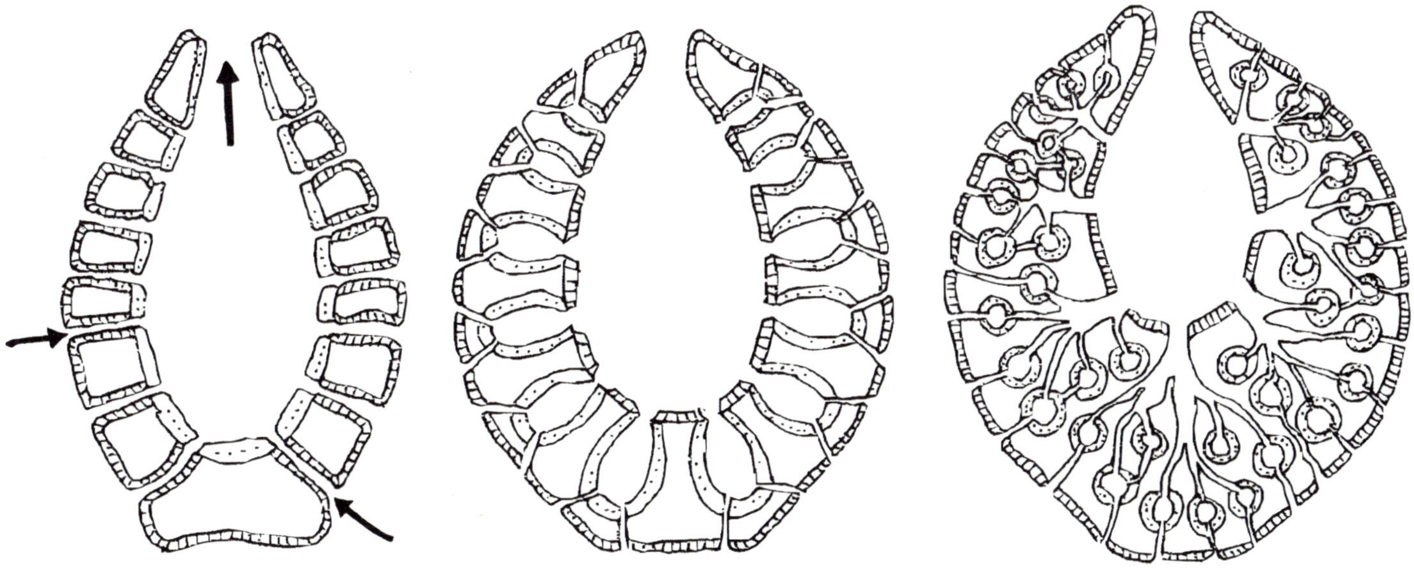

SCHWÄMME

Badeschwamm *(Spongia officinalis)*

Wohl jeder hat diesen Schwamm schon in der Hand ▷ gehabt, ohne zu bedenken, daß es sich dabei um das Skelett eines Tieres handelt. Der 15-30 cm große Schwamm sitzt in Tiefen zwischen 10 und 40 Metern fest am Meeresboden. Wegen seines weichen, elastischen Skeletts wird er gesammelt und getrocknet. Die Farbe des Badeschwamms variiert von Violett, Braun bis Schwarz. (Verbreitung: Mittelmeer)

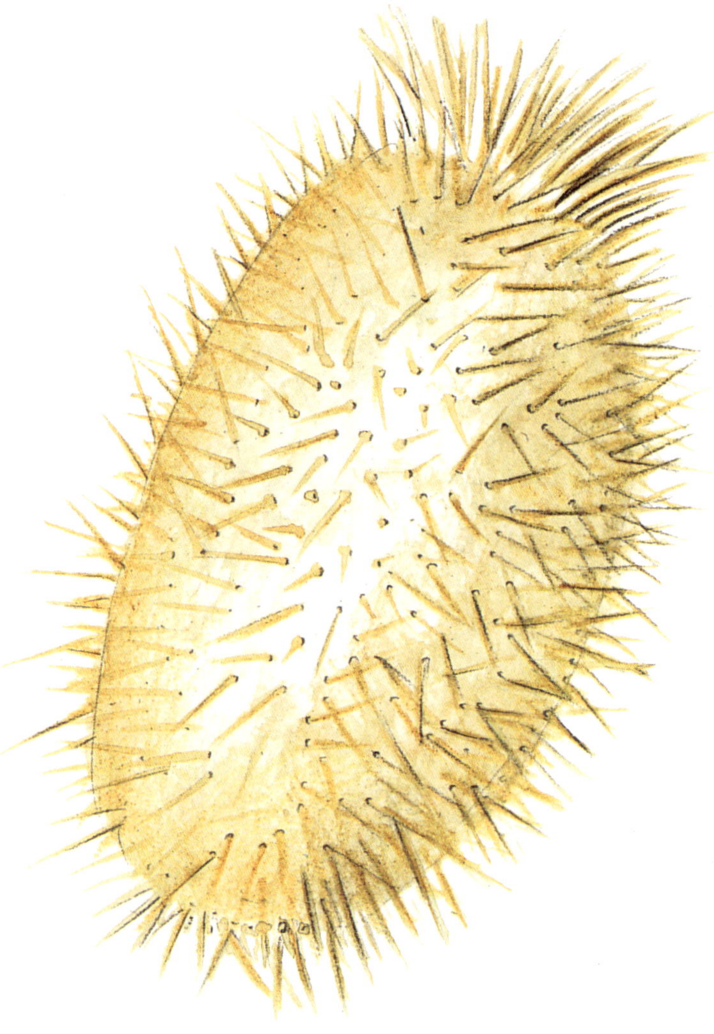

Rettichschwamm *(Sycon raphanus)*

◁ In den Küstengewässern der ganzen Erde lebt der Rettichschwamm, der nur eine Größe von 2 cm hat. Er gehört zur Klasse der Kalkschwämme, deren Skeletteile aus kohlesaueren Kalknadeln bestehen. Diese sind über den Schwammkörper verteilt und ragen aus diesem hervor. Um die Strömungsöffnung (Osculum) sitzen viele Wimpern. Der Rettichschwamm ernährt sich von Kleinstlebewesen.

Geweihschwamm *(Spongilla lacustris)*

Dieser Süßwasserschwamm hat sein grünes Aussehen ▷ von zahlreichen Grünalgen, die sich im Schwammkörper befinden. Im Frühjahr und Sommer ist dieser Schwamm im sonnenbeschienenen Wasser vieler Seen Eurasiens, Afrikas und Nordamerikas häufig anzutreffen. Er überzieht Steine, Pflanzenstengel oder Äste und bildet später geweihartige Gebilde.

HOHLTIERE *(COELENTERATA)*

Wie der Name schon sagt, besteht der Körper der Hohltiere aus einem hohlen Sack mit einer Mundöffnung an einem Ende. An dieser Mundöffnung sitzen Tentakeln (Fangarme), die der Nahrungsaufnahme und der Ausscheidung von Verfallstoffen dienen. Die Tentakeln wiederum sind mit Nesselzellen versehen, die zum einen dem Beutefang und zum anderen der Verteidigung dienen. Zu den Hohltieren zählen alle Nesseltiere.

NESSELTIERE *(CNIDARIA)*

Hauptsächlich im Meer leben die Nesseltiere. Der Körper dieser Vielzeller ist komplizierter organisiert als bei den Schwämmen. Auch hier gibt es sehr kleine, aber auch große Arten mit bis zu einem Meter Durchmesser. Eine Körperhülle aus zwei Zellschichten umgibt eine gallertige Schicht. In der äußeren Zellschicht befinden sich viele Nesselzellen mit jeweils einem Nesselfaden. Werden die Nesselzellen bei Gefahr oder durch ein Beutetier gereizt, so schleudern sie den giftigen Nesselfaden heraus. Das getroffene Beutetier wird durch das Nesselgift betäubt und kann verspeist werden.

Cnidaria haben nur eine Körperöffnung, die gleichzeitig als Mund und Ausscheidungsorgan dient. Um diesen Mund sind Fangarme in verschiedener Anzahl angeordnet. Nesseltiere trifft man in zwei Lebensformen an. Zum einen den festsitzenden Polypen (siehe Abb. Hydra), zum anderen die freischwimmende Meduse (Qualle). Einige Arten wechseln regelmäßig zwischen beiden Stadien ab. Es werden etwa 9000 Arten unterschieden.

Hydra / Süßwasserpolyp

(Chlorohydra viridissima)

Nur 1-2 cm lang ist dieser Polyp, der im Gegensatz zu den meisten Arten von Nesseltieren im Süßwasser lebt. Seine grüne Farbe stammt von Algen, die in der Innenschicht des Tieres leben. Sechs bis zwölf Fangarme sitzen um die Mundöffnung herum. Zu Recht heißt dieser Polyp Hydra, ursprünglich ein 9köpfiges Ungeheuer aus der griechischen Mythologie, das anstelle des einen abgeschlagenen Kopfes zwei neue hervorbrachte. Wie dieses Ungeheuer hat unser Polyp die Fähigkeit, verlorene Körperteile zu regenerieren. Selbst eine in über hundert Stücke zerlegte Hydra kann aus jedem Bruchstück ein neues Tier bilden.
▽

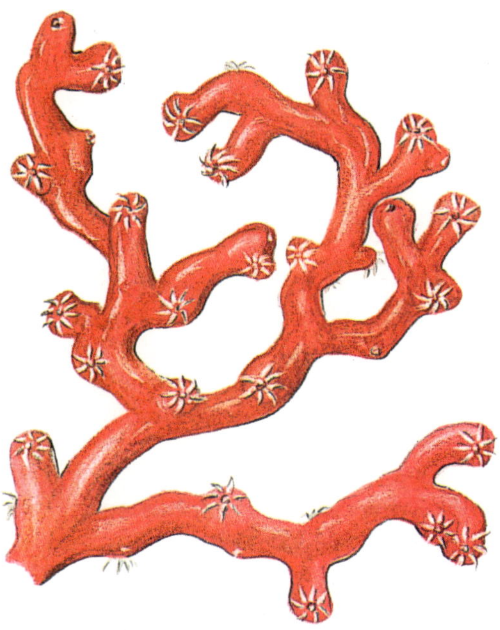

Edelkoralle

◁ Auch die Korallen sind Polypen, die in der Regel fest am Untergrund sitzen. Charakteristisch für die Korallen ist ihr kalkiges Außenskelett. Mehrere Einzelwesen, die durch dieses Skelett verbunden sind, bilden einen Stock oder eine Kolonie.

Bei den Korallen unterscheidet man Sechsstrahlige (Hexakorallen) und Achtstrahlige (Oktokorallen). Zu letzteren gehört die Edelkoralle. Sie hat ein strauchförmiges verzweigtes Außenskelett, das fast wie eine Pflanze wächst und lebhaft gelb, orange, rot, ja sogar purpurfarben sein kann. (Verbreitung: Mittelmeer und nordaustralische Küste)

NESSELTIERE

Leuchtqualle *(Pelagia noctiluca)*

Elegant schwimmt die Qualle durch das Wasser, indem ▷ sie mit ruckartigen Bewegungen das Wasser aus der Körperglocke herauspreßt. Ihr Name rührt von der Leuchtkraft ihres Körpers unter Wasser bei Nacht. Im Mittelmeer ist die Leuchtqualle häufiger anzutreffen. Auf den Mundarmen und Fangfäden sitzen zahlreiche Nesselkapseln, die wie beim Polypen dem Beutefang dienen. Wahrscheinlich hat jeder Urlauber am Meer dieses Nesseln schon einmal zu spüren bekommen, wenn er mit einer Qualle in Berührung kam. Strandet eine Qualle, trocknet sie soweit aus, daß lediglich ein dünnes Häutchen übrigbleibt. Diese zarten, durchsichtigen Tiere bestehen zu 97 Prozent aus Wasser, und nur dort sind sie lebensfähig.

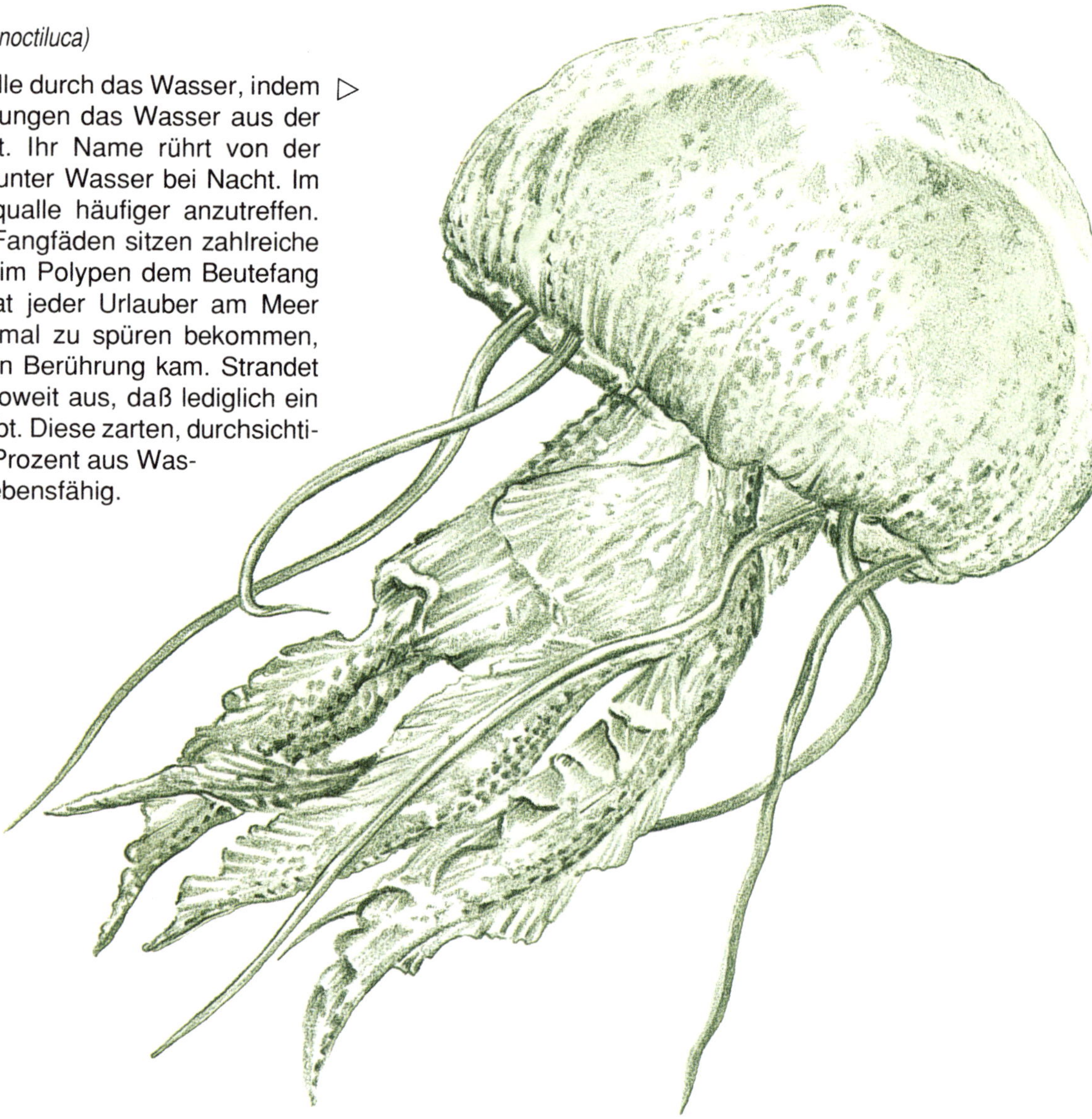

Edelsteinrose *(Bunodactis verrucosa)*

◁ Dieses pflanzenartige Gebilde ist ebenfalls ein Nesseltier und zählt zu den Blumentieren (Anthozoen). Es lebt meist einzeln im Meer und sitzt mit einer Fußscheibe (Basalscheibe) fest auf steinigem Untergrund. Manchmal lösen sich die Blumentiere vom Untergrund, um langsam zu einem neuen Standort zu wandern. Die als Seerosen bezeichneten Blumentiere leben in allen Meeren der Welt; in der Brandung der Küsten ebenso wie in der lichtlosen Tiefe der Ozeane.

NIEDERE WÜRMER *(SCOLECIDA)*

Als niedere Würmer bezeichnet man Plattwürmer (Strudelwürmer, Saugwürmer, Bandwürmer), Kelchwürmer, Schnurwürmer, Schlauchwürmer, Priapswürmer, Spritzwürmer, Sternwürmer und Kranzfühler.

Eine hierarchische Einteilung in Tierstämme, Klassen, Ordnungen und Arten ist recht kompliziert und richtet sich auch hier nach den Verwandtschaftsmerkmalen der einzelnen Arten. Als Beispiele für die immense Artenfülle von über 42000 Arten wird aus den Stämmen Plattwürmer *(Plathelminthes)*, Priapswürmer *(Priapulida)* und Schlauchwürmer *(Nemathelminthes)* jeweils eine Art vorgestellt.

Plattwürmer *(PLATHELMINTHES)*

Es gibt Arten, die nur einige Millimeter lang werden, aber auch einige Giganten, die bis zu 20 Meter Länge erreichen. In ihrem flachen Körper, der mit Gewebe gefüllt ist, liegen die Organe, ein einfaches Nervensystem, Muskeln, ein Ausscheidungs- und Fortpflanzungssystem. Plattwürmer sind auch die ersten Vielzeller, deren Körper in eine linke und eine rechte Körperhälfte eingeteilt werden kann.

Die meisten Tiere leben frei im Wasser oder am Boden, aber auch als Parasiten in den Organen von Tieren und Menschen sind viele Arten zu finden (z.B. Bandwürmer). Plattwürmer sind fast ausschließlich Zwitter, das heißt, daß sie sowohl weibliche als auch männliche Geschlechtsorgane besitzen, obwohl sie sich nicht selbst befruchten können.

Plattwürmer brauchen also kein anderes Geschlecht zur Paarung, sondern nur einen Partner. Dadurch erhöhen sich ihre Chancen bei der Partnersuche natürlich erheblich.

Milchweiße Planarie *(Dendrocoelum lacteum)* ▷

Die 2-3 cm lange Milchweiße Planarie lebt in stehenden und fließenden Gewässern. Ihr Körper ist mit feinen Wimpern bedeckt, die sich ständig bewegen und somit für die Fortbewegung im Wasser zuständig sind. Durch diese Strudelbewegungen der Wimpern versorgt sich das Tier zusätzlich mit sauerstoffreichem Wasser.

Die Atmung findet direkt durch die feine Haut statt (Hautatmung).

Die Milchweiße Planarie lebt von tierischer Kost wie Kleinkrebsen, kleineren Würmern oder Schnecken. Bemerkenswert ist die hohe Regenerationsfähigkeit aller Planarien. Ein 100mal zerteiltes Tier kann aus jedem Teilstück einen vollständigen Wurm neu bilden.

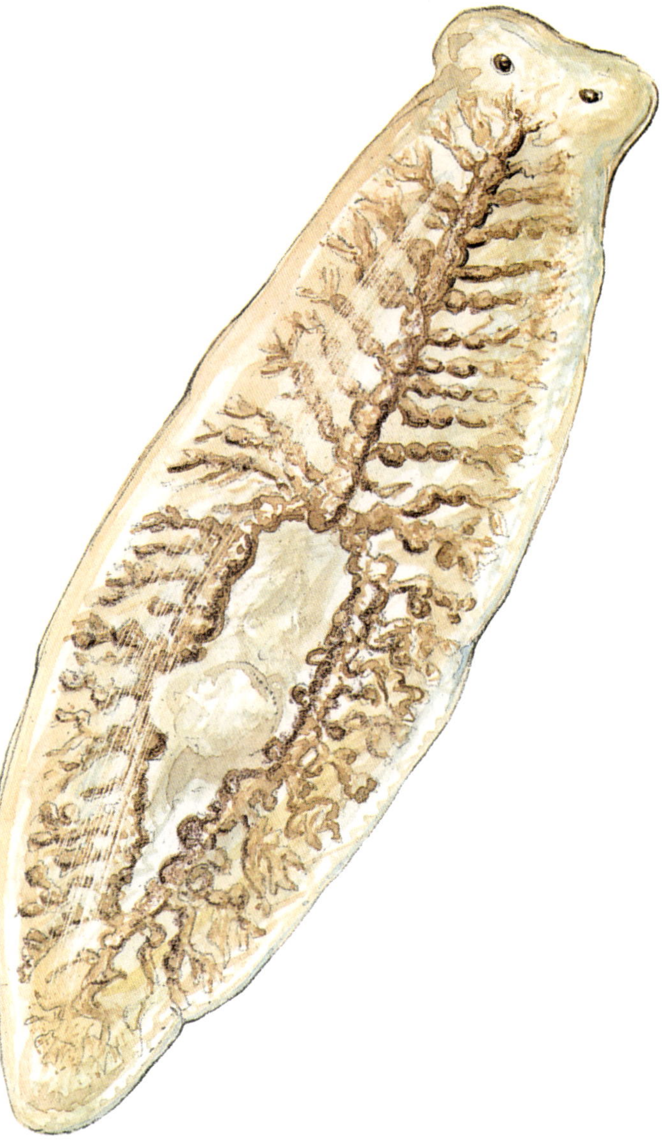

Schlauchwürmer *(NEMATHELMINTHES)*

Auch bei den Schlauchwürmern gibt es eine Art, die bis zu 8 m lang wird. In ihrem Aufbau unterscheiden sie sich von den Plattwürmern in erster Linie durch den röhrenförmigen, langgestreckten Körper, der von einer erhärteten Außenwand umschlossen wird. In einer Leibeshöhle ohne Wände schwimmen die Organe frei herum. Schlauchwürmer sind im Gegensatz zu Plattwürmern meist zweigeschlechtig.

Essigälchen *(Anguillula aceti)*

◁ Dieser 1-2 mm lange Wurm lebt in Baumsäften sowie in altem Essig. Daher rührt auch sein Name. Als freilebender Wurm hat er im Gegensatz zu parasitär lebenden Arten eine stärker entwickelte Muskulatur. Die Weibchen bringen lebende Junge zur Welt. Das Essigälchen ist auf der ganzen Welt anzutreffen.

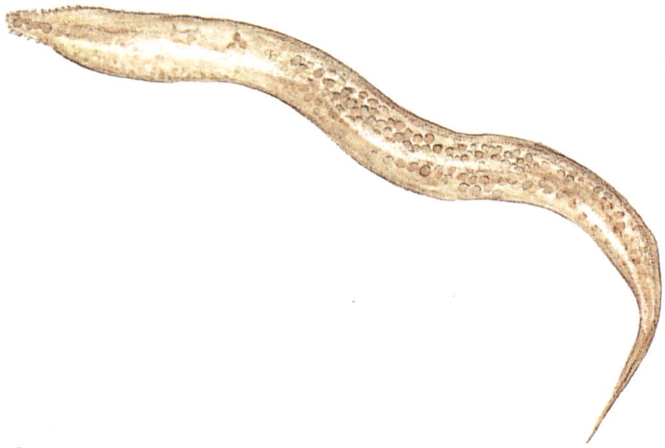

Madenwurm *(Enterobius vermicularis)*

Der weiße, runde Madenwurm erreicht eine Länge von ▷ 1-2 cm. Er lebt als Parasit im Darm des Menschen. Einige Wochen nach dem Schlüpfen werden die Weibchen fortpflanzungsfähig. Mit Eiern angefüllt, können sie sich nicht mehr an der Darmwand festhalten und gelangen beim Verdauungsvorgang in den Enddarm. In der Nacht kriechen sie heraus und legen in der Aftergegend über 10000 Eier. Durch den starken Juckreiz wird der Mensch veranlaßt, sich zu kratzen. Dabei gelangen Eier unter die Fingernägel und bei Berührung mit dem Mund wieder in den Körper, wo der Kreislauf von neuem beginnt. Die Ursache für die Oxyuriasis genannte Krankheit ist mangelnde Hygiene und somit ständige Selbstansteckung. Madenwürmer gibt es auf der ganzen Welt.

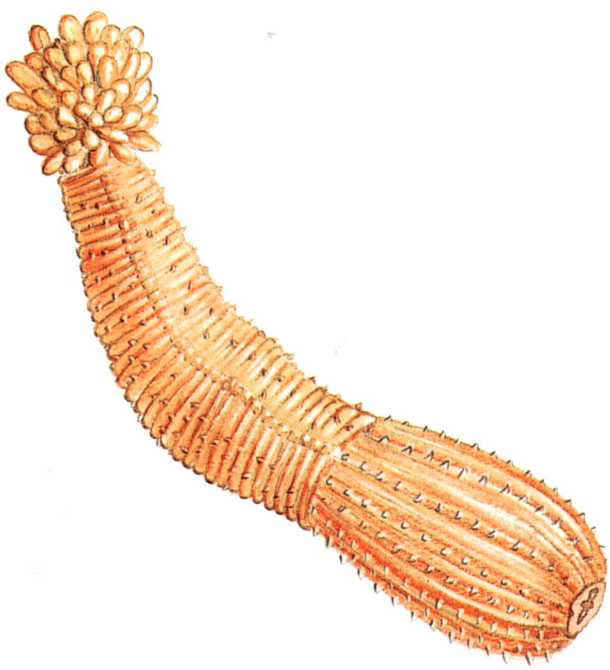

Priapswürmer *(PRIAPULIDA)*

◁ Diese ausschließlich im Meer lebenden Würmer erreichen nicht die Größe von Schlauch- oder Plattwürmern. Die größten Arten messen gerade 8 cm. Ihr Körper ist walzenförmig gestreckt und hat am Ende zwei büschelförmige, traubenartige Schwanzanhänge. Ebenso wie bei anderen niederen Würmern haben Priapswürmer kein Gefäßsystem. In der Körperhöhle schwimmen Zellen, die einen Blutfarbstoff enthalten und dem Tier eine rote Färbung geben. Da diese Würmer zweigeschlechtig sind, legen sie Eier ins Wasser, die dort vom männlichen Tier befruchtet werden.

Den Priapswurm (Priapulus candatus) findet man im Schlamm der kälteren Küstenmeere (z.B. nördliche Atlantikküste). Er lebt räuberisch und ernährt sich von allerlei Kleinstlebewesen.

WEICHTIERE *(MOLLUSCA)*

Fossilien beweisen, daß es diesen Tierstamm bereits vor 500 Mio. Jahren im Kambrium gab. Noch heute haben die meisten Arten den ursprünglichen Aufbau des Körpers beibehalten. Der weiche, sackartige Körper ist von einer dünnen Haut umgeben, unter der sich die Eingeweide wie Darm, Leber, Geschlechtsorgane usw. befinden. Um den oberen Bereich des Hautsackes liegt ein Mantel, der an den Körperseiten Längsfalten bildet. Aus diesem Mantel wird eine kalkhaltige Substanz abgeschieden, die das Außenskelett bildet. Obwohl ein klar gliederbarer Körper nicht zu erkennen ist, haben Weichtiere einen Kopf, in dem Sinnesorgane, Nervenzentren und Mund liegen, sowie einen muskulösen Fuß an der Unterseite. Die Größe der einzelnen Arten reicht von einigen Millimetern bis über 20 Meter (Kopffüßer).

Käferschnecken, Schnecken, Muscheln, Grabfüßer und die Tintenfische genannten Kopffüßer sind die wichtigsten Klassen im Stamm der Weichtiere.

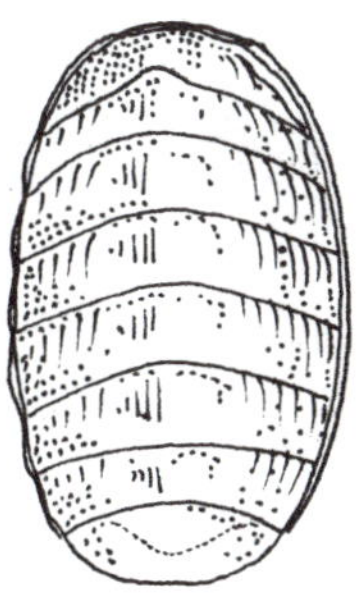

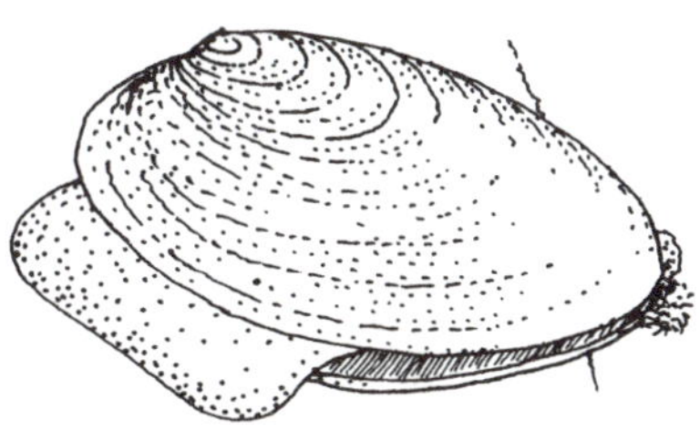

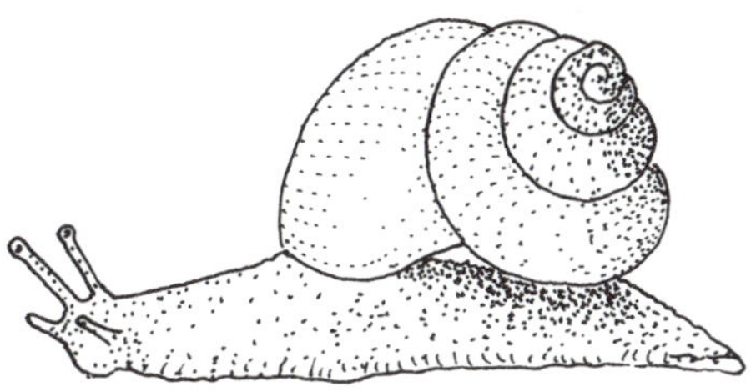

Käferschnecken *(POLYPLACOPHORA)*

Käferschnecke *(Lepidochiton cinereus)*

Durch die dachziegelartig angeordneten Schalenstücke der abgeflachten Rückenplatte, die gegeneinander beweglich sind, erinnert die Käferschnecke eher an eine Assel, als an eine Schnecke. Bei Gefahr kann sich das 10-22 mm lange Tier zu einer Kugel zusammenrollen. Der Fuß ist mit einer kräftigen Kriechsohle ausgestattet, die eine feste Haftung auf dem Untergrund garantiert. Die Käferschnecke ernährt sich von Algen, die sie vom Untergrund abweidet. (Verbreitung: Atlantikküste)

▽

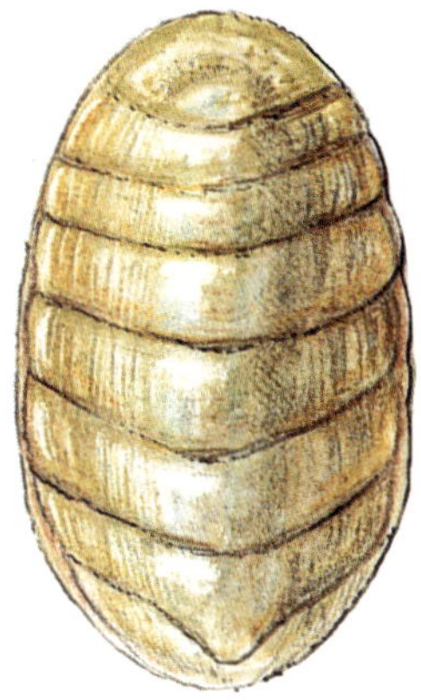

Schnecken *(GASTROPODA)*

Seeohr *(Haliotis tuberculata)*

Eigentlich erinnert die ohrenförmige Schnecke eher an eine Muschel, wenn man die Schale am Strand angeschwemmt findet. Im Inneren glänzt eine dicke Perlmuttschicht. Die Oberfläche der 8-9 cm langen Schale ist unregelmäßig gestreift und weist am Rand eine Reihe von Löchern auf, durch die das Tier Tastsinnesorgane herausstreckt und Wasser aus der Mantelspalte drückt. Das träge Tier sitzt meistens im flacheren Wasser festgesaugt an Steinen und frißt Algen. Der Rand des breiten Fußes weist zahlreiche Fasern auf, die Augen sitzen auf kurzen Stielen an der flachen Schnauze.

▽

Gemeine Wendeltreppe *(Epitonium clathrus)*

Das etwa 3-3,5 cm hohe Gehäuse ist von blaßroten, gelben oder weißen Rippen eingefaßt, die beinahe senkrecht nach oben streben. Das Gehäuse verläuft in 12-15 Windungen bis zur Spitze und umschließt den Schneckenkörper. Mit einem Deckel kann der ovale Eingang des Gehäuses verschlossen werden. Die Gemeine Wendeltreppe findet man im Meer, wo sie auf sandigem bis schlammigem Boden in einer Tiefe von bis zu 100 m lebt. (Verbreitung: Mittelmeer, Atlantik) ▷

Kleine Strandschnecke *(Littorina neritoides)*

Die Kleine Strandschnecke erreicht nur eine Gehäusegröße von maximal 1 cm. In nur fünf Windungen läuft das Gehäuse schnell spitz zu. Mittels eines Deckels kann auch diese kleine Schnecke ihr Haus verschließen und sich so vor Austrocknung schützen. Sie lebt in den Gezeitenzonen der Meere und kann das Wasser auch kurzzeitig verlassen. Auf den felsigen Küstenabschnitten sucht sie auf festem Untergrund nach Nahrung. (Verbreitung: Atlantik, Nordsee, Mittelmeer) ▷

Sumpfdeckelschnecke *(Viviparus viviparus)*

Eine der wenigen Schnecken mit Kiemen, die im Süßwasser leben, ist die Sumpfdeckelschnecke. In Tümpeln, Teichen und Seen ist sie recht häufig zu finden. Ihren Namen erhielt sie durch den hornigen Deckel, der im hinteren Bereich des Fußes sitzt. Hat sich die Schnecke voll ins Gehäuse zurückgezogen, kann sie es mit Hilfe des Deckels fest verschließen. Das Gehäuse wird 3-4 cm hoch und ist durch seine stark gewölbten Umgänge gekennzeichnet. Sumpfdeckelschnecken sind getrenntgeschlechtig. Die Weibchen bringen lebende Junge zur Welt, die bereits eine Schale haben. (Verbreitung: alle Kontinente, außer Südamerika) ▷

Purpurschnecke *(Purpura lapillus)*

Sehr langsam kriecht die Pupurschnecke in der Küstenzone auf steinigem oder sandigem Untergrund dahin. Durch ihr sehr dickes, eiförmiges Gehäuse, das eine Höhe von 3,5-5 cm hat, ist sie gegen Feinde gut geschützt. Als Räuber ernährt sich die Pupurschnecke von Muscheln und anderen Weichtieren. Fühlt sie sich ihrerseits bedroht, sondert sie zur Ablenkung einen gelben Tropfen ab, der im Sonnenlicht seine Farbe von Grün, über Blau zu Purpurrot verändert und lange als Grundstoff für die wertvolle Purpurfarbe gehandelt wurde. Für wenige Gramm der begehrten Stoffarbe mußten über 10000 Pupurschnecken getötet werden. (Verbreitung: Atlantikküste bis Nordafrika, Nord- und Ostseeküste) ▷

Wellhornschnecke *(Buccinum undatum)*

◁ Eine stattliche Gehäusehöhe von 11 cm kann die Wellhornschnecke erreichen. In acht gewölbten Umgängen windet sich das Gehäuse von der großen Mündung bis zur Spitze. Die Oberfläche ist durch ein interessantes Relief gegliedert. Die Schnecke selbst ist blaßgelb mit schwarzen Punkten. Sie ernährt sich von Aas und lebenden Tieren.

Das Weibchen legt etwa 1000 Eier in Form von Eikapseln, die zusammen einen großen Laichballen bilden. Die zuerst geschlüpften Larven fressen die übrigen Eier auf und verhindern eine übermäßige Vermehrung. Wegen des schmackhaften Fußmuskels wird die Wellhornschnecke oft gefangen und verspeist. (Verbreitung: Nordsee, westliche Ostsee, Atlantikküste bis zum westlichen Mittelmeer)

Netzreusenschnecke *(Nassarius reticulatus)*

Bis zu 3 cm hoch wird das konisch gewundene Gehäuse der Netzreusenschnecke. Es ist sehr dickschalig und hat eine verdickte Außenlippe an der Mündung, die mit einigen Zähnen besetzt ist. Die Färbung des Schneckenhauses kann recht verschieden ausfallen, von rost- bis graugelb, manchmal auch grünlichbraun. Die Schnecke lebt im weichen Sand und Schlick des Meeresbodens. Bei Gefahr kann sie regelrechte Purzelbäume schlagen. (Verbreitung: Mittelmeer und atlantische Küsten Europas bis zur Nordsee, Schwarzes Meer) ▷

Posthornschnecke *(Planorbarius corneus)*

Das Haus der Posthornschnecke, die zur Familie der Tellerschnecken *(Planorbidae)* gehört, ist tellerförmig aufgerollt und hat einen Durchmesser von ca. 3 cm. Entsprechend dem engen Gehäuse hat das Tier einen schlanken Leib, seine Farbe kann rötlich hell oder bräunlich dunkel sein. ▷

Als Lungenschnecke muß das Tier zum Atmen an die Wasseroberfläche kommen. Ansonsten lebt es im schlammigen Grund vegetationsreicher Gewässer. Bei Gefahr kann die Posthornschnecke nach hinten wegschnellen. (Verbreitung: Europa,Teile Asiens)

Spitz-Schlammschnecke *(Lymnaea stagnalis)*

In ruhigem Süßwasser, aber teilweise auch im Brackwasser findet man die Familie der Schlammschnecken *(Lymnaeidae)*. Ihr Gehäuse kann bis zu 6 cm hoch werden. Beinahe die Hälfte des spitz nach oben laufenden Gehäuses bildet die scharfrandige Mündung des bauchigen letzten Umgangs. Färbung und Form können erheblich variieren. ▷

Ihre pflanzliche Nahrung weidet die Schlammschnekke manchmal am Uferrand außerhalb des Wassers, während sie sonst im Schlamm verborgen bleibt. Zum Luftholen kommt diese Lungenschnecke zudem in bestimmten Abständen an die Oberfläche. (Verbreitung: gemäßigte Zonen der Erde)

Flußnapfschnecke *(Ancylus fluviatilis)*

Ein mützenförmiges Gehäuse, das eher an eine Muschel als an eine Schnecke erinnert, schützt den Leib der Flußnapfschnecke, die zur Familie der Mützenschnecken *(Ancylidae)* gehört. Seine Länge beträgt nur etwa 5-7 mm. Die Lungen der Flußnapfschnecke sind zurückgebildet. Eine blattförmige Kieme dient der Atmung. ▷

Nur selten verläßt das Tier seinen Standort auf Steinen, die in Bächen, Flüssen oder auch in Seen liegen können, wo es sich mit dem Gehäuse fest anschmiegt. Da saubere Gewässer als Lebensgrundlage der Flußnapfschnecke immer mehr durch Verschmutzung bedroht sind, gilt diese Art als potentiell gefährdet und ist vielerorts bereits verschwunden. (Verbreitung: Europa, Nordafrika)

Große Vielfraßschnecke *(Zebrina detrita)*

◁ Die Große Vielfraßschnecke ist eine Landlungenschnecke, die auf einem Kalkuntergrund oft massenhaft zu finden ist. Alle Vielfraßschnecken *(Enidae)* lieben die Wärme, so daß sie sich erst bei sehr intensiver Sonneneinstrahlung in den Schatten verziehen. In der Sonne glänzt das glatte, weiße Gehäuse, auf dessen Umgängen häufig braune Längsstreifen zu sehen sind. Es erreicht eine Höhe von etwa 2,5 cm. (Verbreitung: Südosteuropa bis Mitteleuropa, außer Norden, Teile Asiens)

Bernsteinschnecke *(Succinea putris)*

◁ Beim Gehäuse dieser Art der Bernsteinschnecken *(Succineidae)* fällt die große bauchige Endwindung mit der fast ebenso großen Mündung auf, von der aus sich das Haus in drei bis vier Windungen nach oben dreht. Die bernsteinfarbene Schale ist dünnwandig und läßt Licht durchscheinen. Sie erreicht etwa eine Höhe von 2 cm. Die Schnecke liebt feuchte Umgebungen wie Auwälder- sowie Schilf- und Ufervegetation. Hier ernährt sie sich von Algen und frischen Pflanzenteilen. Den Winter verbringt die Bernsteinschnecke unter Laub in den oberen Bodenschichten. (Verbreitung: Europa, Teile Asiens)

Moosschraube *(Pupilla muscorum)*

◁ Wie es der Name dieser Landlungenschnecke schon andeutet, lebt sie vorwiegend unter Moos, aber auch unter Steinen an Kalkhängen mit Trockenrasen. Das Gehäuse ist ausgesprochen walzenförmig und windet sich in 5-6 Umgängen nach oben. Durch alle Windungen ziehen sich sehr feine Rillen, die dem dickwandigen Gehäuse seine interessante Struktur geben. Die maximale Höhe liegt bei nur 4 mm. An der Mündung sitzen 1-2 Zähnchen. Aufgrund dieses Gehäuses zählt die Moosschraube zur Familie der sogenannten Tönnchenschnecken *(Pupillidae)*. (Verbreitung: Europa, Teile Asiens, Nordafrika, Nordamerika)

Ohrenförmige Glasschnecke

(Eucobresia diaphana)

Wie dünnes, milchiges Glas schimmert das grünliche Gehäuse der Ohrenförmigen Glasschnecke aus der Familie der Glasschnecken *(Vitrinidae)*. Betrachtet man die 6-7 mm breite Schale von unten, so erinnert ihre Form an ein Ohr, die Mündung ist stark erweitert. In diesem flachen, in nur drei Windungen zulaufenden Gehäuse findet die Schnecke nicht mehr vollständig Platz, wenn sie sich zurückzieht. Feuchte Plätze unter Laub und Steinen werden von ihr deshalb bevorzugt. Selbst im Winter ist das Tier aktiv und kriecht unter der Schneedecke auf der Suche nach Pflanzenresten umher. (Verbreitung: Europa, Teile Asiens) ▷

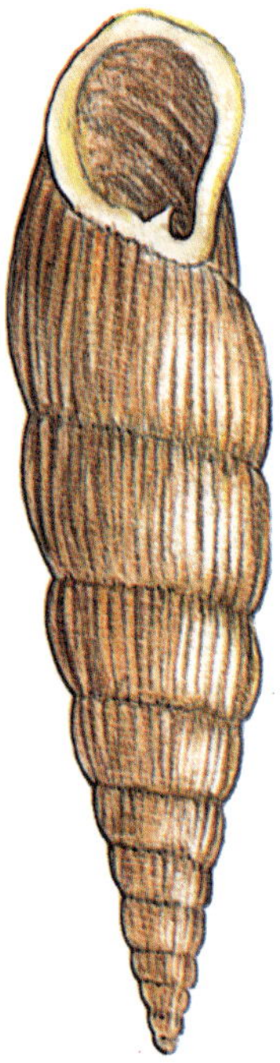

Feingerippte Schließmundschnecke

(Clausilia dubia)

◁ Bei der Feingerippten Schließmundschnecke hat das Gehäuse die auch für weitere Arten typische Spindelform. Das Gehäuse wird etwa 13 mm hoch. Seine Oberfläche überziehen feine Rippen, die noch durch spiralförmig verlaufende Rillen ergänzt werden.

Eine genaue Bestimmung der etwa 30 mitteleuropäischen Schließmundschnecken-Arten dieser Familie *(Clausiliidae)* ist teilweise recht schwierig und richtet sich nach verschiedenen Erkennungsmerkmalen z.B. in der Mündung. Das Tier liebt feuchte Standorte und findet sich oft in Baumstümpfen, Felswänden oder an bemoosten Steinen. (Verbreitung: Europa)

Blinde Turmschnecke *(Cecilioides acicula)*

Das turmförmige Schneckenhaus der Blinden Turmschnecke erreicht nur eine Höhe von ca. 5 mm. Es ist farblos und hat eine sehr dünne Schale. Das Tier ist an eine unterirdische Lebensweise angepaßt und findet sich unter Steinen oder im lockeren Boden vergraben bis in eine Tiefe von fast einem halben Meter. Aufgrund dieser speziellen Lebensform sind die Augen der Schnecke zurückgebildet. Sie ernährt sich von verrotteten Pflanzenteilen. (Verbreitung: Europa) ▷

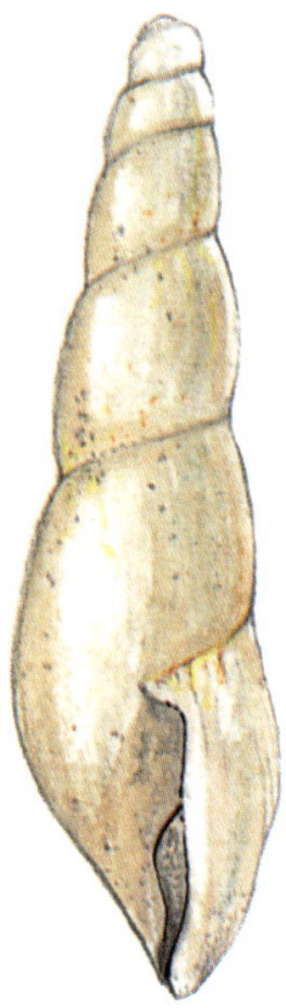

Gefleckte Schnirkelschnecke

(Arianta arbustorum)

◁ Das etwa 2 cm hohe Gehäuse dieser Art aus der Familie der Schnirkelschnecken *(Helicidae)* ist braun gefärbt und trägt neben einem dunklen Streifen unregelmäßige, helle Flecken. Ihr Lebensraum umfaßt vor allem feuchte Wälder, wo sie sich an Baumstümpfen unter Laub oder Moos usw. aufhält. Ihre Nahrung besteht aus allerlei Pflanzenteilen wie Blättern und Früchten. (Verbreitung: Europa von den Pyrenäen bis Skandinavien sowie Osteuropa)

Rote Wegschnecke *(Arion rufus)*

Trotz ihres Namens kommen bei der Familie der Wegschnecken *(Arionidae)* innerhalb derselben Art Farbvarianten von Rot über Braun bis hin zu Schwarz vor. Sie ▷ liebt feuchte Standorte in Wäldern und Gebüschen oder auf Wiesen. Nach einem Regen oder im frühmorgentlichen Tau kriecht das 12-15 cm lange Tier aus seinem Versteck. Als Allesfresser ernährt sie sich neben verrottenden Pflanzenteilen auch von Kot und Aas.

Die Schale der Wegschnecke hat sich bis auf Kalkreste unter einer Hautfalte des Rückenteils vollständig zurückgebildet. Aus diesem Grund nennt man sie auch Nacktschnecke. (Verbreitung: Europa)

Gemeine Ackerschnecke *(Deroceras agreste)*

◁ Etwa 5-6 cm lang wird die aus der Familie der Egelschnecken *(Limacidae)* stammende Ackerschnecke, die sich ebenfalls an feuchten Orten unter Laub, Steinen oder Holzstücken aufhält. Über die Körperoberseite des gelblichgrauen oder bräunlichen Tieres verläuft eine dunklere netzartige Zeichnung. Die Ackerschnecke kann in Gärten durch Blattfraß enormen wirtschaftlichen Schaden anrichten und wird somit als Schädling angesehen.

Da diese Egelschnecke ebenfalls eine Nacktschnekke ist, wird sie oft mit den Wegschnecken *(Arionidae)* verwechselt. Während bei den Egelschnecken das Atemloch jedoch hinter der Mitte des Rückenschildes sitzt, mündet es bei den Wegschnecken deutlich vor der Mitte. (Verbreitung: ganze Welt)

Weinbergschnecke *(Helix pomatia)*

Die Weinbergschnecke, die zu den Schnirkelschnecken ▷ *(Helicidae)* zählt, ist aus zweierlei Gründen die wohl bekannteste Schnecke. Zum einen wegen ihres stattlichen Gehäuses von 3-5 cm, und zum anderen wegen der Tatsache, daß sie als Delikatesse weite Verbreitung gefunden hat. Weinbergschnecken lieben warme Standorte an Hängen, Wäldchen oder auf Kulturland. Sie überwintern in einem Erdloch, wobei sie das Schneckenhaus mit einem Deckel aus mehreren Schleimhäutchen verschließen.

Mit etwa drei Jahren sind sie geschlechtsreif. Als Zwitter können sie beliebige Partner zur Begattung wählen. Vor der eigentlichen Befruchtung findet ein langes Liebesspiel statt, bei dem die Partner sich kleine Kalknadeln (Liebespfeile) ins Fleisch stoßen, um sich zu stimulieren. (Verbreitung: Europa)

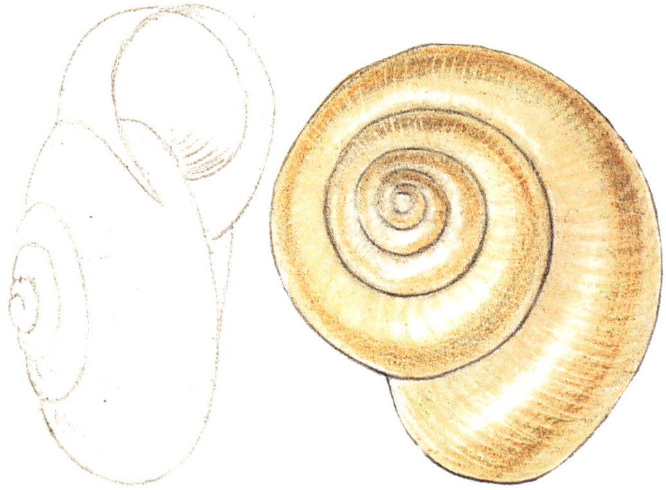

Heideschnecke *(Helicella itala)*

◁ Die Heideschnecke, ebenfalls aus der Familie der Schnirkelschnecken *(Helicidae)*, hat ein flaches Gehäuse mit einer Höhe von nur 8 mm, während der Durchmesser immerhin 16 mm beträgt. Entlang den Windungen verläuft ein bräunlicher Streifen, der mitunter auch fehlen kann. Trockene Böschungen und Dämme auf kalkigem Untergrund sind die Lebensstätte dieser Art, die sehr wärmeliebend ist. (Verbreitung: West- und Mitteleuropa)

Hainschnirkelschnecke *(Cepaea nemoralis)*

Mit 1,5-2 cm ist das Gehäuse der Hainschnirkelschnekke etwa halb so groß wie das der Weinbergschnecke. ▷ Über eine gelbe oder rötliche Grundfarbe laufen meist schwarzbraune Bänder. In Hecken von Gärten und Parks sowie in lichten Wäldern ist diese Art weit verbreitet.

Die Gartenschnirkelschnecke *(Cepaea hortensis)* sieht der Hainschnirkelschnecke zum Verwechseln ähnlich. Der einzige Unterschied ist der Saum des Mündungsrandes am Gehäuse, der bei der Gartenschnirkelschnecke weißlich ist, während die Hainschnirkelschnecke einen tiefbraunen Rand hat. Beide Arten zählen zu den Schnirkelschnecken *(Helicidae)*. (Verbreitung: Mitteleuropa bis Skandinavien)

Grabfüßer *(SCAPHOPODA)*

Meerzahn *(Dentalium dentale)*

Sowohl Form als auch Farbe des Meerzahns erinnern ▷ an einen Miniaturstoßzahn des Elefanten. Die langgestreckte Schale ist an den Enden offen und erreicht eine Länge von ca. 5 cm. Die Oberflächenstruktur der Schale weist eine Anzahl von Längsrillen auf, die am spitzen Ende oftmals rötlich auslaufen. Der Meerzahn kommt auf sandigem und schlammigem Meeresgrund bis in Tiefen von über 100 m vor. Seine Nahrung besteht aus einzelligen Lebewesen, die er mit Fangarmen aus dem Sand wirbelt. (Verbreitung: Atlantik, Mittelmeer)

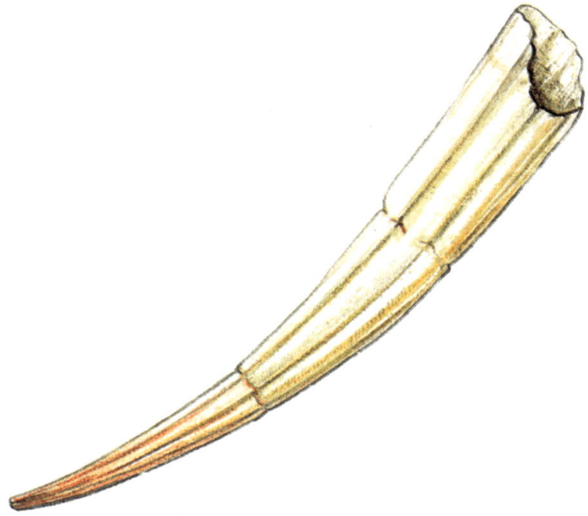

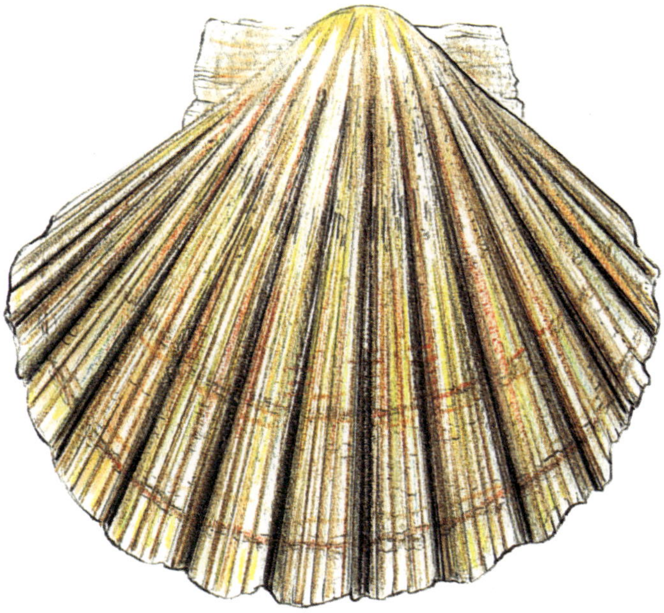

Jakobsmuschel, Pilgermuschel

(Pecten jacobaeus)

◁ Die beiden Schalenhälften der Jakobsmuschel aus der Familie der Kammuscheln *(Pectinidae)* sind verschieden geformt und gefärbt. Die rechte, untere Klappe ist gewölbt und hellbraun oder weiß. Die linke, obere Klappe ist flacher und bräunlich bis orange gefärbt. Während die meisten Exemplare eine Länge von ca. 10 cm haben, kann die Jakobsmuschel in Einzelfällen bis 15 cm groß werden. Die eßbare Muschel lebt auf sandigem Untergrund und Geröll in einer Wassertiefe von mindestens 25 m.

Der Sage nach soll die Pilgermuschel von Pilgern mit nach Mittel- und Nordeuropa gebracht worden sein, die sie als Trinkschalen verwendet haben. (Verbreitung: Mittelmeer)

Muscheln *(BIVALVIA)*

Mittelmeermiesmuschel

(Mytilus galloprovincialis)

Diese unscheinbar gefärbte Miesmuschelart erreicht ▷ eine Länge von 6-8 cm. Auf ihrer Schale erkennt man dunkle Linien, die Wachstumsphasen markieren. Die Innenflächen glänzen metallisch blaugrau. Häufig sitzt die Muschel aus der Familie der Miesmuscheln *(Mytilidae)* dicht gedrängt mit ihren Artgenossen an Felsen oder Hafenmauern fest, wo sie sich mit sogenannten Byssusfäden (Haftfäden) festhält. Ihre Nahrung besteht aus Plankton. Sie gehört zu den eßbaren Weichtieren und wird deshalb oft auch gezüchtet. (Verbreitung: Mittelmeer, Schwarzes Meer, Nordsee)

Europäische Auster *(Ostrea edulis)*

Auf Felsen oder Steinen sitzt die Auster *(Ostreidae)* oft ▷ in Gesellschaft und bildet Bänke aus. Die äußerlich bräunlichgraue Muschel hat auf der Innenseite einen perlmuttartigen Glanz. Austern werden 10-15 cm groß und erreichen ein Alter von über zehn Jahren. Sie ernähren sich von aus dem Wasser gefilterten Kleinorganismen.

Da diese Muschel seit langem als Delikatesse geschätzt wird, ist ihr natürlicher Bestand mancherorts stark gefährdet. Durch kommerzielle Zucht und Fangbeschränkungen haben sich die Bestände teilweise wieder erholt. (Verbreitung: Atlantikküste, Mittelmeer, Schwarzes Meer)

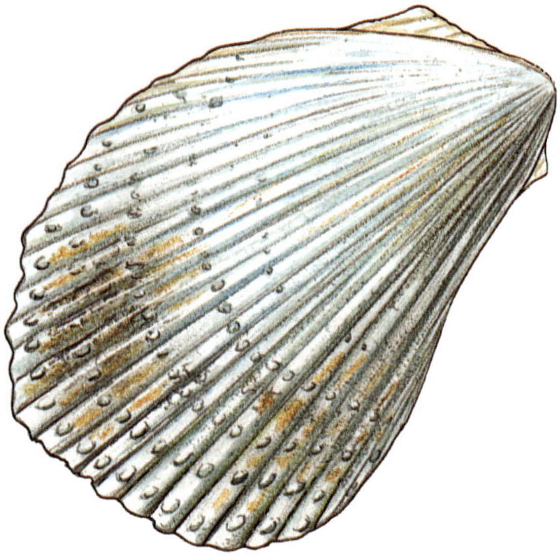

Schuppige Feilenmuschel *(Lima lima)*

◁ Auf den Längsrippen der Schale dieser schönen Art aus der Familie der Feilenmuscheln *(Limidae)* sind stachelige Schuppen in konzentrischen Reihen angeordnet, die an eine Feile erinnern. An der Spitze der dickwandigen, porzellanartigen Muschelschale sitzen zwei verschieden ausgeprägte Ohrenfortsätze. Die Feilenmuschel wird 4-5 cm groß und lebt in seichtem Wasser an Felsen oder unter Steinen. Oft hält sie mit den Byssusfäden (Haftfäden) zahlreiche kleine Steinchen fest, um damit Feinde abzuwehren. (Verbreitung: Mittelmeer, Atlantik)

Sattelmuschel *(Anomia ephippium)*

Diese Sattelmuschel wird, wie die Familie, zu der sie ▷ gehört, auch Zwiebelschale oder Zwiebelmuschel *(Anomiidae)* genannt. Über ihr dünnschaliges, rundes Gehäuse verlaufen unregelmäßige Rillen und Rippen. Die Farbtöne der Muschel variieren von Braungelb bis Braunrot. Die 5-7 cm großen, zerbrechlichen Schalen sind verschiedenartig geformt. An der Unterseite liegt eine Öffnung für Byssusfäden (Haftfäden). In einer Wassertiefe von maximal 30 m sitzt die Sattelmuschel am Meeresboden, wo sie sich an Holz oder Steinen festgesaugt hat. (Verbreitung: Mittelmeer, Schwarzes Meer, Atlantik)

Flußperlmuschel *(Margaritifera margaritifera)*

◁ In klaren kalkarmen Bächen mit steinigem Grund lebt die Flußperlmuschel aus der Familie der Perlmuscheln *(Margaritiferidae)*. Ihre dicke Schale erreicht in 60-80 Lebensjahren eine Länge von 15 cm. Nur ca. jede dreitausendste Muschel bildet eine wertvolle Perle aus, indem Fremdkörper, die ins Innere der Muschel gelangen, mit einem schalenbildenden Mantelgewebe umhüllt werden und so zu einer runden Perle heranwachsen. Bis heute sind diese Perlen sehr gefragt, doch durch die zunehmende Verschmutzung und Begradigung der Bäche ist die Perlmuschel heute vom Aussterben bedroht. (Verbreitung: Europa, Teile Asiens, Nordamerika)

Teichmuschel *(Anudonta cygnaea)*

Die Schalen der Teichmuschel aus der Familie der Flußmuscheln *(Unionidae)* sind ausgesprochen dünnwandig und können sehr groß werden. Es wurden schon über 20 cm lange Muscheln gefunden. Am Grund von stehenden oder langsam fließenden Gewässern filtert die Teichmuschel ihre Nahrung aus dem Bodensatz. Dabei durchpflügt sie mit ihrem beilförmigen Fuß langsam den Schlammgrund und zieht die Muschel nach. Die Larven der Teichmuschel kleben sich mit einem speziellen Faden an Fische an und schmarotzen zwei bis drei Monate an deren Kiemen, um schließlich als kleine Muscheln zu Boden zu sinken. Nur Larven, die einen Wirt finden, können sich weiterentwickeln. (Verbreitung: Europa bis Sibirien, Nordamerika) ▷

Häubchenmuschel *(Musculium lacustre)*

◁ Ganze 8 mm groß wird diese Kugelmuschel *(Sphaeriidae)*, die in schlammigen Gewässern wie Gräben, Teichen, Tümpeln oder Altarmen von Flüssen vorkommt. Aufgrund ihrer geringen Größe fällt sie nur selten auf und ist somit relativ unbekannt. Dennoch ist sie in den genannten Gewässern häufig vorhanden. Ihren Namen hat die Häubchenmuschel von der mehr oder weniger runden Schale, die an ein Häubchen erinnert. (Verbreitung: gemäßigte und subtropische Regionen der Erde)

Knotige Herzmuschel *(Acanthocardia tuberculata)*

Etwa 20-24 knotige Rippen verlaufen radial über die Schalenoberfläche. Darüber liegt eine konzentrisch verlaufende Bänderung in verschiedenen Brauntönen. Die bis zu 6 cm große Art aus der Famile der Herzmuscheln *(Cardiidae)* lebt eingegraben im sandigen oder schlammigen Boden. Bei Gefahr kann das Tier kleine Sprünge machen, indem es den abgeknickten Fuß plötzlich streckt und sich so vom Untergrund abdrückt. ▷

Ebenso wie die ähnlich aussehende Eßbare Herzmuschel *(Cerastoderma edule)* gilt die Knotige Herzmuschel als Delikatesse. (Verbreitung: Atlantik, Mittelmeer, Kanarische Inseln)

Zarte Tellmuschel *(Tellina tenuis)*

◁ Diese Art der Plattmuscheln *(Tellinidae)* wird nur 2-3 cm groß und hat eine fast glatte Schale, deren Farbtöne von Gelblichweiß bis Gelblichrosa reichen. Über die Oberfläche der dünnwandigen Muschel laufen konzentrische Streifen. Aus dem Sandboden ragt nur ein langer Sipho (Atemrohr), der zur Sauerstoffaufnahme und auch zum Aufstöbern von Nahrungsteilchen dient, die wie mit einer Pipette angesaugt werden. Die Muschel selbst bleibt unsichtbar im Grund eingegraben, um nicht größeren Fischen als Beute zum Opfer zu fallen. (Verbreitung: Mittelmeer, Atlantik, Nordsee, Schwarzes Meer)

Braune Venusmuschel *(Callista chione)*

Etwa 8 cm lang wird die Braune oder Glänzende Venusmuschel *(Veneridae)*. Ihre Schalen sind rötlichbraun bis bräunlichgrau mit radial verlaufenden dunkleren Streifen und Flecken. Die Oberfläche der Schalen ist fast glatt und hat einen lackartigen Glanz. In Sedimentböden lebt sie eingewühlt dicht unter der Oberfläche und strudelt sich mit Hilfe des herausragenden Siphos (Atem- oder Einstromrohr) Kleinlebewesen als Nahrung zu. Auch die Braune Venusmuschel wird als wohlschmekkende Delikatesse gefangen. (Verbreitung: Atlantikküste, Nordsee, Mittelmeer) ▷

Sandklaffmuschel *(Mya arenaria)*

Die Sandklaffmuschel aus der Familie der Klaffmuscheln *(Myidae)* hat ihren Namen von den klaffenden Schalen am Hinterende der Muschel. Eingewühlt im Schlamm oder Sand, streckt die Klaffmuschel ihren Sipho (Atemrohr) heraus, der oft das Vierfache ihrer Körperlänge erreichen kann, um Nahrung und Sauerstoff aufzunehmen. ▷

Die Schalen erreichen eine Länge von etwa 12 cm und haben einen weißlichen Farbton, der beim lebenden Tier mit einem bräunlichen Überzug versehen ist (Periostrakum). Dieser faserige Überzug gibt der Kalkschale zusätzlichen Schutz. Die Sandklaffmuschel ist eßbar. (Verbreitung: nördliche Meere)

Schotenförmige Messerscheide

(Ensis siliqua)

◁ Lange gerade Schalen kennzeichnen die Messerscheide aus der Familie der Scheidenmuscheln *(Solenidae)*. Ihre Enden sind gekappt, und die Schalen klaffen auseinander. Aus der vorderen Öffnung ragt der fingerförmige Fuß, der zum Eingraben und Fortbewegen dient. Die Schale erreicht eine Länge von 20 cm und ist nur knapp 1 cm breit. Der muskulöse Fuß gilt roh und gegart als Delikatesse und wird zusammen mit anderen Scheidenmuscheln angeboten. (Verbreitung: von Nordafrika bis Skandinavien)

Gemeiner Schiffsbohrwurm

(Teredo navalis)

Bei dieser Muschel sind die Schalen fast vollständig verkümmert. Sie sitzen am Vorderende des wurmförmigen Körpers. Wie mit einem Bohraufsatz dringt der Schiffsbohrer tief in das Holz von Schiffen, Hafenbohlen usw. ein. Dabei ernährt er sich von den anfallenden Holzspänen. Sitzt die Muschel weit genug geschützt im Holz, so nimmt sie auch über ihren Sipho (Atemröhre), den sie aus dem Bohrloch streckt, Plankton auf. Der lange Körper wird zusätzlich durch eine dünne Kalkröhre geschützt, die sich durch Abscheidungen aus dem Mantelgewebe bildet. (Verbreitung: alle Meere) ▷

Kopffüßer oder Tintenfische

(CEPHALOPODA)

Gemeiner Krake *(Octopus vulgaris)*

Furchterregendes Seemannsgarn spinnt sich um dieses ▷ Weichtier, das als das Seeungeheuer schlechthin gilt. Tatsächlich können Kraken eine Größe von 3 m erreichen und ihre Beute mit den Fangarmen geschickt greifen.

Der Gemeine Krake wird durchschnittlich 80 cm lang und ernährt sich von Krebsen, Muscheln und Fischen. Das nachtaktive Tier sucht gerne Zuflucht in Höhlen und ergreift von dort die vorbeiziehenden Beutetiere mit seinen acht Fangarmen. Sein Rumpf ist ein plumper Sack ohne Kalkplatte (Schulp). (Verbreitung: felsige Küsten von Nordsee, Atlantik und Mittelmeer)

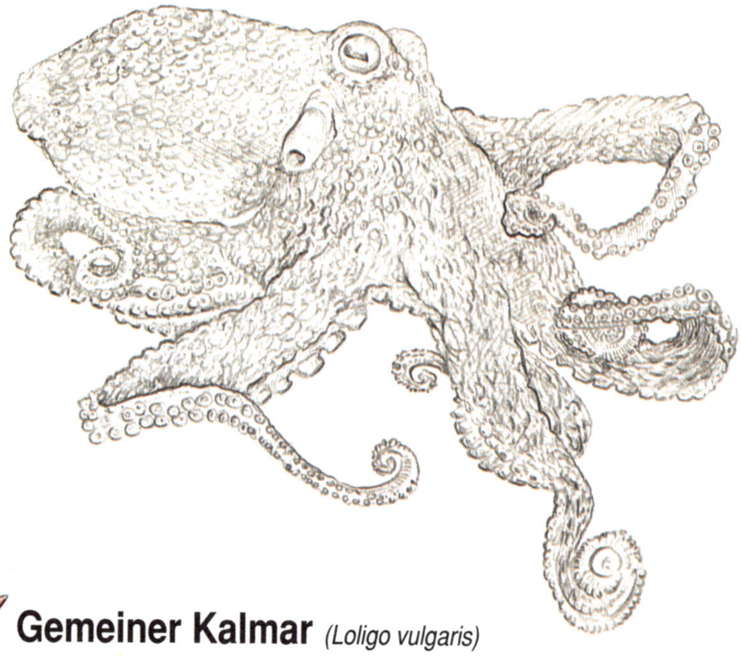

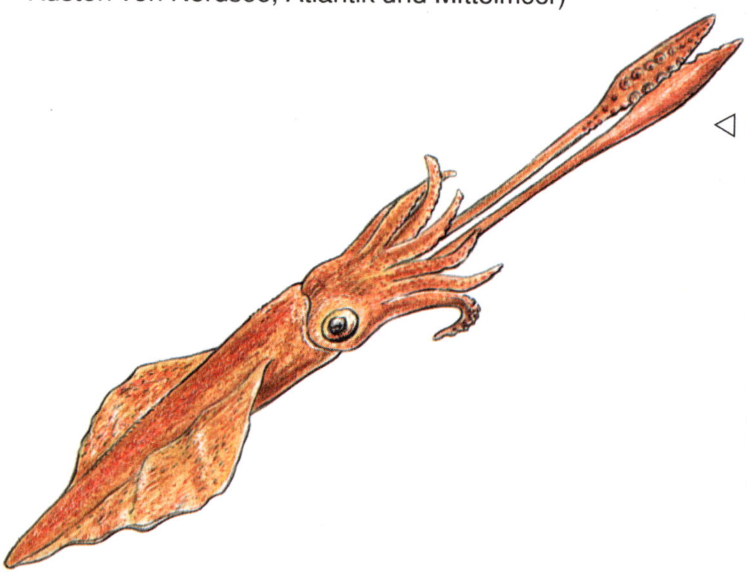

Gemeiner Kalmar *(Loligo vulgaris)*

◁ Ungefähr 50 cm mißt der Kalmar mit seinem torpedoförmigen Körper. Am hinteren Teil sitzen große dreieckige Flossen. Im Mantelinneren liegt eine Kalkschale. Neben acht kurzen Armen mit zwei Saugnapfreihen besitzt der Kalmar zwei lange Fangarme.

Kalmare sind Hochseetiere und schwimmen meist in Gruppen Fischschwärmen hinterher, um daraus einzelne Tiere zu erbeuten. Seinen Laich setzt der Gemeine Kalmar in Form von gallertigen Trauben an Steinen und Algen ab. Ebenso wie der Tintenfisch wird auch der Kalmar zu Nahrungszwecken gefangen. (Verbreitung: Atlantik, Mittelmeer, Nordsee)

Gemeiner Tintenfisch *(Sepia officinalis)*

An der Küste findet man öfter weiße Kalkschalen ▷ (Schulp), die gern als Schnabelwetzer für Stubenvögel aufgehängt werden. Es handelt sich dabei um die Innenschale des Tintenfisches. An seinem Kopf sitzen zwei große Linsenaugen und zehn bewegliche Fangarme mit Saugnäpfen. Das etwa 40 cm große Tier kann seine Farbe wechseln, um sich dem jeweiligen Untergrund anzupassen und bei Gefahr seinen Angreifer mit einem schwarzbraunen Farbstoff (Sepia) einzunebeln. Durch ruckartiges Ausstoßen von Wasser aus der Mantelhöhle kann sich der Tintenfisch rasch fortbewegen. Zum gemächlichen Schwimmen benutzt er seinen Flossensaum. Seine Nahrung bilden kleine Muscheln, Krebse und Fische. (Verbreitung: Mittelmeer, Atlantik, Nordsee)

GLIEDERTIERE *(ARTICULATA)*

Ringelwürmer / Gliederwürmer

(ANNELIDA)

Gemeinsames Erkennungsmerkmal der Ringelwürmer, auch Gliederwümer genannt, ist der in viele Teilstücke gegliederte Körper. Diese Körperglieder nennt man Metameren. Das vorderste Segment bildet den Kopf, und am Endsegment mündet die Afteröffnung. In allen Segmenten gibt es eine Leibeshöhle, in der jeweils die wichtigsten Organe liegen. Jedes Segment wird vom nächsten durch eine dünne Querwand getrennt. Der Verdauungstrakt und das Gefäßsystem sind nicht gegliedert. Durch eine Rückenader fließt Blut in Richtung des Kopfes und in der Bauchader in umgekehrter Richtung zurück. Nerven durchziehen den Körper in Form eines Strickleitersystems.

Medizinischer Blutegel *(Hirudo medicinalis)*

In sumpfigen Gewässern, Seen und Teichen lebt der medizinische Blutegel. Er ist ein borstenloser Ringelwurm, der etwa 10-15 cm lang wird. Am Vorder- und Hinterende hat das braungrüne Tier je einen Saugnapf, mit dem er sich fortbewegen kann. Im vorderen Saugnapf liegt zugleich der Mund mit drei halbkreisförmigen Kiefern, auf denen Zähne sitzen. Mit deren Hilfe schlägt er seinen Opfern eine Wunde und verhindert mit einem Sekret die Gerinnung des austretenden Blutes. Mit der aufgenommenen Blutmenge, die oft eine Gewichtszunahme um das Vier- bis Siebenfache des eigenen Körpergewichts beträgt, kann der Egel mitunter bis zu 2 Jahren, ohne weitere Nahrungsaufnahme auskommen. Junge Blutegel saugen vor allem an Schnecken, Fröschen und Fischen. Zur Geschlechtsreife gelangen sie jedoch nur, wenn sie Blut von gleichwarmen Tieren (Säugetieren) oder auch dem Menschen aufgenommen haben. Wie der Name verrät, hat man Blutegel früher zu medizinischen Zwecken in großem Umfang verwendet, um Patienten „zur Ader zu lassen".

▽

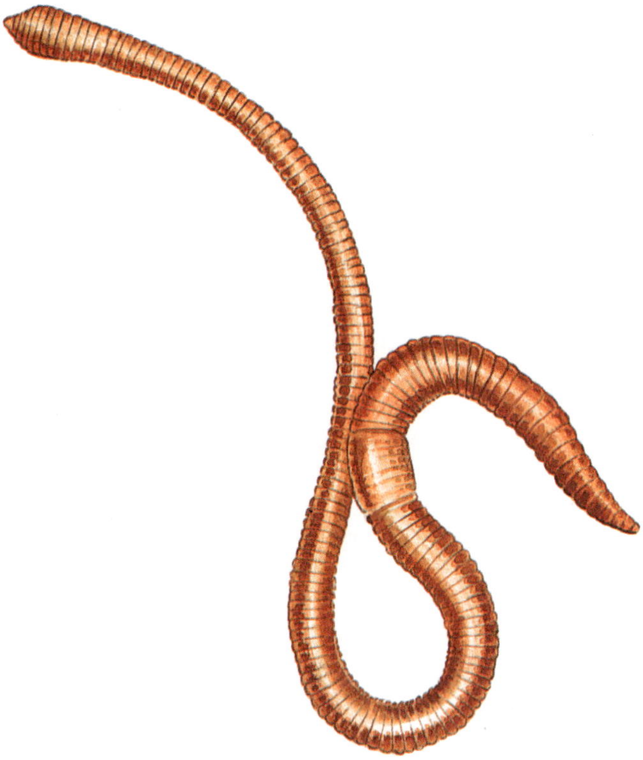

Gemeiner Regenwurm *(Lumbricus terrestris)* △

Auch der allseits bekannte Regenwurm gehört zum Stamm der Ringelwürmer. Sein Körper besteht aus 80-150 Segmenten und erreicht eine Länge von 9-30 cm. Durch den ganzen Körper zieht sich ein Hautmuskelschlauch aus Ring- und Längsmuskulatur. Die abwechselnde Tätigkeit dieser unterschiedlichen Muskeln bewirkt die wurmartige Fortbewegung. Ziehen sich die Ringmuskeln zusammen, wird der Körper dünn und schiebt sich nach vorn. Arbeiten die Längsmuskeln, verdichtet sich der Körper und zieht das Hinterende nach.

Das Strickleiternervensystem, welches die Segmente durchzieht, hat im Kopfsegment einen verdickten Nervenknoten, der durchaus als eine Art einfaches Gehirn bezeichnet werden kann. Der Regenwurm besitzt ein abgeschlossenes Blutgefäßsystem mit demselben Blutfarbstoff (Hämoglobin) wie auch der Mensch. Verschiedene Sinne sind bereits andeutungsweise ausgeprägt. So kann der Regenwurm mit Hilfe von Lichtzellen „sehen", hat ein Tastvermögen, kann riechen und Temperatur unterscheiden. Er gräbt Röhren in den Boden und nimmt dabei Erde auf, die den Körper durchwandert. Winzige Pflanzenreste werden dabei verdaut und als Kothäufchen an der Oberfläche abgesetzt. (Verbreitung: Kosmopolit)

Sandwurm oder Pierwurm *(Arenicola marina)*

Betrachtet man das Watt der Nordseeküste bei Ebbe, so fallen kleine wurmartige Sandhäufchen auf, die in großer Zahl nebeneinander liegen. Es sind die typischen Kothäufchen des Pierwurms. Neben diesen Ringelhäufchen kann man bei genauerem Hinsehen kleine Trichter entdecken. Darunter liegt eine u-förmige Röhre, die dem Wurm als Wohnröhre dient (siehe Schema Wohnröhre). Bei der Nahrungsaufnahme steigt er im Trichtergang (Freßgang) nach oben und nimmt Schlick in sich auf, um anschließend im Kotgang mit dem Hinterende die unverdaulichen Schlickreste nach oben auszuscheiden.

Der Körper des Sandwurms ist gegliedert und läuft nach hinten spitz zu. Er erreicht eine Länge bis 30 cm. An den mittleren Körperringen trägt er 13 feinverästelte rote Kiemenpaare. Zudem hat er im vorderen Teil zahlreiche Büschel mit Borsten, die der Auf- und Abbewegung in der Wohnröhre dienen. Sandwürmer werden gerne als Angelköder verwendet und dienen den Austernfischern (siehe dort) mit als Hauptnahrung. Verbreitungsgebiete sind die Küsten der europäischen Meere. ▽

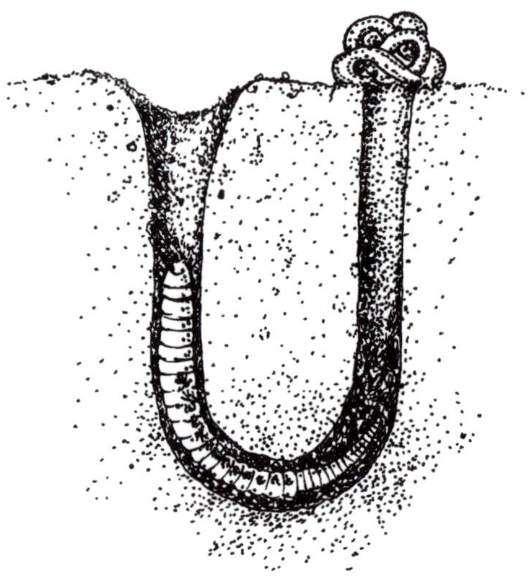

Gemeine Seemaus *(Aphrodite aculeata)* △

Die gemeine Seemaus ist ein schlickbewohnender Borstenwurm. Sie erreicht eine Länge von ca. 10-20 cm. Der eiförmige Körper ist mit einem dichten Pelz bedeckt. Im Licht schillern die Seitenhaare in allen Regenbogenfarben. Kleinlebewesen, die im weichen Meeresboden leben, bilden die Nahrung der Seemaus. Sie ist in allen europäischen Meeren heimisch.

Sabella pavonia △

Dieser graziös anmutende Borstenwurm lebt festsitzend in einer Röhre aus Sandkörnern. Seine Nahrung findet er im Wasserstrom, da er sich durch Bewegung der um den Mund sitzenden Tentakeln diese in die Mundöffnung spült.

GLIEDERFÜSSER *(ARTHROPODA)*

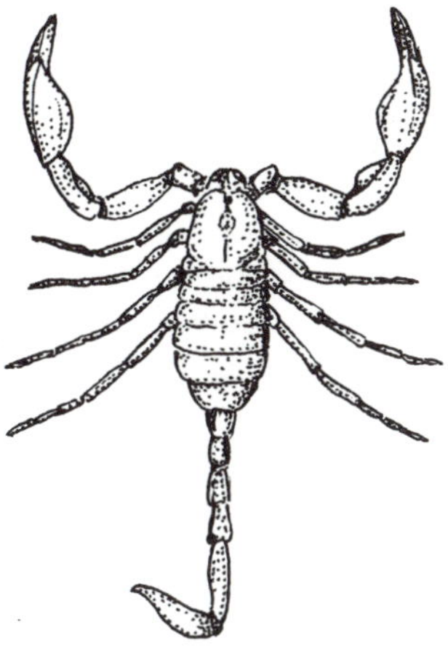

Mit weit über 880000 Tierarten ist der Stamm der Gliederfüßer der größte im Tierreich. Über dreiviertel aller Tiere überhaupt gehören zu den Gliederfüßern. Sie werden in die Klassen der Spinnentiere, Krebstiere, Tausendfüßer und Insekten unterteilt. Das herausragendste Erkennungsmerkmal aller Arthropoda ist das außenliegende Skelett. Dieses Skelett aus Chitin schützt das Tier einerseits und gibt dem Körper andererseits Halt. Wie der Name schon sagt, sind diese Tiere gegliedert, d.h., ihr Körper besteht aus mehreren Segmenten und Gliedern, die jeweils mit dem eben genannten Chitinpanzer umgeben sind. Ein weiteres Merkmal sind die gelenkigen, ebenfalls gegliederten Körperanhänge (Gliedmaßen), die je nach Art ihrer Tätigkeit als Beine, Mundwerkzeuge oder Fühler dienen. Da die starre Chitinhülle das Wachstum der Tiere auf Dauer behindern würde, häuten sie sich in der Wachstumsphase regelmäßig und ersetzen den alten Chitinpanzer durch einen neuen. Innerhalb ihrer Entwicklung zum erwachsenen Tier durchlaufen die meisten Gliederfüßer eine vollständige Verwandlung über ein Larvenstadium und manchmal auch ein Ruhestadium (Puppenstadium). Diese Verwandlung nennt man Metamorphose.

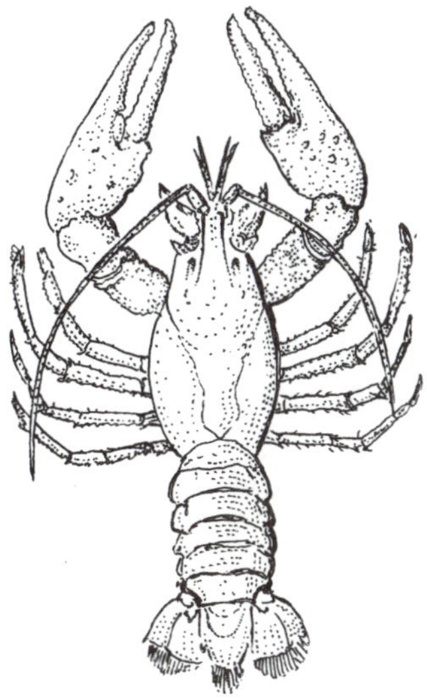

Das Körpersystem dieser Tiere ist bereits sehr komplex gebaut. Ein geschlossenes Gefäßsystem gibt es nicht. Die Körperflüssigkeit bewegt sich frei in der Körperhöhle. Auf der Bauchseite liegt das Hauptnervensystem (Bauchmark). Im Kopfbereich befinden sich gehirnartige Nervenknoten oder Ganglien. Die Sinnesorgane sind hoch entwickelt. Gliederfüßer atmen auf verschiedene Weise: Bei den landlebenden Tieren (Insekten, Spinnentieren und Tausendfüßern) erfolgt die Atmung über ein verästeltes Röhrensystem (Tracheen) oder mit Lungen. Die wasserlebenden Tiere atmen mit Hilfe von Kiemen oder Tracheenkiemen. Die folgenden Strichzeichnungen bilden verschiedene Gliederfüßer ab.

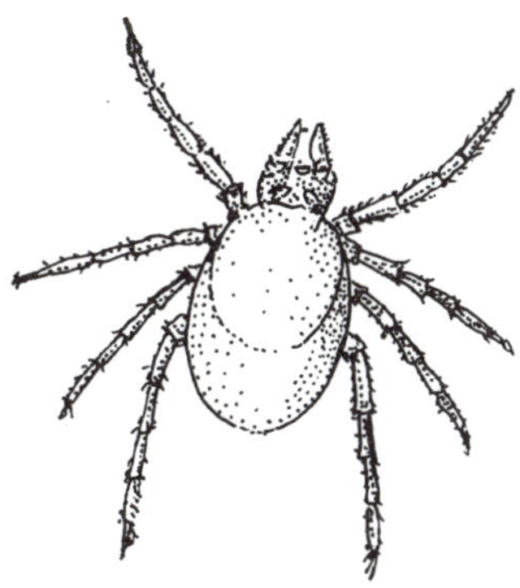

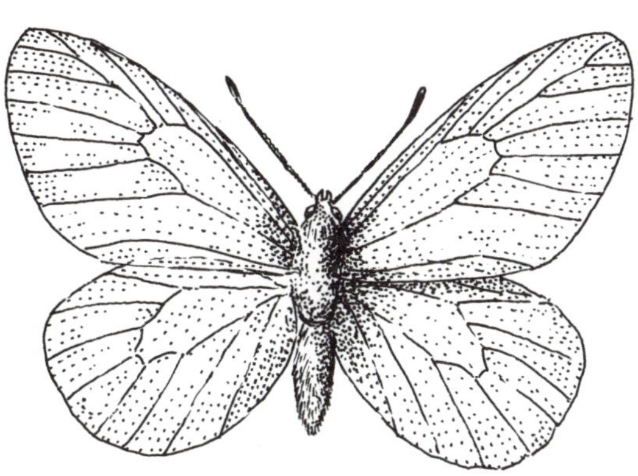

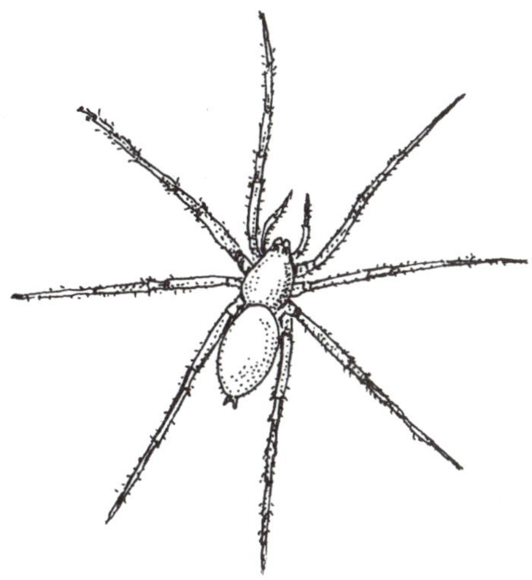

SPINNENTIERE *(ARACHNIDA)*

Zu den Spinnentieren gehören nicht nur Spinnen, sondern auch Skorpione, Milben und Zecken. Obwohl es Tausende von Arten gibt, ist der Körperbau der Spinnentiere doch immer gleich. Er besteht aus 2 Körpersegmenten, dem Vorder- und dem Hinterkörper. Am Vorderkörper (Kopfbruststück) sitzen 4 mehrfach gegliederte Beinpaare, ein Paar Beintaster und 2 Kieferklauen. Der Hinterkörper trägt keine Gliedmaßen. Spinnentiere leben vorwiegend auf dem Land. Viele Arten ernähren sich räuberisch und greifen auch größere Beute an.

Spinnen *(Araneae)*

Die größte Gruppe der Spinnentiere sind die Spinnen. Bis heute sind ungefähr 260000 verschiedene Arten erforscht, wobei noch viele Arten bis heute unbekannt sind.

Eine taillenartige Einschnürung, der Hinterleibsteil, trennt den Vorderkörper vom Hinterkörper. Auf der Rükkenplatte des Vorderkörpers sitzen 8 Punktaugen. Der ungegliederte Hinterleib der Spinnen ist mit Fortsätzen ausgestattet, welche die sogenannten Spinnwarzen tragen, aus denen Spinnfäden zum Netzbau gespritzt werden. Spinnennetze bauen allerdings nur einige Spinnenarten. Viele Spinnen weben daraus Kokons, um ihre Eier zu schützen, aus denen später kleine Jungspinnen schlüpfen.

Abb. Tropische Buschspinne (Vogelspinne) erlegt Leguan.

Die Krabbenspinne *(Misumena vatia)*

Diese Spinne bewegt sich wie die Krabben meist seitwärts oder sogar rückwärts fort. Der Name Krabbenspinne liegt also nahe. Viele Arten, wie auch die abgebildete, sind sehr bunt gefärbt. Es handelt sich um Tarnfarben, die die Krabbenspinne mehr oder weniger gut an ihre Umgebung anpaßt. Gerne sitzt sie auf Blüten und wartet auf Beute. Die Fähigkeit, Netze für den Beutefang zu weben, hat diese Spinne nicht. Da sie obendrein nicht sehr flink ist, kommt der Anpassung an die Farbe der Blüte bei der Beutejagd große Bedeutung zu. Auffallend ist darüber hinaus die Fähigkeit des Weibchens, je nach Farbe der besuchten Blüte, die Körperfarbe zwischen Weiß und Gelb zu wechseln. Die Krabbenspinne baut zwar kein Netz, umspinnt aber ihre Brut mit einem Kokon. (Verbreitung: gemäßigte Zonen der Erde)

▽

Die Kreuzspinne *(Araneus diadematus)*

Anmutig sitzt die Kreuzspinne inmitten ihres kaum sichtbaren Netzes. Betrachtet man dieses Bild ohne Scheu und Ekel, so wird man sicherlich mehr über die Spinne und ihre Lebensweise erfahren wollen. Daß viele Menschen Spinnen nur mit Abscheu entgegentreten und am liebsten jedes Tier in ihrer Nähe vernichten, liegt wahrscheinlich an den Mythen, die sich um diese Tierfamilie ranken. Oft wird die Kreuzspinne als giftig bezeichnet und ihr Biß gefürchtet. Die Tatsache, daß Kreuzspinnen eine Giftdrüse besitzen, mit deren Gift sie ihre Beute lähmen, bedeutet noch lange nicht, daß sie für uns Menschen gefährlich sind. Selbst die Tarantel aus der Familie der Wolfsspinnen, die früher als blutsaugende, gefährliche Giftspinne galt, weil man ihr nachsagte, ihr Biß löse beim Menschen eine „todbringende Tanzwut" aus, ist in Wirklichkeit völlig harmlos. Um einer Spinne zu begegnen, deren Biß uns gefährlich werden kann, müssen wir schon im tropischen Urwald herumspazieren. ▷

Blicken wir wieder auf unsere Kreuzspinne, wie sie (meist kopfunter) regungslos in ihrer Warte auf kleine Fluginsekten lauert, die sich im Netz verfangen haben. Durch die typisch zappelnde Bewegung alarmiert, ist sie blitzschnell beim Opfer und beißt mit ihrem hohlen Oberkiefer zu. Dabei strömt aus den Giftdrüsen ein für das Insekt tödliches Gift. Mit viel Geschick umwickelt sie das Beutetier mit Spinnfäden bis es bewegungsunfähig ist. Nun geschieht etwas Merkwürdiges: Da die Mundöffnung der Kreuzspinne sehr klein ist, kann sie nur flüssige Nahrung zu sich nehmen. So spritzt sie dem Insekt ein Verdauungssekret in den Körper und verdaut es also außerhalb ihres eigenen Körpers. Durch den verdauenden Speichel werden die Weichteile des Insekts zu Brei, den die Spinne anschließend aufsaugt.

Die Hausspinne *(Tegenaria domestica)*

Fast auf der ganzen Erde kann man, vor allem in Wohnungen, die Hausspinne antreffen. Meist als Ungeziefer verschrien, ist sie kein gern gesehener Gast. Doch sollte man wissen, daß es sich um sehr nützliche Tiere in unserem Sinne handelt. In ihrem baldachinartigen Netz fängt sie Motten, Mücken und Fliegen, die uns weit lästiger werden können als die Hausspinne, die sich tagsüber meist in ihrer Gespinströhre aufhält. Weibchen erreichen ein Alter von ca. 4 Jahren, während die Männchen kaum ein Jahr alt werden. ▷

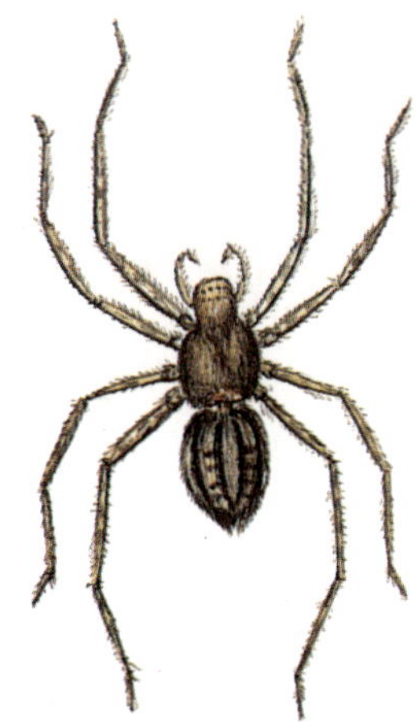

Abb. Die Hausspinne. Länge: 1-1,5 cm

Die Wasserspinne *(Argyroneta aquatica)*

Die Lebensweise der Wasserspinne bildet innerhalb der Spinnentiere eine interessante Ausnahme, denn ihr Lebenselement ist das Wasser. Dort verbringt sie fast ihr ganzes Leben. Man sollte annehmen, daß ihr Körperbau deshalb besonders an das Leben im Wasser angepaßt ist, aber außer einem dichten und etwas längeren Haarkleid sieht sie aus wie eine normale landlebende Spinne. Wasserspinnen sind wie alle Spinnen luftatmende Tiere. Um das Atemproblem unter Wasser zu lösen, taucht sie ihren Hinterleib aus dem Wasser, um eine Luftblase, die am haarigen Kleid haftet, mit in die Tiefe zu nehmen. Dort webt sie zwischen Wasserpflanzen aus dicken, langen Spinnfäden ein glockenförmiges Netz, das mit Luftblasen gefüllt wird. Diese Wohnglocke ist die Lebensgrundlage dieser Spinnen. Hierher schleppen sie auch Beutetiere, wie kleine Krebse oder Asseln, um sie zu verzehren. Wie bei der Kreuzspinne wird die Nahrung außen verdaut.

Für ihre Nachkommen legt die Wasserspinne eine eigene Luftglocke an, die gut getarnt oft dicht unter der Wasseroberfläche liegt. Unermüdlich beobachtet das Muttertier das Gelege und transportiert Luftblasen mit Frischluft hinein. Erst nach der vierten Häutung ist das Haarkleid der Jungspinnen genügend dicht, um das Anhaften einer eigenen Luftblase zu ermöglichen. Bis dahin verlassen sie die Brutglocke nicht.

Abb. Wasserspinne. Länge: 1-1,5 cm

Abb. Wohnglocke. Die Wasserspinne hat ihren Hinterleib zum Atmen in die Wohnglocke gesteckt und lauert auf Beute. Durch die Reflexion des Lichtes in der Luftblase sieht der Hinterleib der Spinne wie eine schillernde Quecksilberperle aus.

Die Wolfsspinne *(Xerolycosa nemoralis)*

An trockenen Standorten wie Nadelwälder oder Lichtungen ist diese nur 4-10 mm große Art häufig am Boden anzutreffen. Mit flinken, ruckartigen Bewegungen huscht sie dahin, um Beute zu erjagen. Ein Fangnetz braucht die Wolfsspinne deshalb nicht. Ihre Spinnkunst setzt sie ein, um ihre Eier mit einem weißlichen Kokon zu umspinnen, den sie anschließend an ihren Hinterleib heftet und mit sich herumträgt. Auch die geschlüpften Jungspinnen verlassen die Mutter nicht sofort, sondern werden noch einige Zeit auf dem Rücken getragen.
▽

Weberknechte *(Opiliones)*

Für die Weberknechte hält der Volksmund gleich mehrere Namen bereit: Kanker, Schneider, Geist oder Keilhaken sind nur einige Beispiele. Im Gegensatz zu den echten Spinnen haben Weberknechte einen gegliederten Hinterleib, der über die ganze Körperbreite mit dem Kopfbruststück verwachsen ist. Ihre Kiefer haben sich verlängert und sind am Ende als Scheren ausgebildet. Es sieht sehr ungewöhnlich aus, wie der Weberknecht auf seinen langen, stelzenförmigen Beinen schaukelnd daherkommt. Packt ein Feind das Bein des Weberknechts, so bricht dieses leicht ab oder wird sogar in einer Art „Selbstzerstümmelung" (Autotomie) abgeworfen. Die so abgeworfenen Gliedmaßen zucken noch eine Zeitlang und lenken den Angreifer so vom davonflüchtenden Weberknecht ab.

Wie man sich unschwer denken kann, macht die Häutung der Gliedmaßen aufgrund ihrer Länge dem Tier erhebliche Schwierigkeiten. Mit den Kiefern packt es gleich ein paar Beine auf einmal und zieht sich die alte Haut ab wie lange Strümpfe.

Gemeiner Weberknecht *(Phalangium opilio)*

In ganz Eurasien, Nordafrika und Nordamerika kommt der Gemeine Weberknecht vor. Er ernährt sich von pflanzlichen Abfallstoffen und Aas. Die ausgeklappten Kiefertaster sind ungewöhnlich lang, und man könnte fast meinen, das Tier hätte zehn Beine. In der Paarungszeit finden unter den Männchen regelrechte Scheren-Ringkämpfe statt, wobei sie die scherenartigen, hornigen Kieferfühler gegeneinanderstemmen.

▽

Der Schneckenkanker *(Ischyropsalis helwigii)*

Der in Mitteleuropa beheimatete Kanker hat einige Besonderheiten aufzuweisen. Seine Kieferfühler sind zu besonders großen und kräftigen Scheren ausgebildet, die an Krebsscheren erinnern. Und dies hat seine Grund, denn zu seinen Beutetieren gehören hauptsächlich Schnecken, deren zähen Körper er mit den Zangen portionsweise aus dem Schneckenhaus reißt. Er gibt dabei nicht auf, bis der ganze Inhalt gefressen ist. Kommt er nicht an die tief ins Gehäuse gekrochene Schnecke, so kann er mit Hilfe dieser kräftigen Scheren auch den Rand der Schale aufknacken.

▽

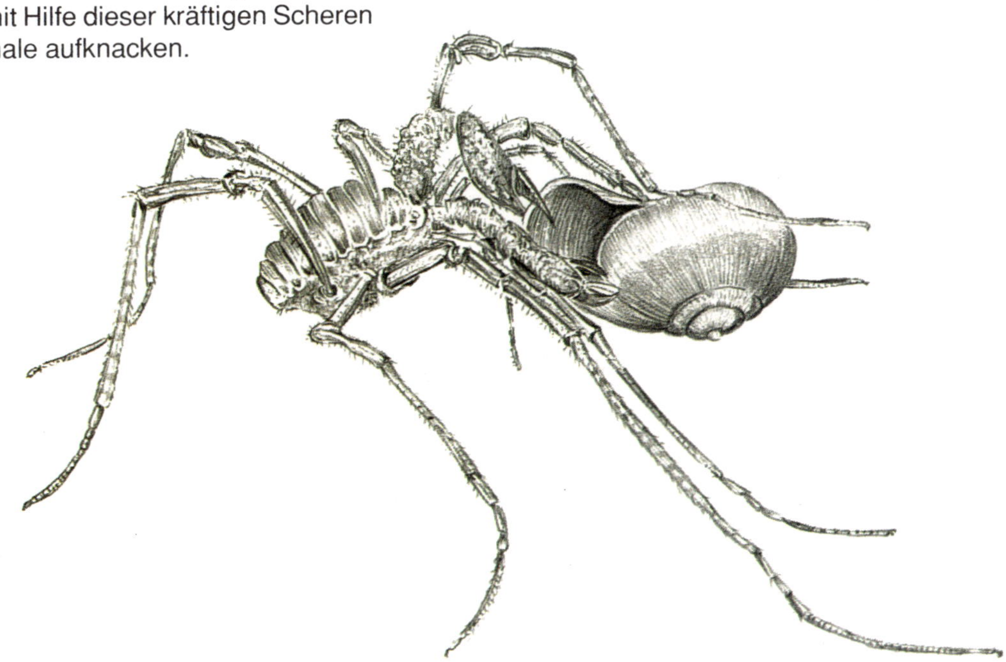

Milben *(Acarina)*

Milben sind meist kleine, oft sogar nur mikroskopisch wahrnehmbare Spinnentiere. Das Kopfbruststück ist mit dem Hinterleib verwachsen. Obwohl Milbenkörper ungegliedert sind, zählt man sie zu den Spinnentieren, denn ihre 4 Paar Beine und 2 Paar Mundwerkzeuge sind gegliedert. Im Wasser und auf dem Lande sind Milben in unterschiedlichsten Lebensräumen anzutreffen. Während viele von Pflanzenteilen oder Kleintieren leben, gibt es auch schmarotzende Arten an Menschen und Tieren.

Große scharlachrote Milbe

(Limnochares aquatica)

Diese Milbe lebt auf dem Boden von Gewässern, wo sie sich hauptsächlich räuberisch von Kleinstkrebsen ernährt. Mit den Freßwerkzeugen wird das Beutetier angestochen und ausgesaugt. Ihre Entwicklung ist sehr kompliziert und noch nicht vollständig erforscht. Während des 1. Larvenstadiums lebt die Milbenlarve an Wasserinsekten als festsitzender Schmarotzer und saugt deren Körpersäfte. Nach einem Stadium der Unbeweglichkeit schwimmen die Milben als Nymphe frei im Wasser. Erst nach einem weiteren unbeweglichen Stadium an Wasserpflanzen wird das Tier geschlechtsreif. (Verbreitung: Eurasien.)

▽

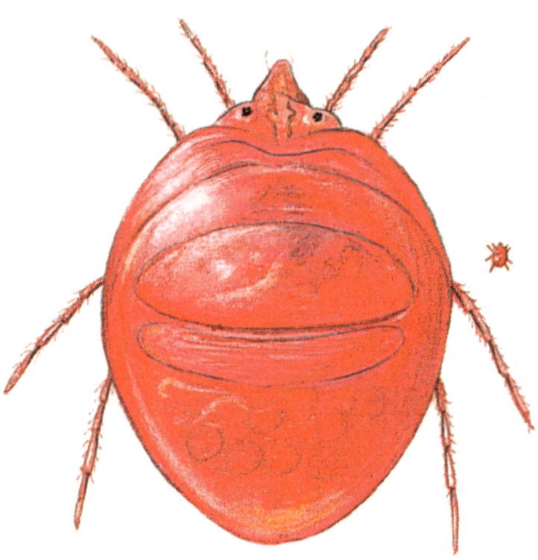

Holzbock *(Ixodes ricinus)*

Über die ganze Welt verbreitet lebt diese größte Milbe aus der Familie der Zecken. Als Parasiten saugen sie an Reptilien, Amphibien, vor allem aber an Warmblütern, wobei auch der Mensch nicht verschont bleibt. Nach einem Waldspaziergang kann es sein, daß sich ein Holzbock mit seinem Stechrüssel, der mit Widerhaken besetzt ist, in unsere Haut gebohrt hat, um Blut zu saugen. Um uns als Wirt zu lokalisieren, ist er auf einen Ast oder Strauch geklettert und hält sein Riechorgan, das im ersten Beinpaar sitzt, in die Luft. Riecht er einen Wirt, so läßt er sich einfach fallen.

Zecken können ihr Körpervolumen um ein Vielfaches vergrößern, da ihr Hinterleib eine elastische Haut besitzt. Durch Betupfen mit Petroleum, Benzin oder Öl kann der Holzbock meist nach einiger Zeit zum Loslassen bewegt werden. Wichtig ist, das ganze Tier vorsichtig herauszudrehen, damit der Kopf nicht steckenbleibt, was leicht zu Vereiterungen führen kann. Mit festsitzenden Zecken ist nicht zu spaßen, da sie Überträger von einzelligen Krankheitserregern sind. Die nachfolgenden Abbildungen zeigen den Holzbock im Normal- und im vollgesaugten Zustand.

▽

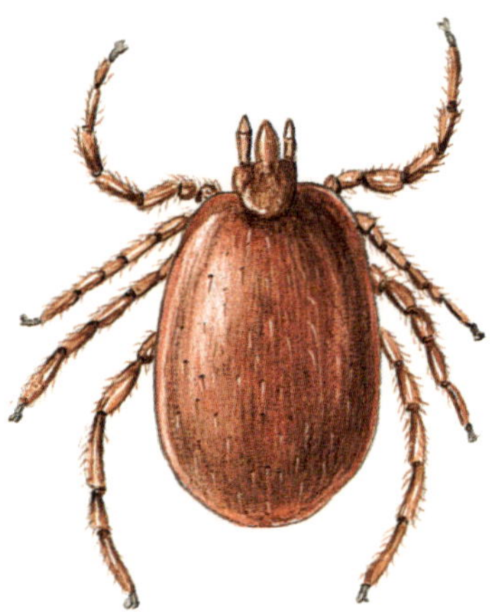

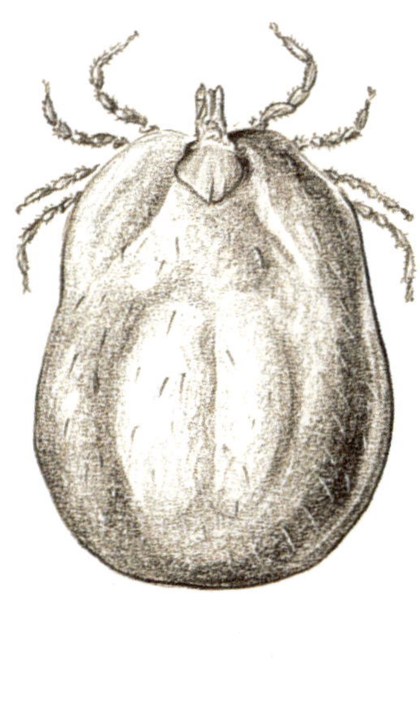

Skorpione *(Scorpiones)*

Skorpione sind die ältesten landlebenden Gliederfüßer. Ihr auffallendstes Kennzeichen sind die mit Scheren bestückten Greifarme. Der Hinterleib endet in einem schmalen, langgezogenen Schwanzteil, der an seiner Spitze einen Giftstachel trägt. Wegen diesem Giftstachel haben Skorpione allgemein den Ruf von gefährlichen Tieren. Doch ebenso wie bei den Spinnen mit Giftdrüsen gilt auch hier, daß diese vermeintliche Gefährlichkeit stark übertrieben ist. Ein Stich der in Mittel- und Südeuropa vorkommenden Arten ist nicht gefährlicher als ein Wespenstich - und darüber hinaus viel seltener. In der Sahara dagegen leben einige Arten, deren Stich auch für einen Menschen schon nach kurzer Zeit tödlich wirkt. Auch in den Tropen gibt es gefährliche Riesenarten bis 18 cm Länge.

Ob nun gefährlich oder nicht; beobachtet man einen Skorpion, wenn er Beute macht, seinen mit dem Giftstachel bestückten Schwanz in die Höhe stellt und mit großen Scheren seinen Gegner emporreißt, so kann man sicherlich einen gewissen Respekt nicht verhehlen. Beachtet man dazu noch die schnellen Vorwärts- und Rückwärtsbewegungen sowie die blitzschnellen seitlichen Ausweichmanöver, dann wird klar, warum man diesem Tier nicht zu nahe kommen sollte.

Europäischer Skorpion *(Euscorpius carpathicus)*

Ungefähr 4 cm lang wird dieser braungefärbte Skorpion, der in den südlichen Teilen Mitteleuropas, den Karpaten, dem Balkan, Kleinasien und Nordafrikas vorkommt. Kleinere Tiere tötet er direkt mit den Scheren. Bei größeren Exemplaren oder bei Gefahr beugt er sein Schwanzteil über den Körper nach vorn und sticht seinen giftigen Stachel in das festgeklammerte Beutetier.

▽

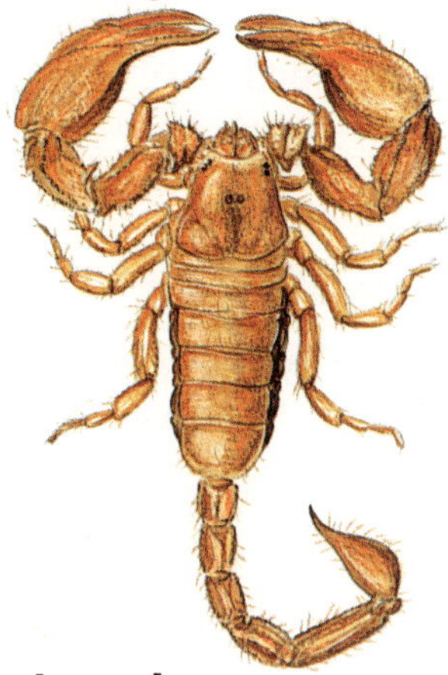

Bücherskorpion *(Chelifer cancroides)*

Ein winziger Bursche von nur 1-4 mm Länge ist der Bücherskorpion. Er zählt zur Ordnung der Afterskorpione, da er die schwanzförmige Verlängerung des Hinterleibes, und damit auch den Stachel, nicht besitzt. Im Freien lebt er zum Beispiel unter Baumrinden und stellt allerlei Kleingetier nach. Auch in Häusern kommt er vor, wo er in alten Büchern (Name) nach Milben und Läusen jagt.

Wie die meisten Spinnentiere lähmt er die Beute mit einem Gift aus seinen Scheren und verdaut sie außerhalb des Körpers, bevor er sie aussaugt. Der Bücherskorpion kommt auf der ganzen Welt vor.

▽

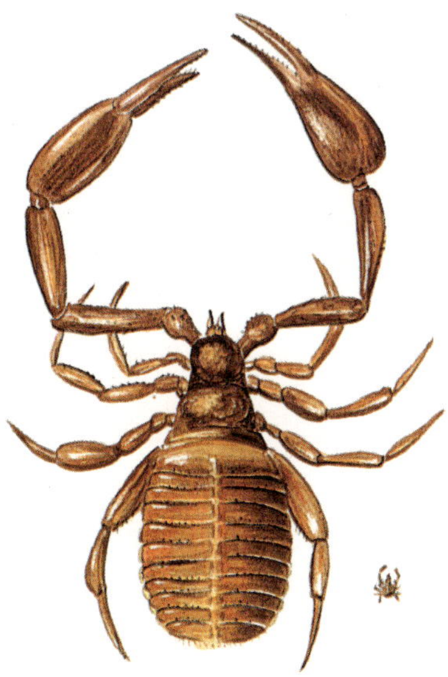

Krebstiere *(CRUSTACEA)*

Die weitgehend an das Leben im Wasser angepaßten Krebstiere atmen nicht durch Tracheen, sondern mit richtigen Kiemen. Selbst die an Land lebenden Arten besitzen noch kiemenähnliche Atmungsorgane.

Ihr Körper ist in einen Vorder- und einen Hinterleib unterteilt. Krebse haben mehr als vier Beinpaare, was sie leicht von den achtbeinigen Spinnen oder den sechsbeinigen Insekten unterscheidet. Höher entwickelte Krebse haben 5 Paar Afterfüße (Spaltfüße), die am segmentierten Hinterleib sitzen, 5 Paar Laufbeine am Kopfbruststück sowie 3 Paar Kieferfüße, 3 Paar Kiefer und 2 Paar Fühler.

Bei vielen Krebstieren liegt bei der Art des gepanzerten Körpers eine zusätzliche Besonderheit vor. Die Chitinhaut enthält nämlich Bestandteile von kohlesaurem Kalk, was die Außenschale zu einem widerstandsfähigen Panzer macht. Durch diese krustenartige Schutzhülle hat man Krebsen die Bezeichnung Krustentiere gegeben. Der starre Panzer wächst natürlich nicht mit und zwingt die Krebse, sich während des Wachstums viele Male zu häuten. Die Zahl der Segmente schwankt zwischen den einzelnen Gruppen. Von den insgesamt 10-60 Körpersegmenten sind viele miteinander verwachsen. Oft sind das Kopf-, Brust- sowie einige Hinterleibssegmente zu einem Kopfbrustschild verwachsen.

Fast alle Krebstierarten sind getrenntgeschlechtig. Meist schlüpfen aus den Eiern Larven, die sich erst im Laufe ihrer Entwicklung in ein fertiges Tier verwandeln. Die endgültige Einteilung der ca. 35-40000 Krebstierarten ist bis heute noch nicht vollständig abgeschlossen. Folgende Ordnungen unterteilen die Klasse der Krebstiere: Blattfußkrebse, Kiemenfußkrebse, Ruderfußkrebse, Wasserflöhe, Rankenfüßer, Flohkrebse, Asseln und Zehnfußkrebse.

Schema - Gliedmaßen der Krebstiere am Beispiel des Flußkrebses

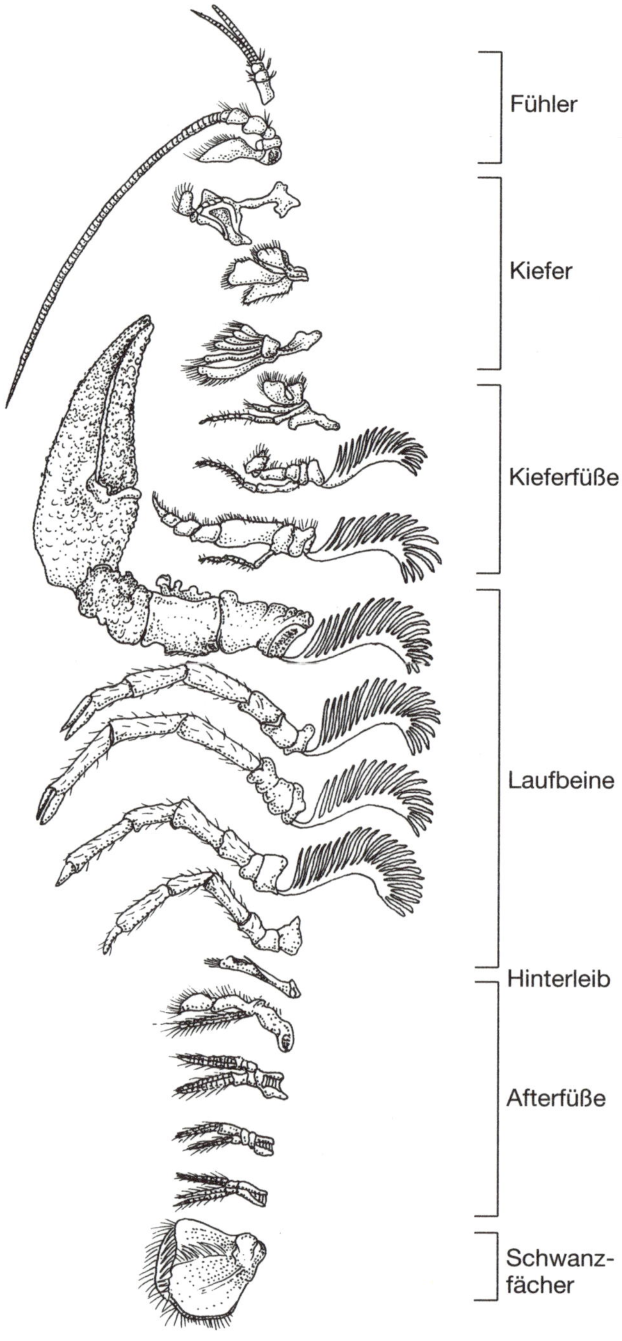

Blattfußkrebse oder Rückenschaler

(Notostraca)

Großer Rückenstrahler *(Triops cancriformis)*

Mit bis zu 10 cm Länge ist der Rückenstrahler schon ein stattliches Exemplar, wobei etwas mehr als die Hälfte der Gesamtlänge auf die Schwanzborsten entfällt. Eine starke Rückenschale umgibt schützend einen Großteil des Körpers. Er lebt am Grund von stehenden Gewässern und auch in größeren Pfützen. Interessant ist, daß seine Eier selbst längere Trockenperioden unbeschadet überstehen können. Füllt sich die Pfütze nach einem Regen mit Wasser, schlüpft der Blattfußkrebs sofort aus. Er lebt in den gemäßigten und subtropischen Zonen der Erde südlich bis zum 60. Breitengrad.

▽

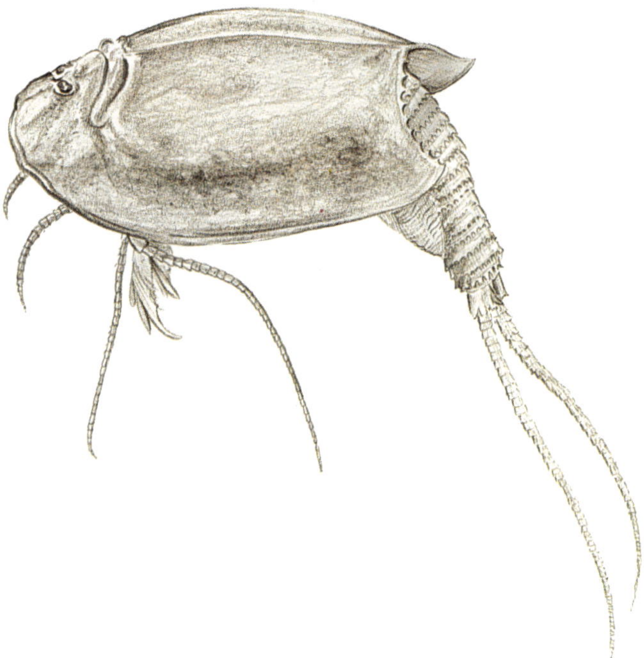

Kiemenfußkrebse ***(Anostraca)***

Sommerkiemenfuß *(Branchipus stagnalis)*

Nur 1-3 cm Länge erreicht dieser kleine Krebs, der in Süßwassertümpeln lebt. Er ernährt sich von Kleinstlebewesen und abgestorbenen Pflanzenteilen. Er ist über ganz Mitteleuropa verbreitet. Häufig teilt er den kleinen Lebensraum mit anderen Krebsarten wie den Blattfußkrebsen. ▷

Ruderfußkrebse ***(Copepoda)***

Riesen-Hüpferling *(Macrocyclops fuscus)*

Beinahe durchsichtig ist dieser kleine Riese, der in pflanzenreichen Gewässern wie Seen oder Tümpeln lebt. Seine Haut ist so fein, daß er ohne Kiemen über die gesamte Körperoberfläche atmen kann. Die Gliedmaßen sind in Form von Spaltbeinen an der Kopfbrust angewachsen. Durch die rudernden Bewegungen scheint der Ruderfußkrebs im Wasser zu hüpfen (Name). Das Weibchen trägt im vorderen Teil des gliedmaßenfreien Hinterleibs 2 Eierpakete, die durch ein Sekret zusammengehalten werden. Aus ihnen schlüpfen Larven mit 3 Gliedmaßenpaaren und einem unpaarigen Auge. Diese Larvenform nennt man Nauplius. Sie ist auch für andere Krebsarten kennzeichnend. Da es bei Ruderfußkrebsen sehr stark abgewandelte Formen gibt, ist die Naupliuslarve oft das einzige eindeutige Erkennungsmerkmal.

▽

Larve

Wasserflöhe *(Cladocera)*

Gemeiner Wasserfloh *(Daphnia pulex)*

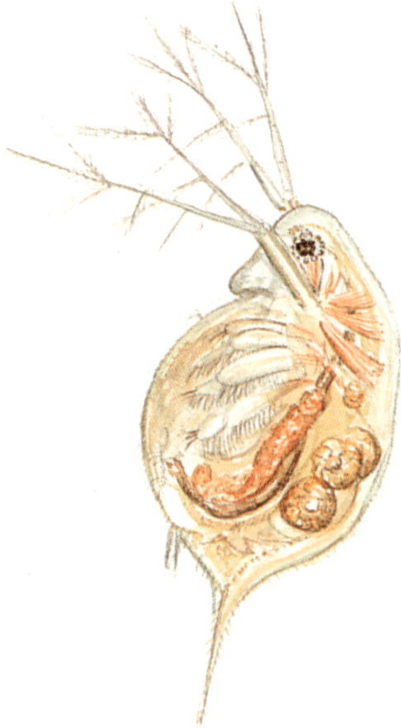

Jedem Aquarienfreund sind die 3-4 mm großen Wasserflöhe als bewährtes Fischfutter bekannt, und auch in der freien Natur ist der Wasserfloh durch sein massenhaftes Vorkommen eine wichtige Nahrungsquelle für Süßwasserfische.

Aufgrund seiner Durchsichtigkeit kann man unter dem Mikroskop sehr gut alle Körperfunktionen studieren: Unter einer Chitinhülle, die an der Bauchseite offen ist, liegen die Organe des Krebses geschützt. Starke Muskeln sind zu sehen, die gespaltene Ruderantennen in Bewegung halten. Mit den blattartig verbreiterten Beinen hält der Wasserfloh innerhalb der Schalen einen Wasserstrom in Gang, den er nach Kleinkrebsen filtriert. (Verbreitung: gemäßigte Zonen der Erde)

Rankenfüßer *(Cirripedia)*

Gemeine Entenmuschel *(Lepas anatifera)*

Keine Muschel, sondern ein Krebstier ist dieser bis zu 10 cm große Rankenfüßer, der als Meeresbewohner entlang den Küsten zu finden ist. Sein Außenskelett hat sich zu mehreren übergreifenden Rückenplatten gewandelt. Aus dieser kalkhaltigen Schale streckt die Entenmuschel von Zeit zu Zeit borstenbestückte Rankenbeine heraus, um das Wasser nach Nahrungsteilen zu durchfiltern.

Mit dem Vorderteil des Kopfes, einem langen fleischigen Stiel, sitzt die Entenmuschel fest auf ihrer meist schwimmenden Unterlage. Oft sind es Schiffe, aber auch ein Stück Holz kommt in Frage. Mit etwas Glück kann man Entenmuscheln z.B. an der Nordseeküste an angeschwemmtem Treibholz finden.

Flohkrebse *(Amphipoda)*

Bachflohkrebs *(Gammarus pulex)*

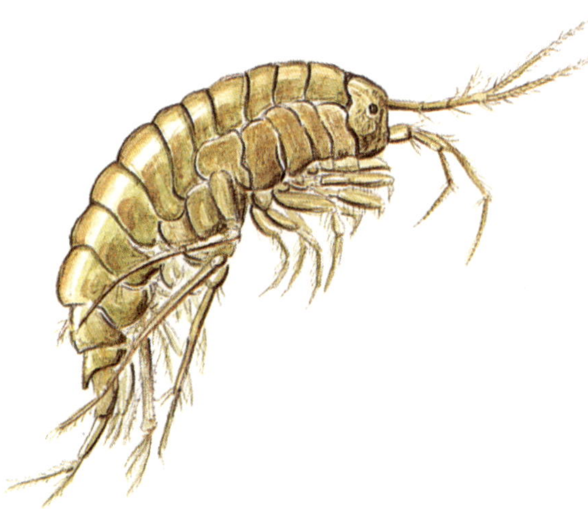

In langsam fließenden Gewässern mit pflanzenreichen Zonen findet man den Bachflohkrebs. Sein Körper ist seitlich abgeflacht und bauchwärts gekrümmt. Mit schnellenden Bewegungen kann er sich am Gewässerboden in weiten Sprüngen fortbewegen.Gern sucht er unter Steinen Schutz. Auch dieser 1-2 cm lange Geselle dient vielen Wassertieren als Nahrung. Er ist über Europa und Teile Asiens verbreitet.

Asseln *(Isopoda)*

Asseln gehören zu den Höheren Krebsen, sind also mit die am weitesten entwickelten Krebstiere. Ihr Körper ist deutlich abgeflacht und durch Körperringe gegliedert. Auf ihren 7 Paar Beingliedmaßen können sie sich flott fortbewegen. Von den einst wasserbewohnenden Isopoda haben einige Arten den Weg aufs Land gefunden, wo sie aber nur an feuchten Standorten anzutreffen sind. Dies liegt vor allem an der Tatsache, daß alle Asseln, auch die landbewohnenden, reine Kiemenatmer sind.

Mauerassel *(Oniscus asellus)*

Die Mauerassel lebt im feuchten Laub von Wäldern und ist oft auch im Haus zu finden. Gerne verkriecht sich das ca. 1,8 cm lange Tier unter Steinen. Von anderen, ähnlich aussehenden Arten wie z.B.der Kellerassel und Rollassel unterscheidet sie sich durch hellere Körperflanken. Ihr Lebensraum umfaßt Europa und Nordamerika.

▽

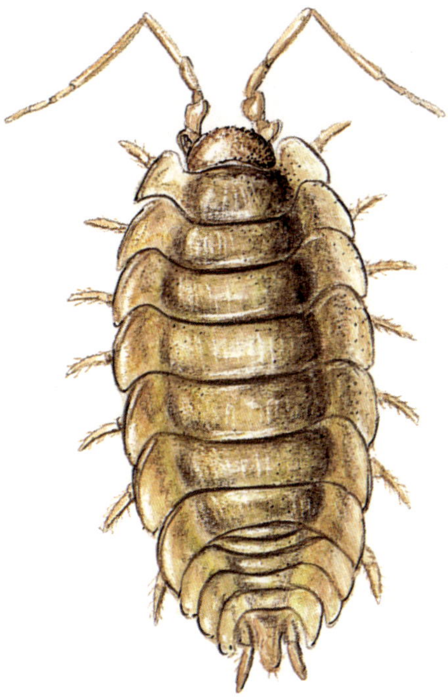

Zehnfußkrebse *(Decapoda)*

Um einen besseren Überblick zu bekommen, unterteilt man die Ordnung der Zehnfußkrebse in 4 Unterordnungen. Hierzu zählen Garnelen, Langschwänze, Mittelkrebse und Krabben.

Gemeine Garnele *(Crangon crangon)*

Nicht nur Biologen, sondern auch Feinschmeckern ist die Garnele, auch Granat- oder Nordseekrabbe genannt, bestens bekannt. In großen Mengen werden die 4-8 cm großen Tiere zu Nahrungszwecken gefangen. In den Küstengewässern des Mittelmeers, Westeuropas und Nordamerikas ernährt sich die Garnele in einer Tiefe von 10-50 m von Kleinstlebewesen. Dies geschieht meist nachts, während sie den Tag eingewühlt im Grund verbringt.

▽

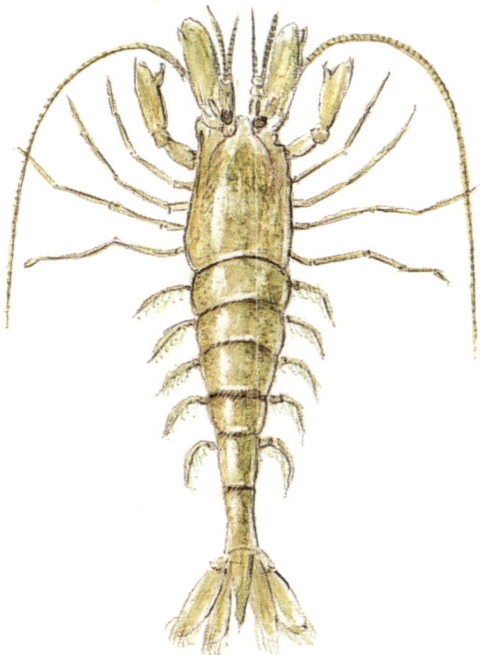

Flußkrebs *(Astacus astacus)*

In sauberen Gewässern Mitteleuropas bis Skandinavien finden wir diesen ca. 16 cm langen, mit kräftigen Scheren ausgestatteten Edelkrebs. Da saubere Gewässer jedoch immer seltener werden, ist der Flußkrebs vom Aussterben bedroht. Nur eine umfaßende Reinhaltung aller Gewässer könnte den Bestand dieser Tierart sichern.

Eine Besonderheit im Körperbau des Flußkrebses sind seine Augen, die beiderseits des stachelartigen Panzervorsprungs am Kopf auf beweglichen Stielen sitzen. Das Gesichtsfeld ist dadurch erheblich erweitert. Als Allesfresser schreitet der Krebs nachts auf seinen 5 Paar Gehbeinen den Gewässerboden entlang und sucht nach Nahrung wie Schnecken, Käfern usw. Seine kräftigen Scheren hält er dabei in die Höhe. Am Tag verbirgt er sich unter Wurzeln und Steinen oder eingewühlt im Schlamm.

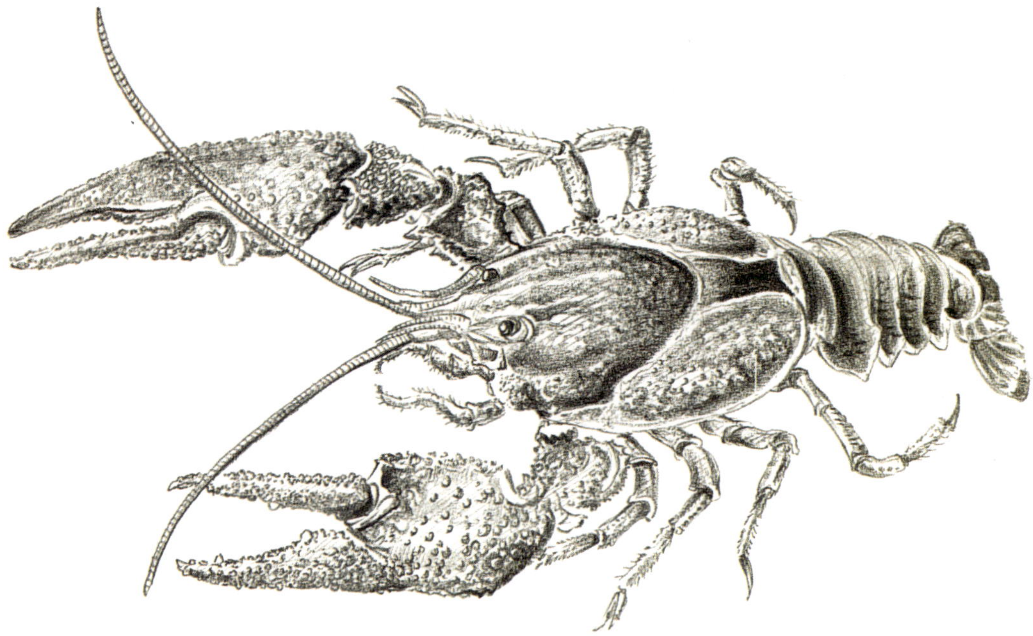

Einsiedlerkrebs *(Eupagurus bernhardus)*

Vielleicht hat sich der Leser bei einem Strandspaziergang schon darüber gewundert, daß aus dem aufgelesenen Schneckenhaus überraschend ein seltsames Tier herausblickt. War es eine Schnecke oder ein Krebs? Beides scheint nicht recht zusammenzupassen. Die Lösung ist einfach: Der Einsiedlerkrebs, dessen Hinterleib nicht durch einen Panzer geschützt ist, hat sich rückwärts in das spiralförmige Gehäuse geschoben und so eine ideale Behausung gefunden. Lediglich sein gepanzerter Vorderkörper mit den Gliedmaßen schaut heraus. Bei Gefahr zieht er sich ganz in das Schneckenhaus zurück und sperrt mit den gepanzerten Scheren ab.

Wollhandkrabbe *(Eriocheir sinensis)*

Krabben sind von gedrungenem Körperbau. Der Hinterleib ist unter dem Kopfbruststück eingeschlagen. Aufgrund dieses kurzen, querovalen Aussehens nennt man Krabben auch Kurzschwänzer. Die 9 cm breite Wollhandkrabbe ist ein Meerestier, das in die Flüsse stromaufwärts wandert, sich jedoch nur im Salzwasser fortpflanzt. Ihr eigentümlichstes Merkmal sind die, vor allem bei Männchen, dicht behaarten Scheren (Name).

Ursprünglich stammt die Wollhandkrabbe aus den Gewässern vor China und Japan. Anfang unseres Jahrhunderts wurde sie nach Europa eingeschleppt. Da die sehr fruchtbare Krabbe bis zu 1 Million Eier legt, hat sie sich schnell vermehrt und ist in Nord- und Ostsee sowie deren Zuflüssen sehr häufig anzutreffen.

Tausendfüßer *(MYRIOPODA)*

Wahrscheinlich waren die Wissenschaftler, die dieser Tierklasse ihren Namen gaben, von den vielen Beinpaaren so beeindruckt, daß sie annahmen, 1000 Beine vor sich zu haben. Die Zahl der Beine ist in der Realität niemals 1000. Je nach Art schwanken die Beinpaare zwischen 9 und maximal 300. An jedem der zahlreichen Körpersegmente finden sich 2 solcher gegliederter Beinpaare. Tausendfüßer sind Landbewohner und atmen durch Tracheen. Ihr Körper wird durch einen gegliederten Chitinpanzer geschützt.

Hundertfüßer *(CHILOPODA)*

Im Gegensatz zu den Tausendfüßern leben die Hundertfüßer fast ausschließlich als räuberische Jäger. Ihr Körper ist abgeflacht, langgestreckt und trägt an jedem Körpersegment nur ein Beinpaar.

Es gibt Hundertfüßer, die sogenannten Scolopendriten oder Riesenläufer, die in den Tropen eine Länge von sage und schreibe einem halben Meter erreichen und deren Biß selbst für einen Menschen tödlich sein kann. Auch in Mittelmeergebieten kommen, wenn auch ungefährliche, Arten mit 10 cm cm Länge vor.

Schnurfüßer *(Iulus fallax)*

Aus bis zu 70 Körperringen besteht der Schnurfüßer. Er hat einen nahezu kreisrunden Querschnitt. Tausendfüßer werden auch als Doppelfüßer bezeichnet, da jedes Körpersegment 2 kurze Beinpaare trägt. Mit geschickt koordinierten Bewegungen werden die vielen Beinpaare beim Laufen benutzt. An unterschiedlichen Körperabschnitten werden immer ungefähr 6 Beine gleichzeitig nach vorne bewegt. Durch die abwechselnde Tätigkeit der Beingruppen entsteht die charakteristische Wellenbewegung der von oben betrachteten Beine.

Die Nahrung des feuchtigkeitsliebenden Tieres besteht zum größten Teil aus verrottenden Pflanzenteilen. Mitunter geht es auch an Aas. Der Schnurfüßer besitzt einen wirkungsvollen Schutzmechanismus, indem er sich bei Gefahr blitzschnell zusammenrollt.

▽

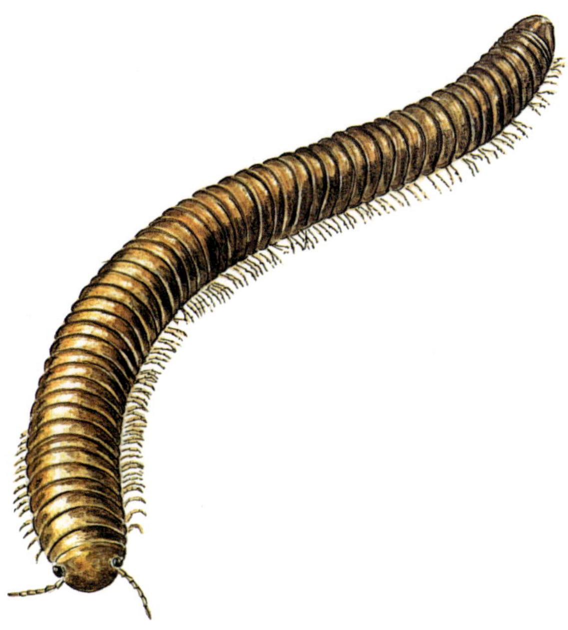

Brauner Steinläufer *(Lithobius forficatus)*

Das etwa 3 cm lange, kastanienbraun glänzende Tier liebt dunkle und feuchte Standorte. Dreht man Steine oder Holzstücke am Boden um, ist die Chance recht hoch, ein Tier zu finden. Hier verbringen die nächtlich jagenden Räuber den Tag. Die Kieferfüße mit ihren kräftigen Beißzangen und den dolchartigen, giftigen Klauen an deren Ende sind eindrucksvolle Werkzeuge, mit denen der Steinläufer Insekten, Asseln und Regenwürmer tötet oder sich verteidigen kann.

Die jungen Larven schlüpfen aus einzeln gelegten Eiern und haben anfangs nur 7 Beinpaare. Bis sie erwachsen sind, bekommen sie bei jeder Häutung neue Beinpaare hinzu. Steinläufer sind echte Kosmopoliten und somit über die ganze Welt verbreitet.

▽

Insekten *(INSECTA)*

Die Insekten bilden nicht nur die umfangreichste Tierklasse innerhalb der Gliederfüßer *(Arthropoden)*, sondern des ganzen Tierreichs. Mit sicherlich 800000 Arten gibt es keine andere Klasse, die an diese Zahl auch nur annähernd heranreicht. Insekten werden auch als Kerbtiere bezeichnet, und ihr Name leitet sich vom lateinischen Wort Insecta, (die Eingeschnittenen) ab. Ihr Körper ist überwiegend deutlich in drei Teile gegliedert (Kopf, Brust, Hinterleib). Ein eindeutiges Erkennungsmerkmal ist auch die Zahl der Beine, die bei Insekten immer 6 beträgt. Wie andere Gliederfüßer auch, haben Insekten ein aus Chitin bestehendes Außenskelett. Die meisten Arten leben auf dem Land, einige auch im Wasser.

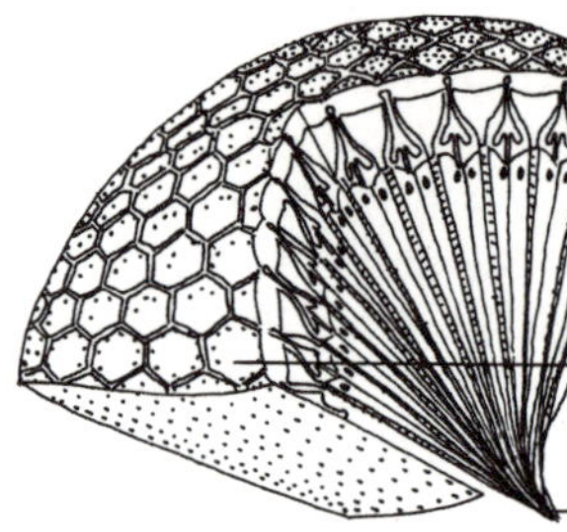

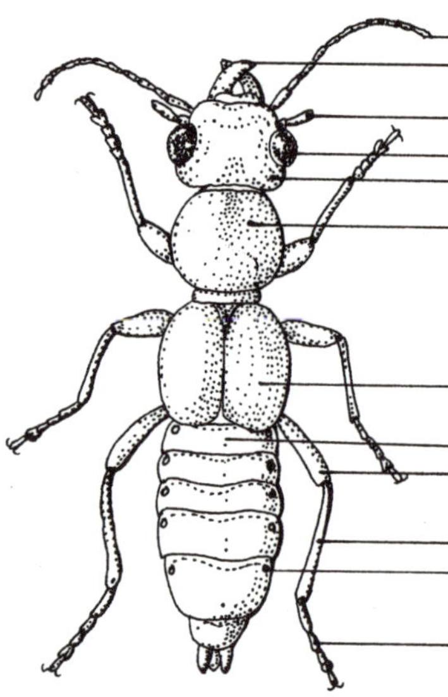

Insekten sind immer getrenntgeschlechtig. Die Entwicklung zum erwachsenen Tier geht bis auf einige Urinsekten mit einer Verwandlung (Metamorphose) einher. Ändert sich das Aussehen vollkommen, so spricht man von vollkommener Verwandlung, sieht die Larve dem Vollinsekt bereits ähnlich, so nennt man dies unvollkommene Verwandlung.

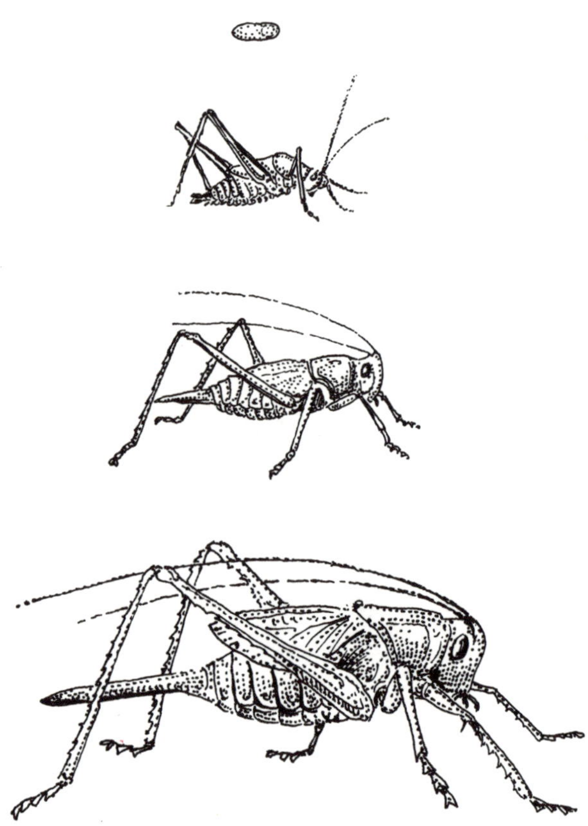

Der entwicklungsgeschichtlich größte Erfolg der Insekten ist die Fähigkeit zu fliegen. Somit konnten nicht nur unterschiedliche Lebensräume, sondern auch neue Nahrungsquellen erschlossen werden. Auch die Flucht vor Feinden wurde sehr viel leichter. Eng mit dieser großen Bewegungsmöglichkeit verknüpft, sind die enorm hochentwickelten Sinnesorgane der Insekten. Neben einfacher gebauten Punktaugen besitzen sie Hauptaugen (Facettenaugen), die manchmal so groß werden, daß sie beinahe den ganzen Kopf einnehmen. Die Oberfläche dieser Augen besteht aus kleinen, sechseckigen Einzelaugen, sie sich nach innen verjüngen und in weiterleitende Nerven münden. Jedes dieser aneinandergereihten Einzelaugen (Facetten) bildet einen Bruchteil der Umwelt ab. Alle Ausschnitte zusammen ergeben das Gesamtbild des angeschauten Objekts.

Wie auch andere Gliederfüßer sind Insekten Tracheenatmer. Ein feinverzweigtes Netz von schlauchartigen Röhren, durchzieht den ganzen Körper und liefert Sauerstoff an die einzelnen Zellen. Trotz der eindeutig gemeinsamen Merkmale besteht die Klasse der Insekten aus einer mannigfaltigen Formenfülle, die nicht zu überbieten ist. Durch ihre starke Wechselbeziehung mit dem Pflanzenreich (Nahrung - Bestäubung) dürfen Insekten mit als die wichtigsten Individuen zur Aufrechterhaltung des Lebens auf der Erde bezeichnet werden. Und nur diese Tierklasse stellt für den Menschen eine wirkliche Konkurrenz dar, und zwar als Nahrungskonkurrenten oder ungeliebte Parasiten. Dabei wird oft vergessen, daß es vor allem der Mensch ist, der dieses Verhältnis noch verschlimmert, indem er beispielsweise durch Monokulturen beste Brutstätten bietet, so daß durch den damit verbundenen Nahrungsüberschuß die Zahl der vermeintlichen Pflanzenschädlinge rapide zunimmt. Versucht der Zweibeiner, mit Gift dagegen anzugehen, so entzieht er sich damit selbst seine Lebensgrundlage. Das Problem ist allein die Fähigkeit des Menschen, durch seine Bedürfnisse und Handlungen, das in Jahrmillionen eingespielte Gleichgewicht in der Natur außer Kraft zu setzen.

Die Auswahl innerhalb dieser interessanten Tierklasse ist schwer. Vollständigkeit kann auch annäherungsweise nicht erreicht werden. Dargestellt werden deshalb Arten, mit denen der Mensch direkt konfrontiert ist oder die durch Aussehen oder Lebensweise eine besondere Attraktivität aufweisen.

Urinsekten *(APTERYGOTA)*

Von allen Insekten sind die Urinsekten am einfachsten gebaut. Somit bilden sie den Anfang unserer Betrachtung. Zu den Urinsekten zählt man Springschwänze, Borstenschwänze und Fischchen. Den Apterygoten sind gewisse einfache Merkmale gemeinsam. Dazu gehört, daß sie keine deutliche Verwandlung (Metamorphose) durchlaufen und durchweg flügellos sind. Ihre Augen sind noch weit einfacher gebaut als bei höheren Insekten.

Wasserspringschwanz *(Podura aquatica)*

Dieses winzige Tierchen von nur ca. 1 mm Größe dürfte der Leser noch nicht bewußt wahrgenommen haben, obwohl es in unglaublichen Massen vorkommt. Abgesehen von einzelligen Mikroorganismen bilden diese Urinsekten zusammen mit anderen Springschwanzarten die größte Zahl an Einzellebewesen auf der ganzen Welt.

Der Wasserspringschwanz lebt auf der Wasseroberfläche pflanzenbedeckter Teiche und Tümpel. Auch in Gletscherpfützen und nach der Schneeschmelze ist er sehr zahlreich zu finden. Mit der Springgabel am Ende des Hinterleibs schleudern sich die Tiere in hohem Bogen davon (Name). So können sie sich blitzschnell aus einer Gefahrensituation befreien. Springschwänze sind in Eurasien und Nordamerika überall zu finden.

▽

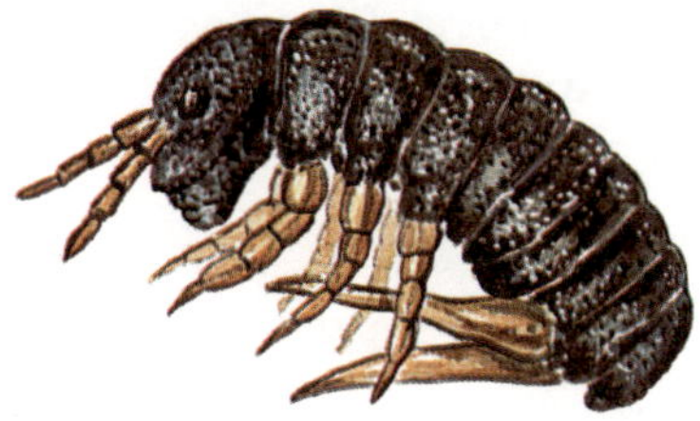

Doppelschwanz *(Campodea fragilis)*

Immerhin 3,5 mm Länge kann der Doppelschwanz erreichen. Meist wird er jedoch gerade einen Millimeter lang. Sein Kennzeichen sind zwei Borsten, die aus dem Hinterleib hervorgehen.

Doppelschwänze leben auf der ganzen Erde, bevorzugt in gemäßigten bis tropischen Breiten. Sie verkriechen sich an feuchten Stellen im Erdreich, unter Steinen oder Holz. Die abgebildete Art *Campodea fragilis* besitzt keine Augen.

▽

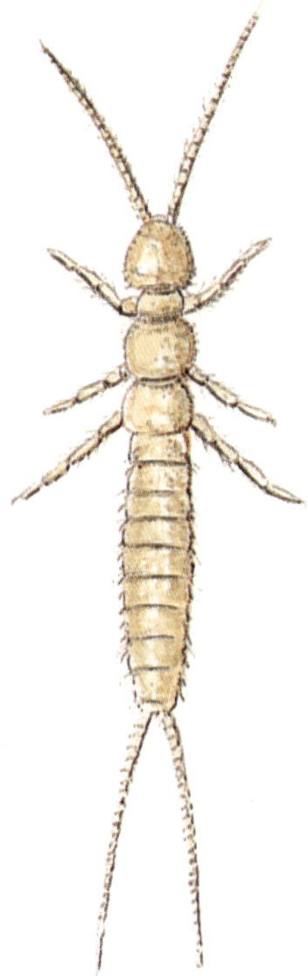

Silberfischchen *(Lepisma saccharina)*

Zu den größten Arten gehört das fast 1 cm lange Silberfischchen, das als Kulturfolger in menschlichen Behausungen lebt. Seine Hauptnahrung bilden stärkehaltige Stoffe sowie Eiweiß und Fett. Es befällt Kleider, Bücher und Nahrungsvorräte. Da es eine Vorliebe für Süßigkeiten hat, wird es auch Zuckergast genannt. In der Nacht huscht das Tier in rasantem Tempo im Zickzack über den Boden. Der mit feinen Schüppchen überzogene Körper glänzt silbrig, sobald an einigen Stellen die matten Schuppen abgewetzt sind. Silberfischchen sind auf der ganzen Welt zu Hause.

▽

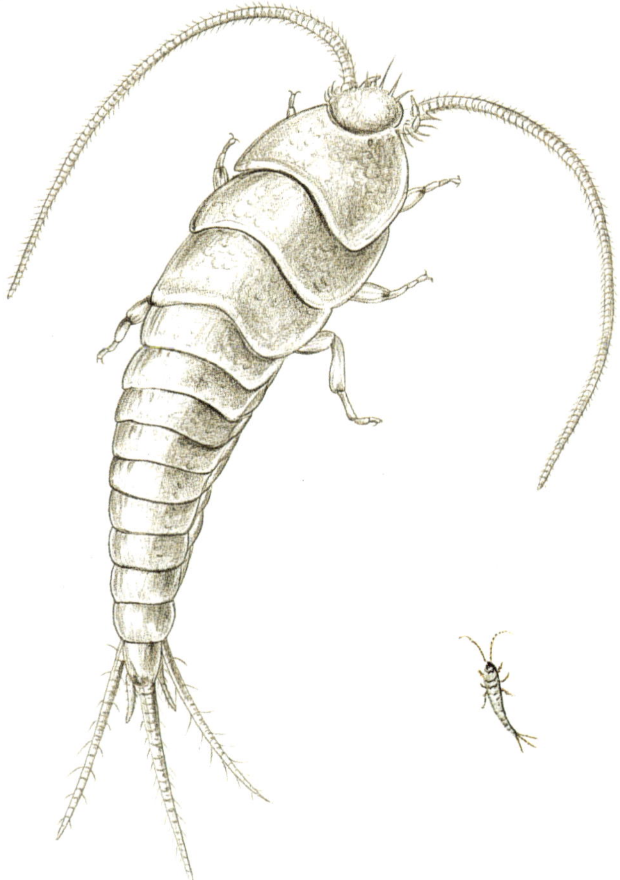

Höhere Insekten *(PTERYGOTA)*

Eintagsfliegen *(Ephemeroptera)*

Die Eintagsfliegen bilden innerhalb der Insekten eine eigene Ordnung. Man zählt sie ebenso wie Springschwänze, Borstenschwänze und Fischchen zu den Urinsekten. Der Name Fliege ist eigentlich unzutreffend, denn mit den Fliegen haben sie nichts zu tun.

Eintagsfliege *(Ephemera danica)*

An warmen Abenden tanzen die Eintagsfliegen von April bis August in großen Scharen in der Luft. An ihren langen Schwanzborsten sind sie leicht zu erkennen. Ihren Namen haben sie von der Tatsache, daß sie nur sehr kurze Zeit leben - von einigen Stunden bis maximal einigen Tagen.

Die Larven der Eintagsfliegen leben im Wasser, wo sie sich von Pflanzenabfällen ernähren. Wenn die Larven ausgewachsen sind, platzt ihre Haut, und das Vollinsekt treibt an die Wasseroberfläche, wo es sich nochmals häutet, um geschlechtsreif zu werden. Eintagsfliegen sind fast auf der ganzen Welt zu finden.

▽

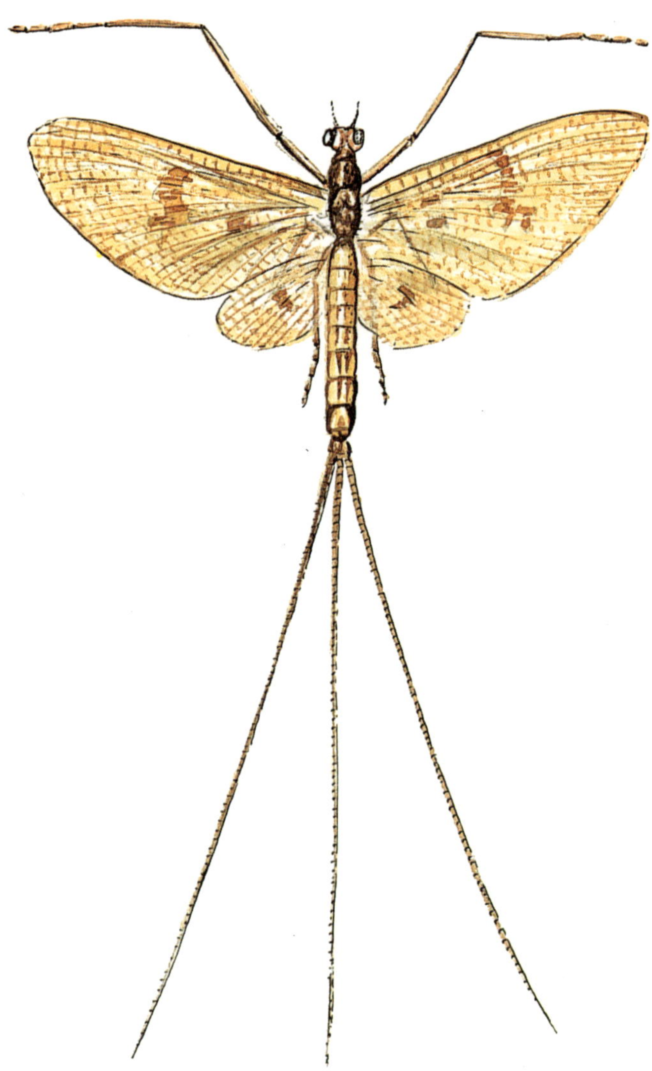

Libellen *(Odonata)*

Schon von weitem sind Libellen leicht zu erkennen. Dank ihrer zwei langen, glasigen Flügelpaare sind sie wahre Flugkünstler. In allen Richtungen können sie die Flügel auch unabhängig voneinander bewegen. Wie Hubschrauber stehen sie in der Luft oder weichen bei Gefahr blitzschnell im Rückwärtsflug nach hinten aus. Libellen leben räuberisch und jagen ihre Beute in der Luft.

Sogar der Paarungsakt findet vorwiegend in der Luft statt. Der bewegliche Kopf trägt große Facettenaugen, die den Libellen ein ausgezeichnetes Sehvermögen verleihen.

Wie der Kopf, so sind auch die Brust und der Hinterleib ungemein beweglich. Die vorderen Beinpaare sind zu Fangwerkzeugen umgebildet, mit denen die Beute im Flug ergriffen und festgehalten wird.

Libellen durchlaufen eine unvollständige Metamorphose. Ihre Larven leben im Wasser, wo sie wie die Vollinsekten nach Beute jagen. Durch eine stark entwikkelte Unterlippe mit Haken (Fangmaske), die weit nach vorne ausgeklappt werden kann, ist es der Libellenlarve möglich, selbst größere Tiere wie Kaulquappen und kleine Molche zu erbeuten. Sobald sich das fertige Insekt innerhalb der Larvenhaut entwickelt hat, steigt diese Nymphe an einem Pflanzenstengel nach oben. Die alte Haut platzt auf, und die Libelle schiebt sich heraus, entfaltet die großen Flügel und fliegt nach einiger Zeit davon.

Kleinlibellen *(Zygoptera)*

Kleinlibellen haben einen sehr schmalen Körper. Die Augen sitzen wie Perlen weit außen am Kopf. Die Vorder- und Hinterflügel sind annähernd gleich groß und weisen eine ähnliche Äderung auf. In Ruhestellung werden die Flügel nach hinten über den Körper aufgestellt.

Gebänderte Prachtlibelle

(Calopteryx splendens)

Vom Flachland bis ins Gebirge kann man diese Art häufig an fließenden Gewässern antreffen. Bereits im April sind die ersten Libellen unterwegs und fliegen bis in den späten September. Häufig sitzt die Prachtlibelle mit hochgeklappten Flügeln an Uferpflanzen, um sich auszuruhen. *Calopteryx splendens* ist weit über Europa und Nordafrika verbreitet.

▽

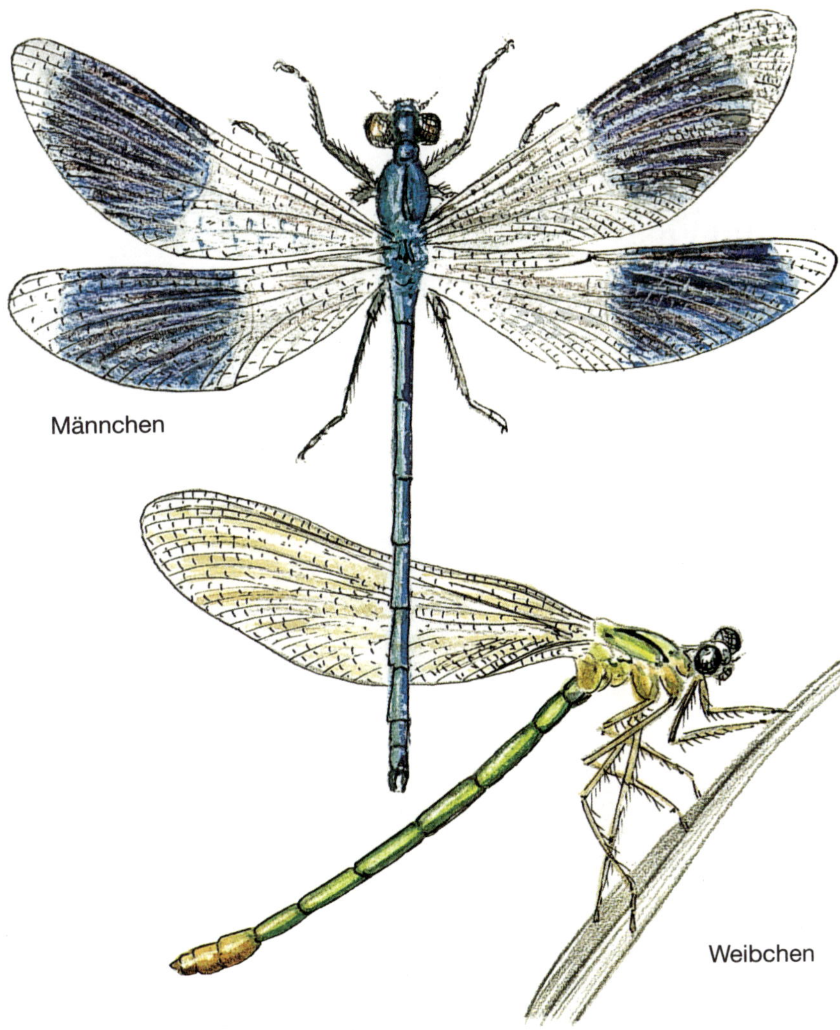

Großlibellen *(Anisoptera)*

Der Körper der Großlibellen ist im Vergleich zu den Kleinlibellen kompakter gebaut. Die Augen liegen deutlich enger zusammen und scheinen sich in vielen Fällen oben am Kopf zu berühren. Die Vorder- und Hinterflügel sind unterschiedlich geformt und haben nicht dieselbe Größe. Im Gegensatz zu den Kleinlibellen sind die Anisoptera ausdauernde Flieger. Mit Leichtigkeit bleiben sie mehrere Stunden in der Luft und legen dabei auch größere Strecken zurück.

Plattbauch-Libelle *(Libellula depressa)*

Es ist unschwer zu erkennen, warum man diese Libelle zur Familie der Kurzlibellen zählt. Der kräftige Körper mit seinem kurzen, abgeplatteten Hinterleib erinnert an ein griechisches Kurzschwert. Wie andere Großlibellen ist auch der Plattbauch ein gewandter Flieger, der während des Fluges sowohl kopulieren als auch Eier legen kann. Seine Spannweite beträgt stattliche 7-8 cm. Bei den Plattbauchlibellen wurden hin und wieder Massenwanderungen beobachtet, wobei große Schwärme dicht über den Erdboden dahinziehen. Man nimmt an, daß nach guten Libellenjahren eine Art Ausbreitungstrieb zu neuen Lebensräumen dafür verantwortlich ist.

▽

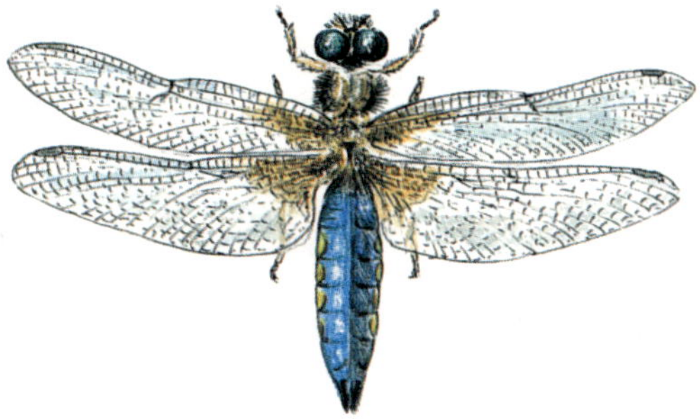

△

Blaugrüne Mosaikjungfer *(Aeschna cyanea)*

Eine prächtig gezeichnete Großlibelle, deren ausdauernde Flugkünste man gerne beobachtet. Mit einer Flügelspannweite von bis zu 10 cm ist sie leicht zu entdekken. Aufgrund ihrer ausgedehnten Erkundungsflüge ist sie auch weit ab vom Wasser zu finden. Oft hat sie als erste den neuen Gartenteich entdeckt und nimmt ihn als Lebensraum an. Die Blaugrüne Mosaikjungfer ist über ganz Europa, Nordafrika und Kleinasien verbreitet.

Steinfliegen *(Plecoptera)*

Diese kleine Gruppe von Insekten, die nur einige Millimeter bis wenige Zentimeter groß werden, sind stammesgeschichtlich ebenso alt wie die Eintagsfliegen. An den Larven lassen sich die Unterschiede recht gut ablesen. Im Gegensatz zu den Eintagsfliegenlarven haben die Larven der Steinfliege stets nur 2 Schwanzanhänge und 2 Endklauen an den Füßen.

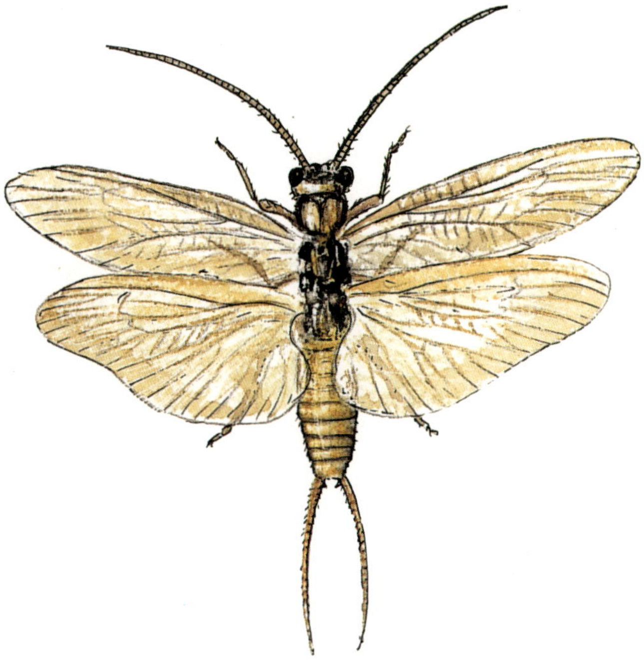

Steinfliege *(Perla burmeisteriana)*

Einen großen Teil ihres Lebens verbringt die Steinfliege ▷ als Larve (Nymphe) im Wasser. Ihre Verwandlung ist unvollständig. Die erwachsenen Insekten sind keine sehr guten Flieger. Etwas schwerfällig flattern sie umher. Beim Laufen sind sie jedoch recht geschickt und huschen am Uferrand zwischen Pflanzen und Steinen herum. Die Vollinsekten erreichen ein Lebensalter von wenigen Tagen bis maximal einigen Wochen. Steinfliegen findet man an Gewässern in ganz Europa.

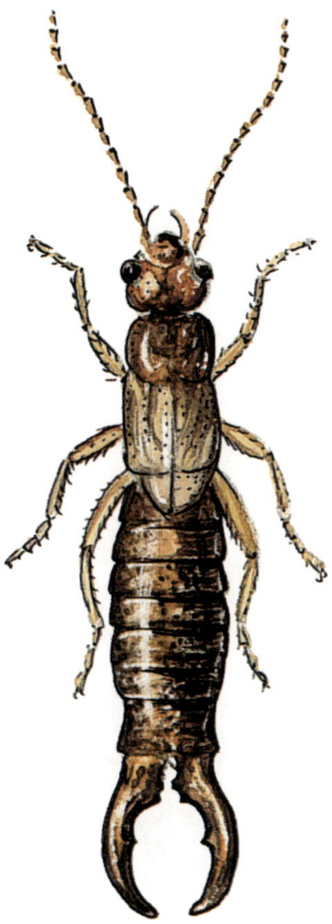

Ohrwürmer *(Dermaptera)*

Es wäre schon ein großer Zufall, einen Ohrwurm wirklich ins Ohr zu bekommen. Er würde dort auch nichts suchen als ein dunkles Versteck. Ohrwürmer sind nachtaktive Tiere und ernähren sich hauptsächlich von pflanzlicher Kost, jagen aber gelegentlich auch kleine Insekten oder Spinnen. Die meisten Arten von Ohrwürmern können fliegen. Ihre Vorderflügel sind zu verhornten Deckflügeln umgestaltet.

Gemeiner Ohrwurm *(Forficula auricularia)*

◁ Das 1,5-2,5 cm lange Tier verbringt den Tag in einem schützenden, gerne feuchten Versteck unter Holz, Steinen, Laub usw. Neben der beschriebenen Nahrung verzehrt der Gemeine Ohrwurm auch Blattläuse, weshalb er im biologischen Gartenbau ein gern gesehener Gast ist.

Im Winter legt das Weibchen in einer selbstgegrabenen Erdröhre bis zu 80 Eier ab, die es in fürsorglicher Brutpflege bewacht. Das Weibchen leckt ständig die Eier sauber, um Keime zu beseitigen und wehrt Störenfriede mit ihren starken Hinterleibszangen ab. Der Gemeine Ohrwurm ist auf der ganzen Welt zu finden.

Abb.: Weibchen des Gemeinen Ohrwurms *(Forficula auricularia)* leckt die Brut sauber, um Keime von ihr fernzuhalten.

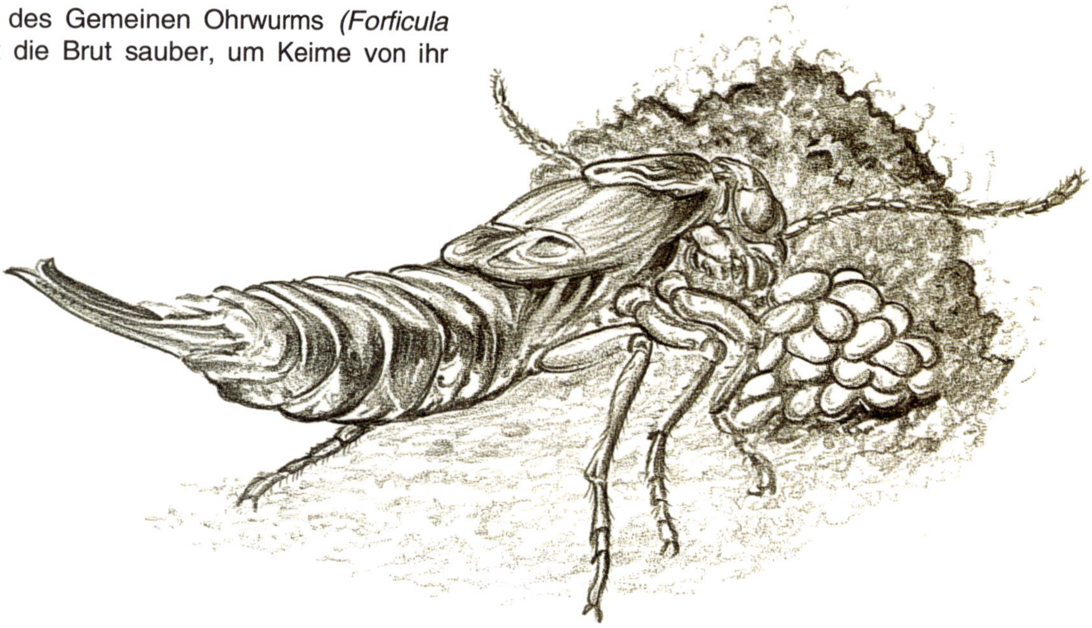

Schaben *(Blattaria)*

Schaben werden als lästige Schädlinge angesehen, die in Häusern großen Schaden anrichten. Doch kommen sie nur dort vor, wo sie genügend Nahrung vorfinden, die für sie zugänglich ist. Diese Tatsache ist natürlich oft mit etwas vernachlässigten Hygieneverhältnissen verbunden. Liegen Nahrungsmittel offen auf dem Boden oder hinter Schränken, die auch gute Verstecke bieten, dann haben Schaben beste „Wohnverhältnisse". Haben sie sich erst einmal eingenistet, sind sie nur mit größter Mühe wieder zu vertreiben. Durch ihren platten Körperbau können Schaben auch durch kleinste Ritze kriechen. Weibchen haben nur noch Flügelstümpfe und fliegen nicht. Auch die Männchen sind nur noch ungeschickte Flieger und benutzen die Flügel eher als eine Art Fallschirm.
▽

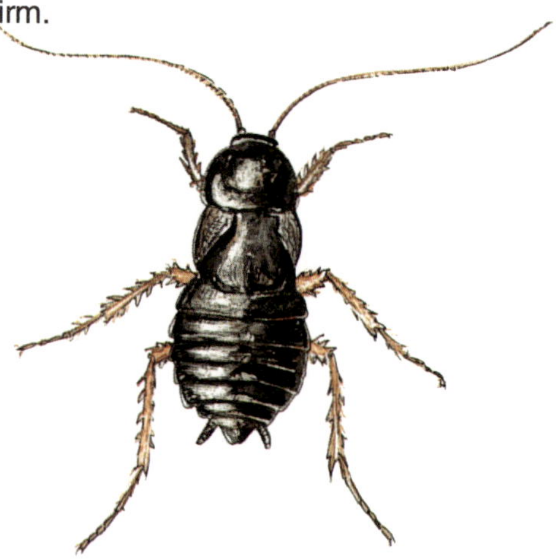

Gemeine Küchenschabe *(Blatta orientalis)*

Die Küchenschabe wurde von Osten her in Mitteleuropa eingeschleppt. Durch Schiffe, die von Küchenschaben gerne bewohnt werden, ist sie heute beinahe über die ganze Welt verbreitet. Das Weibchen legt seine Eier in einen Kokon von ca. 1 cm Länge, den sie einige Tage auf dem Rücken trägt. Die geschlüpften Junglarven brauchen 4 Jahre, um 6-10 Entwicklungsstadien und Häutungen zu durchlaufen. Erst dann sind sie geschlechtsreif.
▽

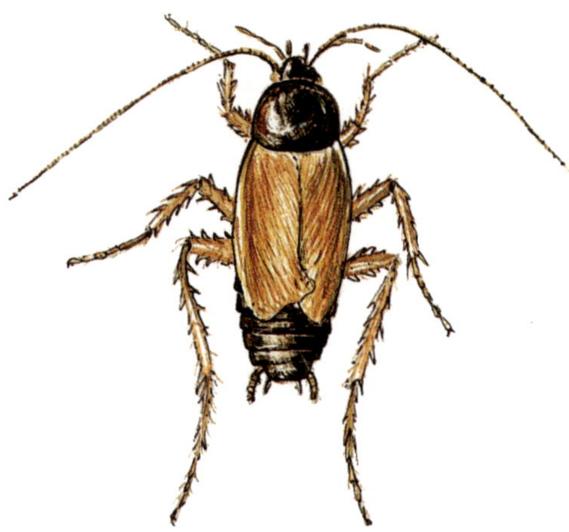

Schrecken *(Saltatoria)*

Heuschrecken sind sehr wärmeliebende Tiere, die vor allem in warmen Klimazonen mit reicher Vegetation zu finden sind. Da sie für gewöhnlich nicht besonders gut fliegen können, hüpfen sie von Ort zu Ort. Hierbei kommen ihnen die kräftig ausgebildeten Hinterbeine zugute, mit denen sie weite Sprünge machen können. Schrekken haben die Fähigkeit, mit je nach Art sehr unterschiedlichen Methoden, Töne zu erzeugen. Oft entsteht das Zirpen durch Aneinanderreiben der Flügel oder der gezähnten Hinterbeine an den Flügeln. Es dient vor allem der Verständigung zwischen Männchen und Weibchen. Die Weibchen tragen meist kein Instrument am Körper. Sie werden durch die Zirpmusik der Männchen angelockt und in Paarungsstimmung versetzt.

Viele Schreckenarten sind harmlose Grashüpfer, die dem Menschen nicht lästig werden. Es gibt jedoch Arten, die sich unter günstigen Umweltbedingungen rasch vermehren und auf ihren Massenwanderungen in wahren Freßorgien großen Schaden an der Vegetation anrichten. Die wirklich harmlosen Einzeltiere schließen sich unter der rasch auftretenden Futterknappheit zu riesigen Schwärmen zusammen und begeben sich auf Wanderschaft, um alles Eßbare auf ihrem Weg zu vertilgen.

Wanderheuschrecke *(Locusta migratoria)* △

Die abgebildete Heuschrecke ist in großen Teilen Asiens und Afrikas wegen ihrer Freßgier während der Wanderphase gefürchtet. Die Tiere, die recht ausdauernd fliegen können und dabei ansehnliche Strecken zurücklegen, verdunkeln im Massenflug die Sonne wie schwarze Wolken. Wo sie sich niederlassen, sind in kürzester Zeit ganze Landstriche kahlgefressen.

▽

Grünes Heupferd *(Tettigonia viridissima)*

Aufgrund ihres pferdeähnlichen Kopfes nennt man diese 3-4 cm lange Laubheuschrecke auch Heupferd. Der saftig grüne Körper ist an der Oberseite mit einem rosabräunlichen Hauch überzogen. Gut getarnt klettert das Heupferd gemächlich zwischen dem Blattwerk von Bäumen und Büschen umher. Während die Jungtiere auf Wiesen pflanzliche Nahrung fressen, sind die erwachsenen Tiere Insektenjäger. In kurzen gezielten Sprüngen erfassen sie ihre Beute. Bei Gefahr breiten sie im Sprung die Flügel aus und vergrößern durch diesen Kombinationssprung ihren Radius erheblich. Tag und Nacht hört man das Heupferd zirpen. Eine gezahnte Schrilleiste an der Unterseite der linken Flügeldecke wird dabei über eine Schrillkante auf der Oberseite der rechten Flügeldecke gestrichen.

Mit einem mächtigen säbelförmigen Legestachel legt das Weibchen ca. 100 Eier in die Erde, wo sie den Winter überdauern. Im Frühjahr schlüpfen die kleinen Larven, die schon hüpfen können und den Alttieren ähneln. Ihre Verwandlung ist unvollkommen. Das grüne Heupferd kommt in ganz Europa, Teilen von Asien und Afrika vor.

▽

Rote Schnarrheuschrecke *(Psophus stridulus)*

Erst wenn die Schnarrheuschrecke zur Unterstützung eines Sprungs ihre Flügel ausbreitet, kann man die kräftig blutrot gefärbten Hinterflügel erkennen. Auch das charakteristische knarrende Flügelgeräusch, welches der Schnarrschrecke ihren Namen gab, wird beim Auffliegen hörbar. Zu Tausenden durchdringen diese sonst eher unscheinbaren Feldheuschrecken die Luft mit ihrem eintönigen Zirpen. Von Juni bis Oktober sind die harmlosen Pflanzenfresser auf saftigen Wiesen und Lichtungen zu finden. Die Rote Schnarrheuschrecke ist außer in Skandinavien und Großbritannien in ganz Europa beheimatet.

▽

Feldgrille *(Gryllus campestris)*

Wer hat nicht schon das typische Grillen in einer warmen Sommernacht vernommen. Bei dem Versuch, den Platz des Musikers auszumachen, verstummt das Zirpen jedoch schlagartig. Kommt man ihr zu nahe, flüchtet die Feldgrille in ihre selbstgegrabene Erdkammer.

Die 2-3 cm langen Tiere lieben warme, trockene Standorte und sind von Mai bis in den frühen Herbst auf Wiesen, Feldern und Heideflächen zu finden, wo sie sich von Insekten und Kräutern ernähren. Die erwachsenen Tiere überwintern nicht. Im Herbst sterben sie ab. Zuvor legen die Weibchen ihre Eier im sandigen Boden ab, wo die Larven nach ca. 14 Tagen schlüpfen und den Eltern bis auf die unterentwickelten Flügel schon recht ähnlich sehen. Bis nach ihrer zweiten Häutung leben die Larven frei im Gras. Den Winter verbringen sie im Boden eingegraben. Die Feldgrille ist beinahe über ganz Eurasien und Nordafrika verbreitet.

▽

Maulwurfsgrille *(Gryllotalpa gryllotalpa)* △

Die Maulwurfsgrille ist bestens an das unterirdische Leben angepaßt. Die Vorderbeine des seidig behaarten Tieres sind zu mächtigen Grabschaufeln umgestaltet. Wie beim Säugetier Maulwurf hat sich hier aufgrund derselben Lebensbedingungen eine ähnliche Anpassung vollzogen. In ihren unterirdischen Gängen stellt die Maulwurfsgrille allerlei Bodeninsekten, Larven und Würmern nach, frißt aber auch gerne und viel junge Wurzeltriebe. Da sie gelegentlich in Massen auftreten, können sie in Gemüse- und Getreidefeldern großen Schaden anrichten, denn die beschädigten Pflanzen sterben ab.

Maulwurfsgrillen sind neben ihrem Höhlenleben auch gute Schwimmer und können, wenn auch etwas schwerfällig, fliegen. Nach der Paarung, zu der die Tiere an die Oberfläche kommen, legen die Weibchen Eier in eine Bruthöhle ab. Interessant ist, daß die Weibchen für Eier und Larven Brutpflege betreiben und sich ständig in deren Nähe aufhalten. Überwintern können sowohl erwachsene Tiere als auch Larven. Die 3-5 cm große Maulwurfsgrille ist beinahe über die ganze Welt verbreitet.

▽

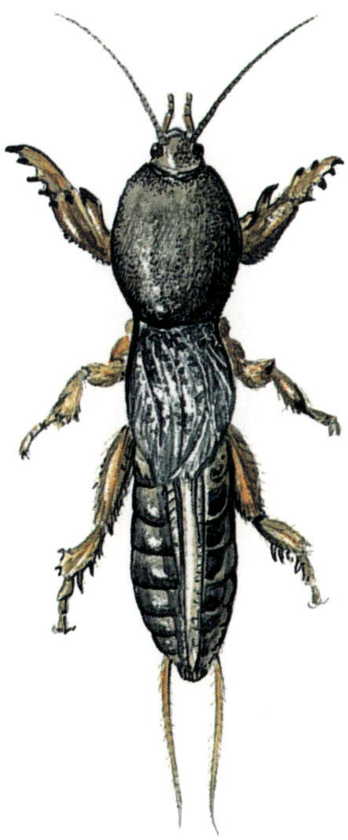

Fangheuschrecken *(Mantodea)*

Die meisten Arten von Fangheuschrecken leben in den Tropen und Subtropen, vornehmlich in Afrika. Ihr gemeinsames Merkmal ist der besondere Aufbau der Vorderbeine. Die Beinglieder sind mit zahlreichen spitzen Stacheln besetzt. Sie können eng zusammengefaltet werden und sind ideal zum Fangen und Festhalten von Beute geeignet. Der Kopf ist mehr oder weniger dreieckig geformt und sitzt am überdurchschnittlich langen ersten Brustsegment.

Gottesanbeterin *(Mantis religiosa)* △

Wenn die Gottesanbeterin stundenlang mit aufgerichtetem Körper reglos auf einem Grashalm sitzt, die Fangarme nach vorne gefaltet, dann könnte man wirklich meinen, sie sei in ein Gebet vertieft. Natürlich ist etwas ganz anderes der Grund für diese Haltung. Sie lauert auf Beute, und nur die Augen verfolgen wachsam alles, was sich in ihrer Nähe bewegt. Kommt ein Beutetier in Reichweite, so greift die Mantis mit ihren Fangarmen blitzschnell zu. Mit einem Biß in den Nacken wird die Beute getötet. Dabei ist sie nicht wählerisch. Alle möglichen Insekten, auch relativ große, kommen in Frage. Die Gottesanbeterin findet man in warmen Mittelmeergebieten. An den sonnigen Hängen des Kaiserstuhls im südwestdeutschen Breisgau ist das wärmeliebende Tier ebenfalls noch heimisch.

Gespenstschrecken *(Phasmida)*

Die Phasmida haben einen langgestreckten, oft abgeflachten Körper, der bei einigen Arten mit bizarren Dornen und Auswüchsen versehen ist. Sie sind sehr gut an die Zweige und das Blattwerk, auf denen sie tagsüber ruhen, angepaßt und haben so einen wirksamen Schutz gegen Feinde. Nur in der Dämmerung wagen sich die harmlosen Pflanzenfresser aus ihrem Tarnversteck, um auf Nahrungssuche zu gehen. Hierbei bewegen sie sich sehr langsam und wirken etwas unsicher.

Vor allem in tropisch warmen Gebieten auf der ganzen Welt kommen die Phasmida vor. Viele der über 2000 Arten sind so perfekt an ihre Umgebung angepaßt, daß man sie auch aus nächster Nähe nicht erkennen kann.

Stabheuschrecke *(Carausius morosus)*

In Südeuropa sowie in Asien, Afrika und Südamerika findet man die 10 cm lange, stabförmige Schrecke. Sowohl Männchen wie auch Weibchen sind flügellos und bewegen sich nur durch langsames Klettern fort. Durch ihre unglaublich geschickte Anpassung an dünne Äste haben sie Feinde kaum zu fürchten und benötigen kein Fluchtverhalten.

Die Weibchen können sich ungeschlechtlich fortpflanzen, indem sie unbefruchtete Eier legen, aus denen allerdings wiederum nur Weibchen heranwachsen. Diese jungfräuliche Fortpflanzung ist bis zu 20 Generationen hintereinander möglich.

▽

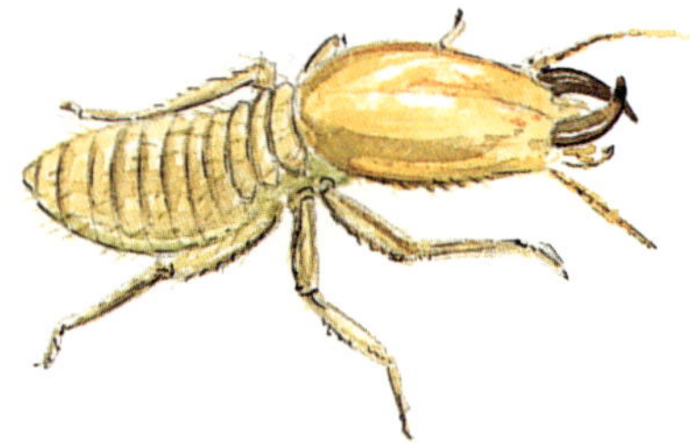

Termiten *(Isoptera)*

△

In den tropischen und subtropischen Gebieten der Erde leben die wärme- und feuchtigkeitsliebenden Tiere in großen Kolonien. Die Spitze eines Volkes bilden König und Königin, die als einzige fruchtbar sind. Der Rest besteht aus ihren Nachkommen, fortpflanzungsunfähigen Tieren unterschiedlichen Alters, die als Arbeiter und Soldaten fungieren. Zu bestimmten Zeiten werden jedoch fruchtbare Nachkommen mit Flügeln gezeugt und herangezogen, die ausfliegen, um neue Kolonien zu gründen.

Als vollendete Baumeister errichten Termiten hügelförmige Nester verschiedenster Formen, die teilweise bis zu 4 m hoch und einen Durchmesser von 3 Metern erreichen können. Durchzogen von zahlreichen Gängen, Entlüftungsschächten und Kammern spielt sich in dem Hügel aus Pflanzenteilen, Kot und Speichel ein unglaubliches Leben ab. Da bestimmte Arten ihre Gänge direkt ins Holz nagen, das ihnen auch als Nahrung dient, sind sie als Schädlinge gefürchtet. Obwohl Holz meist der Hauptbestandteil der Nahrung ist, fressen manche Arten auch Humus oder betätigen sich als Allesfresser.

Abb. unten von links nach rechts: Soldat, Arbeiter, Nymphe, König und Königin

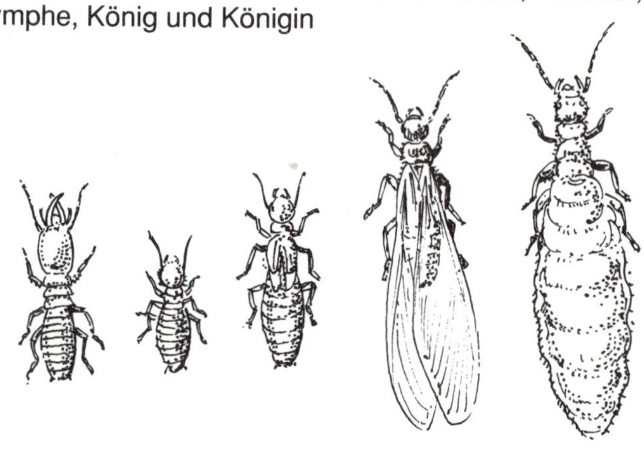

Pflanzensauger *(Homoptera)*

Allen Pflanzensaugern gemeinsam ist, wie der Name schon andeutet, die stechend-saugenden Mundwerkzeuge, mit denen sie Pflanzensaft aufnehmen. Ihre Flügel sind durchsichtig wie eine Art Membran und von einheitlicher Beschaffenheit. Daraus ergibt sich der Name Homoptera, was übersetzt Gleichflügler bedeutet. Bei manchen Arten sind sie weit zurückgebildet. Die Homoptera leben nur auf dem Land. Neben zweigeschlechtlicher Fortpflanzung ist stets auch die jungfräuliche Fortpflanzungsweise möglich.

Zu den Pflanzensaugern zählt man Zikaden *(Cicadinea)*, Blattflöhe (*Psyllinea*), Mottenläuse *(Aleurodinea)*, Blattläuse *(Aphidinea)* und Schildläuse *(Coccinea)*.

Abb. rechts: Wurzellaus mit Eiern

Blutzikade *(Cercopis vulnerata)* △

In ganz Europa kann man an unterschiedlichsten Pflanzen die ca. 1 cm kleinen, prächtig gefärbten Zikaden finden.

Die Larven der Blutzikade legen unterirdische Schaumnester an, in denen sie heranwachsen und an Pflanzenwurzeln saugen. In die klaren Exkremente der Larven wird Luft gepumpt, was zur Schaumbildung führt. Der Schaum anderer Larvenarten, der an allerlei Pflanzen zu finden ist, wird im Volksmund auch Kuckucksspeichel genannt.

Apfelblattsauger *(Psylla mali)* △

Zu den größten Schädlingen in Apfelgärten auf der ganzen Welt zählt der 3-4 mm lange Apfelblattsauger. Da er sich stark vermehren kann, werden im Winter die am Zweig haftenden Eier mit Winterspritzmitteln vernichtet. Neben den Schäden, die diese Insekten mit ihrem Saugen an den Apfelbäumen verursachen, sind auch die klebrig-süßen Exkremente, die von den Larven in großen Mengen abgegeben werden, eine Gefahr für die Pflanze. Ist Blattwerk und Zweig mit einer Schicht von Honigtau beschmutzt, so breiten sich Schimmelpilze rasch aus. Der kleine Pflanzensauger mit den durchsichtigen Flügeln, der den Zikaden ähnelt, fliegt zwar sehr schlecht, ist aber ein guter Springer.

▽

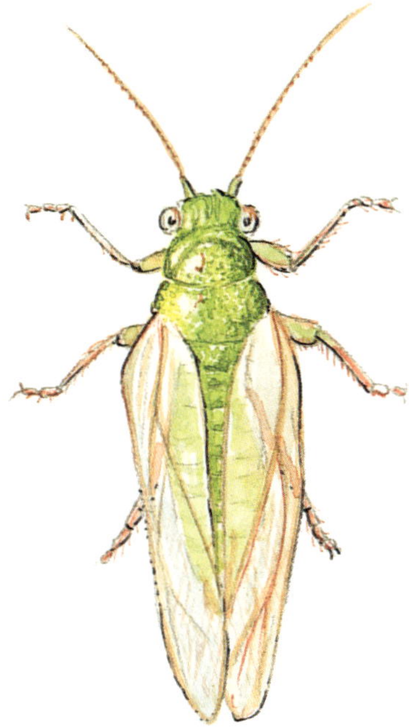

Reblaus *(Viteus vitifolii)*

Aus dem Süden der USA, wo die Reblaus ursprünglich ▷ harmlos an wilden Reben lebte, wurde sie Mitte des 19. Jahrhunderts nach Europa eingeschleppt. Mittlerweile ist sie hier und dort der gefürchtetste Schädling des Weinbaus. Man unterscheidet 2 Erscheinungsformen: die Wurzellaus und die Blattgallenlaus. In kühleren Gebieten machen den Winzern vor allem die Wurzelläuse zu schaffen, die an den Wurzeln saugen, wo sich dann knotenartige Verdickungen bilden, die zu Fäulnis führen. Die Wurzelläuse vermehren sich ohne Befruchtung (Parthenogenese), wobei jedes Tier bis zu 800 Eier legt. In warmen Gegenden schlüpfen aus diesen Eiern im Sommer auch Larven mit Flügelstummeln (Nymphen). Daraus entstehen in der nächsten Generation geschlechtsreife Tiere. Aus deren Eiern schlüpfen im darauffolgenden Frühjahr orangefarbene Blattgallenläuse.

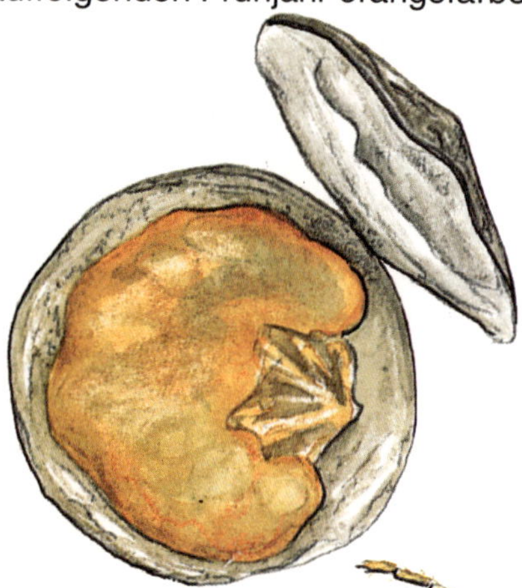

San-José-Schildlaus

(Quadraspidiotus perniciosus)

◁ Diese Schildlaus lebt auf allen möglichen Obst- und Beerensorten, Bäumen und Sträuchern. Erkennbar ist sie an der von ihr bewirkten Rotfärbung des Untergrundes, auf dem sie sitzt. Ansonsten ähnelt sie mit dem kreisrunden Schild von ca. 1-2 mm Durchmesser anderen Schildlausarten. Unter dem Schild sitzt ein Tier, das nur noch wenig Ähnlichkeit mit einem Insekt hat. Es ist unförmig platt und gelblich, und es hat keine Beine.

Das Weibchen bringt unter ihrem Schild über 200 lebende Junge zur Welt, die schon nach kurzer Zeit ausgewachsen sind. Nachdem die Larven geboren sind, sterben die Weibchen ab. Die Jungtiere verlassen nach einiger Zeit den Schild der Mutter, um mit Hilfe von ausgeschiedenen Wachsflocken und Gespinstfäden neue Schilde zu bilden. Im Frühsommer werden die Schildläuse geschlechtsreif. Die geflügelten Männchen suchen über weite Strecken nach Weibchen, die ihre Schilde verlassen haben, um sich zu paaren.

Die San-José-Schildlaus stammt aus Kalifornien und wurde Anfang des 20. Jahrhunderts in Europa eingeschleppt. Da sie die Pflanze nicht nur durch Aussaugen schädigt, sondern darüber hinaus noch ein giftiges Speichelsekret an das Pflanzengewebe absondert, kann es zum Absterben ganzer Pflanzenkulturen kommen. Mit Hilfe von Kontrollen der Jungbäume sowie Spritzen mit Insektiziden soll eine Ausbreitung verhindert werden.

Abb. links oben: Weibchen mit Schild, Abb. links unten: Männchen mit Flügeln.

Tierläuse *(Phthiraptera)*

Nur wenige Millimeter groß sind Läuse, die ihr ganzes Leben als Parasiten auf einem Wirt verbringen. Sie haben keine Flügel, sind platt und gedrungen. Ihr Kopf ist frei beweglich. Um sich an Haaren oder ähnlichem festhalten zu können, sitzen an den Füßen scharfe Klauen. Sogar die aus dem Ei schlüpfenden Larven besitzen schon diese gut ausgebildete Zange zum Klammern. Läuse saugen mit einem Stech- und Saugrüssel Blut ihres Wirtes (Echte Läuse) oder ernähren sich mit beißenden Mundwerkzeugen von Abscheidungen der Haut (Kieferläuse).

Kopflaus *(Pediculus humanus capitis)*

Der Wirt dieser Laus ist der Mensch. Wie der Name verrät, lebt sie auf dem Kopf, wo sie sich mit ihren Klauen an Haaren festklammern. Pro Tag legt sie etwa 2 Eier (Nissen), die mit einem klebrigen Sekret befestigt werden. Nach ungefähr einer Woche schlüpfen die Jungen und werden mit 3 Reifestadien und Häutungen schon in weiteren 3 Wochen erwachsen.

Gefährlicher als der Blutverlust und der Juckreiz ist die Übertragung von Krankheiten wie zum Beispiel Typhus. Die Bekämpfung erfolgt durch trockene Hitze und chemische Mittel. Kopfläuse sind auf der ganzen Welt verbreitet.

▽

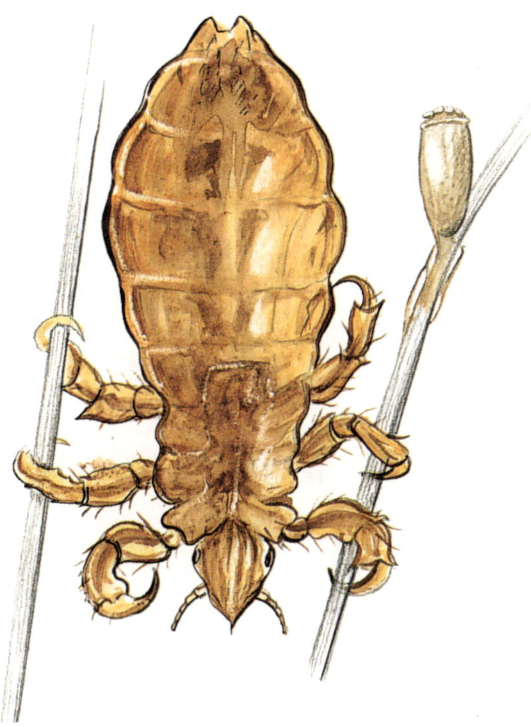

Federling *(Goniodes colchicus)*

Der Federling gehört zu den Kieferläusen, hat also keine stechend-saugenden Mundwerkzeuge, sondern Kauwerkzeuge. Er lebt als Außenschmarotzer auf Vögeln, wo er sich von kleinen Haut- und Federstückchen ernährt. Mit den scharfen Krallen an den kurzen Hinterbeinen klettert er auf seinem Wirt umher. Der Federling ist ein Kosmopolit.

▽

Staubläuse *(Psocoptera)*

Staubläuse ernähren sich von allerlei tierischen und pflanzlichen Stoffen. Von den mehr als 1000 Arten kommen einige in menschlichen Behausungen vor, wo sie verborgen in verschiedenen, feuchten Verstecken nach Nahrung suchen.

Staublaus *(Liposcelis divinatorius)* △

Diese 1 mm lange Laus läuft recht flott durch die Gegend und macht dabei kleine Sprünge. Gerne frißt sie altes Papier und Leim und ist hinter Tapeten, zwischen Buchdeckeln und Zeitungen zu finden. Aus Museen und Sammlungen ist sie als ständiger ,,Mitbewohner'' nicht wegzukriegen.

Wanzen *(Heteroptera)*

Wanzen haben verschieden geformte Flügel, an denen man sie sicher erkennen kann. Der Flügelansatz der Vorderflügel ist verdickt. Der restliche Teil sowie die Hinterflügel sind durchsichtig wie eine Art Membran. In Ruhe sind die Flügel übereinander gefaltet und werden vorne vom charakteristischen dreieckigen Brustschild begrenzt. Oft sind Wanzen wunderschön gefärbt, und das Schildchen ist zu einer gestachelten Panzerplatte umgebildet.

Landwanzen erkennt man oft auch am üblen Geruch, der aus einer Drüse am Brustabschnitt stammt und als Verteidigungswaffe dient. Einige Arten leben parasitär auf verschiedenen Tieren. Gefürchtet ist die Bettwanze, die nachts den Menschen beißt und sein Blut saugt. Wasserwanzen sind fast durchweg räuberisch lebende Tiere, die in stehenden Gewässern mit Hilfe ihres Stechrüssels Beute machen.

Streifenwanze *(Graphosoma italicum)* △

Die hübsch gefärbte Streifenwanze zählt zu den Schild- und Baumwanzen. Der Körper ist wie ein Schild verbreitert, und das Brustschildchen überdeckt teilweise den Hinterleib. Das etwa 1 cm lange Tier saugt Pflanzensäfte und verursacht z.B. bei sehr weichen Früchten wie Himbeeren einen ekelhaften Geschmack. Die wärmeliebende Art kommt vor allem in Süd- und Mitteleuropa sowie Kleinasien vor. Gegen Norden nimmt ihr Bestand ab.

Feuerwanze *(Pyrrhócoris ápterus)*

Zu den ersten Frühlingsinsekten, die man in Scharen am Boden und an Baumstämmen in Parks antreffen kann, zählt die Feuerwanze. Dies rührt daher, daß meist mehrere Weibchen gemeinsam die Eier in Klumpen an Baumrinde abgesetzt haben. Die Flügel der Feuerwanze sind meist verkümmert. Larven erkennt man am durchgehend roten Hinterleib.

Neben dem Pflanzensaugen ernähren sich die ungefähr 1 cm langen Tiere von toten Gliederfüßern oder anderen faulenden Stoffen. (Verbreitung: Eurasien, Nordafrika, Amerika)

▽

Braune Beerenwanze *(Dolycoris baccárum)* △

Auf Obstbäumen und Beerensträuchern lebt diese Wanzenart. Neben Pflanzensaft saugt sie gerne an reifen Beeren. Durch die Absonderung eines Sekrets durch ihre Stinkdrüsen werden die Beeren unbrauchbar für den menschlichen Genuß.

An der Beerenwanze erkennt man die typische Flügelhaltung in Ruhe. Sie werden flach auf den Hinterleib gelegt. Nur von der Wurzel bis zur Mitte sind die Vorderflügel lederartig verdickt. Die spitzen Enden sind häutig und durchsichtig. Während sich diese häutigen Flügelenden überdecken, bleibt auf dem Rücken zwischen den festen Flügelteilen ein dreieckiges Schildchen frei. Die Abbildung zeigt ein Weibchen bei der Eiablage.

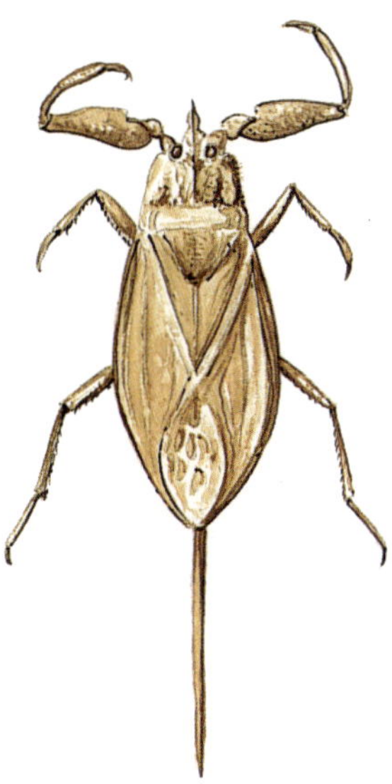

Bettwanze *(Cimex lectulárius)*

Die gelbliche oder rotbraune Bettwanze ist ein Blutsauger. Im Schutz der Dunkelheit befällt das flügellose, 3-8 mm lange Tier Menschen und andere Warmblüter. Mit Hilfe des Stech-Saug-Rüssels wird etwa 10 Minuten lang gesaugt. Durch die Injektion von Gift aus den Speicheldrüsen bilden sich um den Einstich rote, jukkende Flecken. Auch Hautkrankheiten können übertragen werden.

Bettwanzen haben die erstaunliche Fähigkeit, viele Monate ohne Nahrung auszukommen und extreme Kälte zu ertragen. Tagsüber verstecken sie sich oft in Scharen, die wahrscheinlich durch den penetranten Wanzengeruch zusammengehalten werden, hinter Tapeten, Bildern oder in Bettritzen.

Die Weibchen legen, erst nachdem sie Blut gesaugt haben, 100-200 Eier. Nach 3 Wochen schlüpfen kleine Larven, die den Eltern gleichen und sofort mit Blutsaugen beginnen. Ihre Verwandlung ist unvollkommen. Bettwanzen sind über die ganze Erde verbreitet.

▽

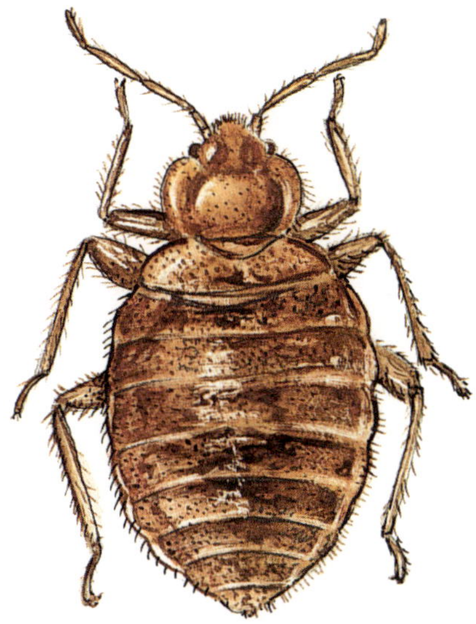

Wasserskorpion *(Népa cinerea)*

◁ In der Tat erinnert *Népa cinerea* mit seinen zu Greifwerkzeugen umgestalteten Vordergliedmaßen und der langen Atemröhre am Körperende an einen Skorpion. Dennoch handelt es sich um eine Wasserwanze.

Der Wasserskorpion lauert als Ansitzjäger zwischen Wasserpflanzen oder Steinen auf Beute in Form von allen möglichen Wasserinsekten und Kleinkrebsen.

Zum Atmen hält das etwa 2 cm lange Tier seine Atemröhre aus dem Wasser. Der Wasserskorpion überwintert als Vollinsekt in sauerstoffreichem Pflanzenbewuchs. (Verbreitung: Europa, Teile Asiens)

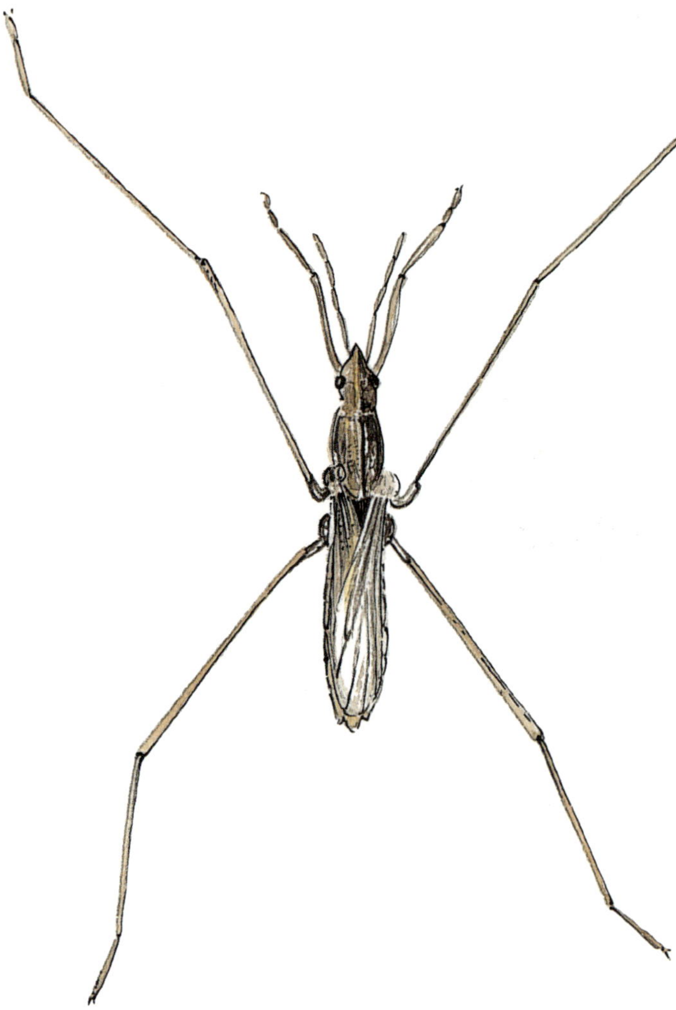

Rückenschwimmer *(Notonécta glauca)*

Lange Hinterbeine und ständige Rückenlage, das sind die Erkennungsmerkmale dieser Wasserwanze. Die Rückenlage wird dadurch verursacht, daß sich an der Unterseite Luft in Tracheen und zwischen wasserabstoßenden Haaren befindet, die den Rückenschwimmer nach oben dreht. Meist bewegt er sich durch rückstoßend rudernde Bewegungen der borstigen Hinterbeine in den oberen Wasserschichten. Zum Atmen hält das 1-2 cm lange Tier seinen Hinterleib aus dem Wasser.

Es ernährt sich hauptsächlich von toten Insekten, die an der Wasseroberfläche treiben und von ihm ausgesaugt werden. Daneben erbeutet der Rückenschwimmer auch verschiedene Kleintiere, die er mit den Vorderbeinen packt. *Notonécta glauca* kommen auf der ganzen Welt vor, haben jedoch unterschiedliche Formen ausgebildet, die den geographischen Verhältnissen angepaßt sind.

▽

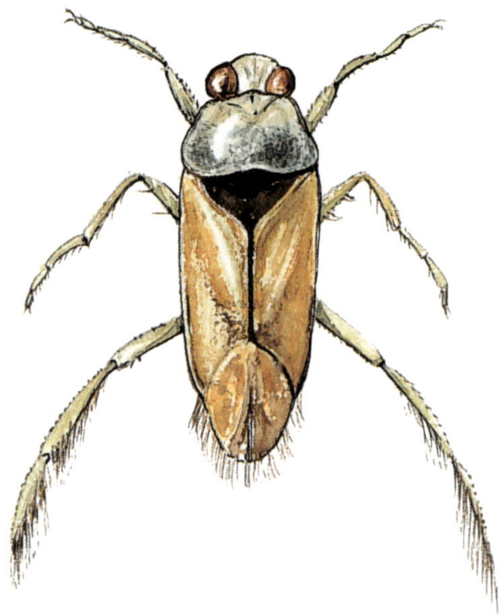

Wasserläufer *(Gérris gibbifer)* △

Der Wasserläufer hat sich die Oberfläche von ruhigen Gewässern als Lebensraum nutzbar gemacht. Dabei nutzt er die Oberflächenspannung des Wassers aus, um nicht einzusinken. Die Unterseite seines Körpers ist von einem Filz grauer Härchen überzogen und liegt wie auf einem Luftpolster auf der Wasseroberfläche auf. Den Vorschub erhält das Tier durch das lange, mittlere Beinpaar. Die kurzen Vorderbeine sind zum Ergreifen und Festhalten von kleinen Beutetieren. Der Wasserläufer ist weit über die Erde verbreitet, im Norden jedoch seltener.

Hautflügler *(Hymenoptera)*

Über 200000 Arten sind innerhalb der Ordnung der Hymenoptera über die ganze Erde verbreitet. Sie unterteilen sich in Ameisen, Bienen und Wespen. Ihre auffallendsten Merkmale sind die großen Facettenaugen (siehe Einführung Insekten), der stark ausgebildete Kopf sowie die gut funktionierenden Mundwerkzeuge, mit denen sie kauen, saugen und lecken.

Alle Hautflügler sind hervorragende Flieger und besitzen jeweils 2 große Vorderflügel sowie 2 kleinere Hinterflügel, die glasartig schimmern. Viele Hymenoptera leben in Staaten (z.B. Bienenstaat, Ameisenstaat) zusammen, in denen die einzelnen Tiere genaue Funktionen ausführen, um die Bedürfnisse der Gruppe zu befriedigen. Blütenpollen und Nektar bilden die Hauptnahrung der Hautflügler. Einige Arten erbeuten jedoch als Jäger kleinere Tiere.

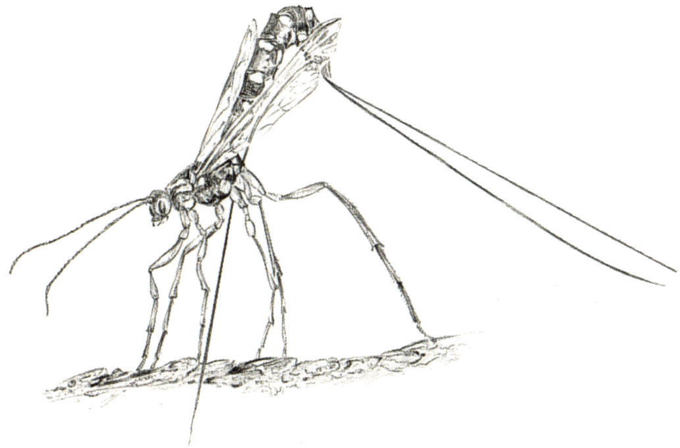

△

Kiefernbuschhorn-Blattwespe *(Diprion pini)*

In Kiefernwäldern kommen oft große Mengen dieser Blattwespen vor. Sie bewohnen vor allem kranke oder schwache Bäume. Dort ritzt das Weibchen mit dem Legestachel die Nadeln auf und legt verteilt bis zu 200 Eier hinein. Nach dem Schlüpfen leben die geselligen raupenähnlichen Larven auf den Kiefernadeln und ernähren sich von ihnen.

Durch massenhaftes Auftreten kann es dabei zur Entlaubung ganzer Wälder kommen. Die Buschhorn-Blattwespe ist aus diesem Grund als Waldschädling gefürchtet. Die etwa 1 cm langen Tiere leben in Mittel- und Nordeuropa sowie den meisten gemäßigten, warmen Gebieten der Erde.

Holzschlupfwespe *(Rhyssa persuasoria)* △

Diese Schlupfwespe, die im Volksmund auch Pfeifenräumer genannt wird, kann bis zu 3,5 cm lang werden. Mit ihrem langen Legebohrer legt sie ihre Eier in die Larven von Holzwespen und Bockkäferlarven. Der Leib des Weibchen krümmt sich dabei stark, um den langen Legebohrer in die gewünschte Position zu bringen. Der Legestachel ist von einer zweiteiligen, schützenden Scheide umgeben, die beim Legeakt nach hinten weggeklappt wird.

Die augenlosen Larven leben und wachsen in den Wirtstieren. Um die Wirte nicht zu vergiften und damit den eigenen Lebensraum zu zerstören, geben die Schmarotzerlarven keinen Kot ab, sondern sammeln ihn im Körper an. Die erwachsenen Schlupfwespen lecken tierische und pflanzliche Säfte. Die Hauptverbreitungsgebiete sind Europa und Nordamerika.

▽

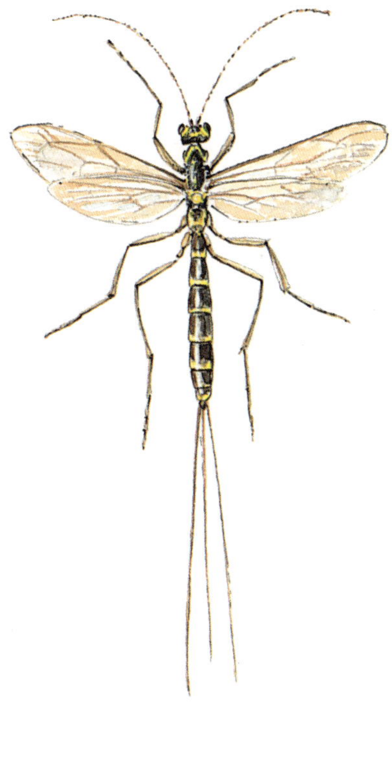

Riesenholzwespe *(Sirex gigas)*

Diese Holzwespe erreicht eine stattliche Länge von 4,5 cm und lebt in Nadelwäldern. Die Weibchen tragen einen starken Legestachel (Legebohrer), mit dem sie ihre Eier bis zu einen Zentimeter tief ins harte Holz von krankhaften oder gefällten Nadelbäumen legen. Obwohl je nach Beschaffenheit des Holzes ein Legeakt 15 Minuten bis zu 2 Stunden dauern kann, bohrt die Holzwespe oft bis zu zehnmal hintereinander. Während eines Monats kann das Weibchen annähernd 1000 Eier legen. Die geschlüpften Larven fressen Kanäle ins Holz, die dem Baum zwar nicht schaden, seinen wirtschaftlichen Wert jedoch verringern.

Die Riesenholzwespe ist über ganz Europa, Nordamerika und große Teile Asiens verbreitet. ▷

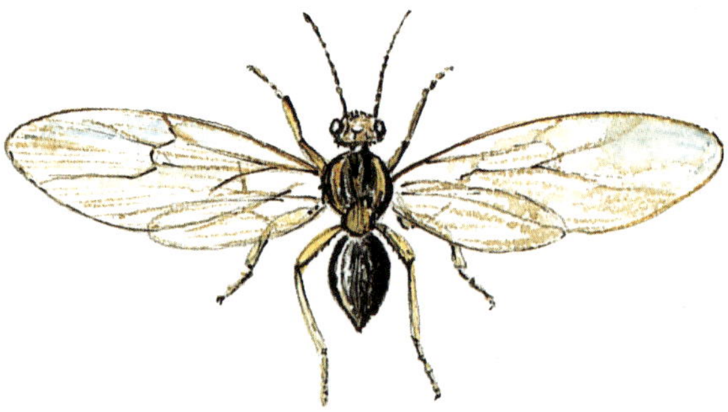

Eichengallwespe *(Cynips quercusfolii)*

◁ Die Eichengallwespe ist ein kleiner und zarter Hautflügler. Der Brustteil ist stark ausgebildet, wodurch die Tiere etwas buckelig erscheinen. Neben der geschlechtlichen Fortpflanzung kommt auch eine ungeschlechtliche Generation vor.

Nach der Paarung von Weibchen und Männchen werden die befruchteten Eier ins Pflanzengewebe des Eichenblattes abgesetzt. Das Blattgewebe beginnt zu wuchern und bildet mit der Zeit einen charakteristischen Gallapfel an der Blattunterseite, in dem die Larven heranwachsen. Die rotgrüne Farbe und die Form erinnern tatsächlich an richtige, kleine Äpfel. Im Herbst fällt die Galle meist zusammen mit dem Blatt zu Boden, wo dann ausschließlich Weibchen schlüpfen. Diese legen wieder Eier in junge Knospen. In den daraus wuchernden kleinen Gallen entstehen Weibchen und Männchen. Der Kreislauf kann erneut beginnen.

Früher hat man aus den Eichengallen wegen des hohen Gehaltes an Gerbsäure Tinte hergestellt. Die Eichengallwespe kommt in Europa und Kleinasien vor.

Abb. links: Eichenzweig mit Eichenrose (links) und Gallapfel (rechts); Abb. unten: Schnitt durch eine Eichengalle.

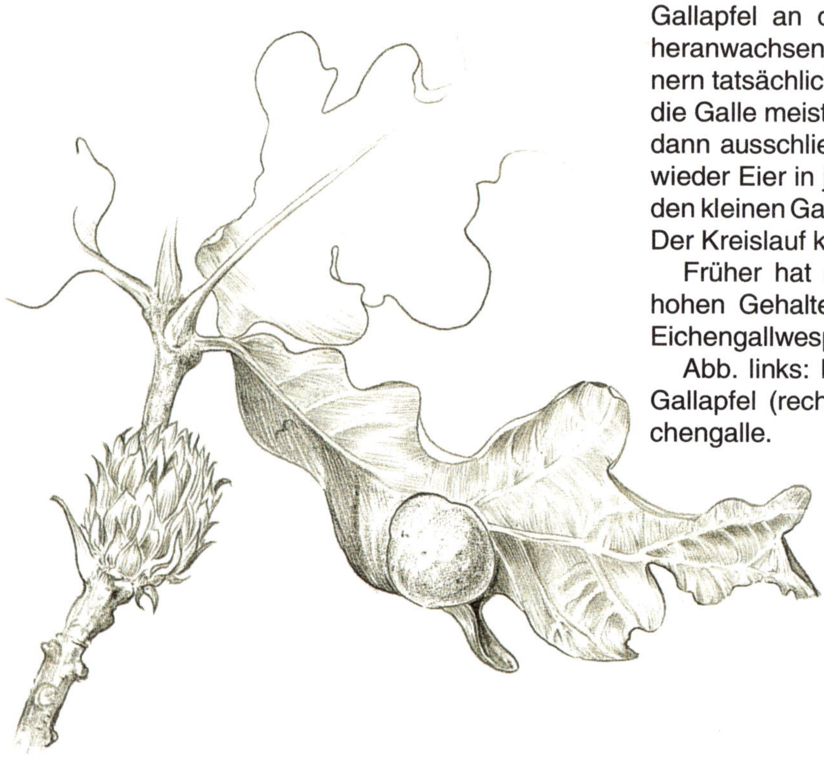

Feuergoldwespe *(Chrysis iguata)*

Die in allen gemäßigten und subtropischen Gebieten ▷ heimische Feuergoldwespe gehört zur artenreichen Familie der Goldwespen, die allesamt eine metallisch schimmernde Färbung aufweisen. Rote, grüne und blaue Töne leuchten auf demselben Tier nebeneinander. Die etwa 1 cm große Wespe sitzt gerne auf Blüten oder an sonnigen Plätzen. Selbst bei diesen "Sonnenbädern" bleibt sie ständig in Bewegung, ihr Körper scheint zu vibrieren.

Ihre Larven leben wie alle Goldwespenlarven parasitär. Das Weibchen legt seine Eier in Nester von anderen Hautflüglern, wo sie heranwachsen. Später fressen die Goldwespenlarven ihre Wirtslarven auf.

Riesenameise

(Camponotus herculeanus)

◁ Die Riesen- oder Roßameise erreicht eine stattliche Länge von 1,4 cm. Damit gehört sie zu den größten Arten der europäischen Ameisenfauna.

Ihr Nest baut sie in gesundem Nadelholz, wo in der Nähe des Kerns das weichere Frühlingsholz weggenagt wird. Es entsteht ein Quer- und Längssystem von Gängen.

Im Juni findet der Hochzeitsflug statt. Die begattete Königin sucht zunächst Schutz am Boden, beißt ihre Flügel ab und beginnt mit der Eiablage. Nachdem sich eine kleine Kolonie gebildet hat, beginnt die Suche nach einem geeigneten Baum zum Nestbau. Riesenameisen kann man in ganz Europa finden.

Rote Waldameise *(Formica rufa)*

Von den roten Waldameisen stammen die teils großen ▷ Haufen aus Holzteilchen und Tannennadeln, die vorwiegend in Fichtenwäldern vorkommen. Als wichtige Schädlingsvertilger der Wälder Eurasiens und Nordamerikas stehen die bis zu 11 mm großen Ameisen bei uns unter Naturschutz.

Die meisten Bewohner des Ameisenhaufens bilden flügellose Arbeiterinnen, die unter anderem die Larven und die Königin füttern. Zu bestimmten Zeiten erscheinen geflügelte Geschlechtstiere zu einem "Hochzeitsflug". Die Männchen sterben bald, die Weibchen kriechen in ein fremdes Nest, wo sie die Königin töten und deren Stellung einnehmen.

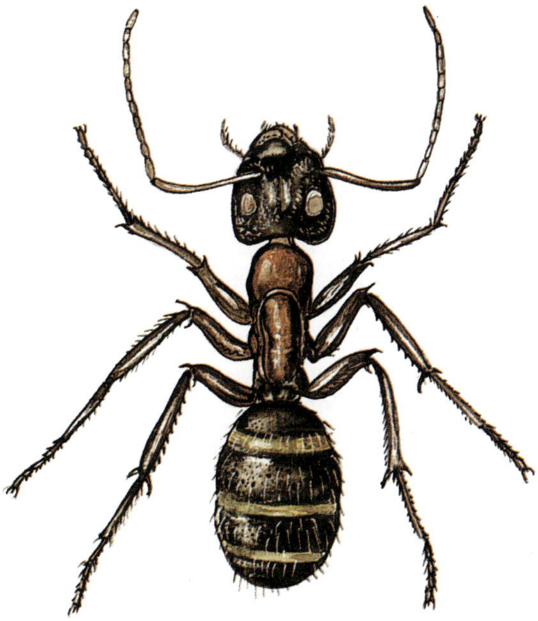

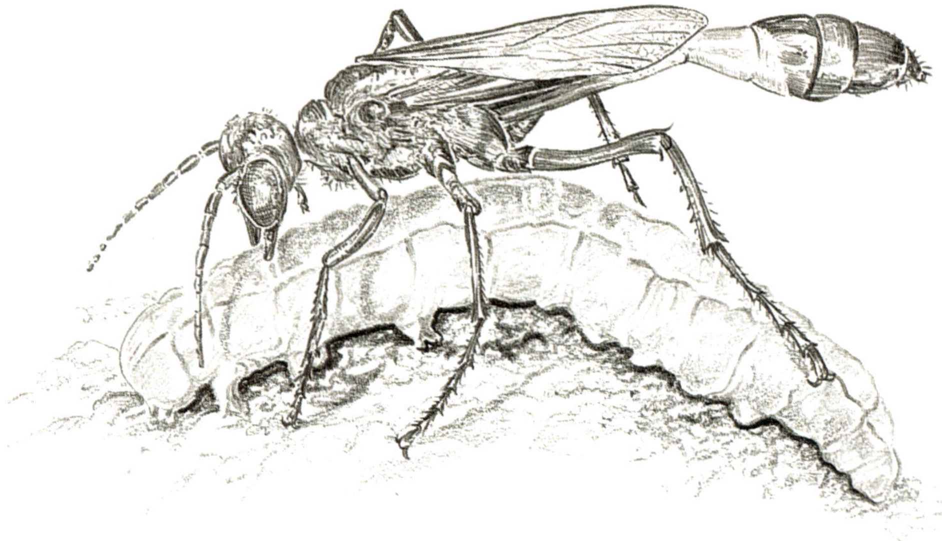

Sand-Wegwespe

(Ammophila sabulosa)

◁ Durch ihren auffallend dünnen Stiel, der den Vorderkörper mit dem Hinterleib verbindet, ist diese Grabwespe nicht mit anderen Wespenarten zu verwechseln.

In mühevoller Arbeit gräbt die Wegwespe in sandigem Boden einen etwa 5 cm tiefen Gang, der in einer Kammer endet. Dorthin schleppt sie eine erbeutete Raupe und legt ein Ei darauf. Anschließend wird der Eingang mit der aufgeworfenen Erde fest verschlossen. Die Wespenlarve frißt die Raupe, die durch das Wespengift lediglich gelähmt, aber nicht getötet wurde, langsam auf. Nach etwa 3 Wochen spinnt die Larve einen Kokon, in dem sie auch überwintert.

Sandwespen kommen beinahe überall in gemäßigten und subtropischen Zonen vor.

Bienenwolf *(Philanthus triangulium)*

Der Name dieser Grabwespe oder auch Mordwespe ist ▷ sehr treffend, denn die Hauptbeute des Bienenwolfs sind die Arbeiterinnen der Honigbiene. Wie ein Raubvogel stürzt sich die Wespe auf nektarsaugende Bienen, lähmt sie durch einen Stich und trägt sie mit den Füßen zu ihrem Nest. Dieses besteht aus einem Hauptgang, der sich nach hinten verästelt. In mehreren Brutzellen werden die gelähmten Bienen verteilt und dienen den Larven als Nahrung. Für die Entwicklung einer weiblichen Larve werden drei Bienen benötigt, für männliche genügen zwei. Jedes Weibchen fängt für seine Brut etwa 20 Honigbienen.

Bienenwölfe können große Schäden anrichten, indem sie Honigbienen millionenfach vernichten. Diese 1-2 cm großen Wespen finden sich in den gemäßigten Zonen der Erde.

Deutsche Wespe *(Vespa germanica)*

Ihr Nest kann die Größe eines Fußballs erreichen und ▷ bis zu 4000 Tiere beherbergen. Doch wird man nur durch Zufall solch ein Nest zu Gesicht bekommen, da es unterirdisch in verlassenen Nistkammern von Maulwürfen oder Mäusen angelegt wird. Es wird an einem dünnen Stiel in dieser Erdhöhle aufgehängt. Mehrere Waben liegen übereinander und werden durch dünne Verbindungsstiele zusammengehalten. Als Nahrung dienen der Deutschen Wespe kleine Insekten und Raupen. Auch ihre Larven werden damit gefüttert. Daneben saugen sie gerne Nektar und finden sich oft massenhaft auf überreifen Früchten. Das 1-2 cm große Tier bewohnt die gemäßigten und subtropischen Zonen der Erde, ist aber auch in tropischen Regionen noch zu finden.

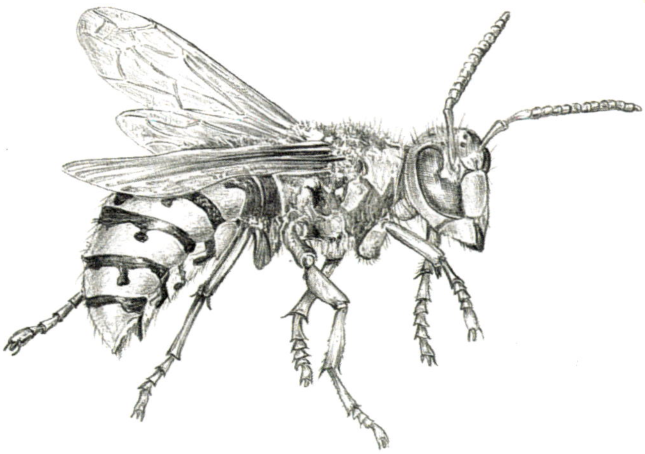

Hosenbiene *(Dasypoda plumipes)*

Im Juli und August findet man die 1-1,5 cm lange Hosenbiene auf leicht zugänglichen Blüten wie z.B. Doldengewächsen, deren Nektar sie mit ihrem kurzen Rüssel erreichen kann. Ihr Nest liegt in der Erde und besteht aus einem verzweigten Gangnest, das aus mehreren Nistzellen besteht. Hierher bringt die Hosenbiene gesammelte Pollenkugeln, die auf 3 kleinen Füßchen stehen, damit sie nicht schimmeln. Auf jeder Kugel legt sie ein stiftförmiges Ei. Die geschlüpften Larven ernähren sich von dieser Blütenstaubkugel. Hosenbienen sind in allen gemäßigten bis subtropischen Gebieten anzutreffen.

▽

Hornisse *(Vespa crabro)* △

Mit einer Länge von ca. 3,5 cm ist die Hornisse die größte mitteleuropäische Wespenart. Ihr Stich kann zwar sehr schmerzhaft sein, ist aber für den Menschen nur in den seltensten Fällen gefährlich. Die Hornisse bewohnt ein geräumiges Nest, das sie in hohlen Bäumen, Nistkästen, im Gebälk oder auch in Wohnungen anlegt. Ein befruchtetes Weibchen gründet im Frühjahr einen Staat, der schnell wächst. Im Herbst allerdings stirbt der größte Teil der Population, und lediglich die befruchteten Weibchen überwintern, um im kommenden Frühjahr einen neuen Staat zu gründen. Verschiedenste Insektenlarven dienen den Hornissen als Futter und Nahrung für ihre eigenen Larven. Ihr Verbreitungsgebiet umfaßt einen Großteil der Erde.

Honigbiene *(Apis mellifera)*

Aus der Vielzahl der wildlebenden Bienen hat sich der Mensch schon in frühester Zeit den Sammeltrieb der Honigbiene nutzbar gemacht. 30000-70000 Arbeiterinnen sind ständig damit beschäftigt, Nektar und Pollen zu sammeln. Aus ihren ursprünglichen Nestern in hohlen Bäumen verlegte der Mensch die Waben in Körbe oder Holzkästen, um den Bienenstaat überwachen und pflegen zu können und vor allem den gesammelten Honig zu ernten. Dieser befindet sich in sechseckigen Zellen aus Wachs, die aneinandergereiht die Waben bilden. Honigbienen leben in einer hochentwickelten sozialen Gemeinschaft aus Arbeiterinnen, fruchtbaren Männchen (Drohnen) und einer Königin.

Das recht kurze Leben von etwa 6 Wochen verbringt die Arbeitsbiene damit, den Stock sauberzuhalten, die jungen Larven zu füttern, neue Waben zu bauen, den Stock zu bewachen und schließlich Pollen und Nektar zu sammeln. Als überwinternde „Herbstbiene" hat die Arbeiterin eine Lebenserwartung von ca. 7 Monaten. Interessant ist ihre Fähigkeit, ergiebige Futterquellen den Stockgenossinnen mitzuteilen. Sie tanzen dabei verschiedene Richtungstänze, wobei die Sonne als eine Art Kompaß dient. Aufmerksam verfolgen die anderen Bienen die tanzende Biene. So erfahren sie die Richtung und durch die Dauer des Tanzes auch die Entfernung der Futterquelle.

Die Drohnen werden während ihrer Entwicklung von Arbeiterinnen mit Pollen gefüttert. Sie verrichten keine Arbeiten und sind ausschließlich zur Fortpflanzung da. Die Königin wird 2-2,5 cm lang und hat einen langen mit Eierstöcken ausgefüllten Hinterleib. Ihre Aufgabe ist es, für Nachkommen zu sorgen. Im Frühjahr legt sie täglich bis zu 3000 stiftförmige Eier. Sie lebt etwa 3-5 Jahre. Honigbienen gibt es auf der ganzen Welt.

▽

Erdhummel *(Bombus terrestris)* △

Ein dichter Pelz ziert die den Bienen nahe verwandte Erdhummel. Mit ihrer rundlichen Form wirkt sie vertrauensvoller als die Wespen und Bienen. Doch ebenso wie diese hat sie einen Stachel, von dem sie allerdings sehr viel seltener Gebrauch macht. In den unterirdischen Nestern leben wenige Tiere mit einer Königin. Der kleine Hummelstaat wird jedes Jahr von neuem gebildet, und nur die Königin überwintert.

Die Erdhummel ist schon im Frühling an Weidenkätzchen zu finden. Später fliegt sie gerne Blüten an, die durch ihre Form speziell auf Hummeln zugeschnitten sind (Hummelblüten). Bei diesen Pflanzen, zu denen beispielsweise die Taubnessel, einige Salbeiarten sowie der Eisenhut zählen, führt die Erdhummel mit ihrem Haarpelz auch die Bestäubung durch. Das bis zu 2,8 cm große Tier ist im wesentlichen in den gemäßigten Zonen von Europa, Asien und Nordamerika heimisch.

Käfer *(Coleoptera)*

Obwohl man bereits mehr als 35000 Arten von Käfern kennt und beschrieben hat, gibt es mit Sicherheit noch unzählige, die bisher unentdeckt blieben. Die Coleoptera sind die größte Insektenordnung. Fast die Hälfte aller Insekten sind Käfer. Sie sind an die unterschiedlichsten Lebensräume angepaßt und kommen auf dem Land, im Boden und in allen Gewässern außer dem Meer vor. Das Prinzip des Körperbaus ist bei allen Arten gleich. Am Kopf sitzen gut entwickelte Augen, meist lange Fühler und als Kauapparat ausgebildete Mundwerkzeuge. Am Brustabschnitt sitzen 3 Paar Beine. Von 2 Paar Flügeln ist das vordere zu einer festen Schale, den Deckflügeln, umgestaltet. Unter den Deckflügeln liegen die membranartigen Antriebsflügel zusammengefaltet.

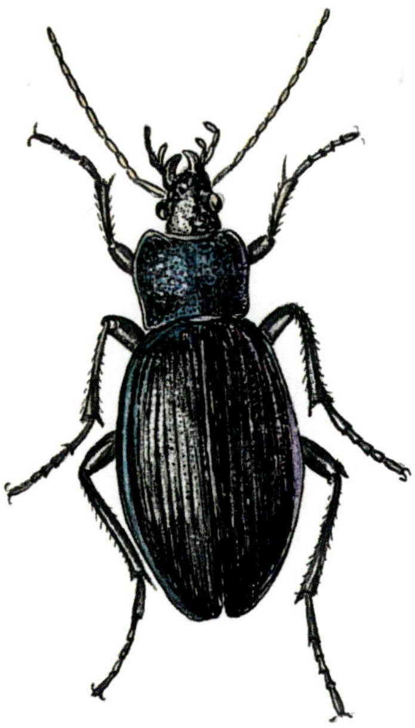

Goldleiste *(Carabus violaceus)* △

Diese Laufkäferart *(Carabidae)* erreicht eine Länge von 2-3,5 cm. Sie lebt in feuchten Wäldern, Feldern und Gärten und hat eine Vorliebe für bergiges Gelände. Der dunkle Käfer ist an den seitlich des Schildes und der Flügeldecken verlaufenden, bläulichen oder goldgrünen Randstreifen zu erkennen. Schnecken, Würmer und Insekten zählen zu seiner Beute, die er nachts fängt. Er ist in der Lage, das 17fache seines Eigengewichtes zu schleppen. Bei Gefahr spritzt die Goldleiste, wie andere große Laufkäfer, eine übelriechende Flüssigkeit aus den Afterdrüsen des Hinterleibs. Sein Verbreitungsgebiet umfaßt Europa und Teile Asiens.

Goldlaufkäfer oder Goldschmied

(Carabus auratus)

An warmen Tagen kann man den Goldschmied schon im Frühjahr auf lehmigem Boden beobachten. Hier stellt diese 2-2,7 cm große Art, die zur Familie der Laufkäfer *(Carabidae)* zählt, in der Nacht Würmern, Nacktschnekken und sogar großen Insekten wie z.B. Maikäfern nach. Mit seinen starken Kieferzangen beißt er das Beutetier und spritzt einen Verdauungssaft in die Wunde. Nach einiger Zeit kann er das verdaute Fleisch schlürfen. Da er große Mengen von schädlichen Insekten vertilgt, ist der Goldschmied, wie alle großen Laufkäfer, sehr nützlich. Tagsüber hält er sich in Verstecken unter Steinen, Laub und Holz auf. Er kommt vor allem in den westlichen Teilen Mitteleuropas vor.

▽

Feldsandlaufkäfer *(Cicindela campestris)*

Der prachtvoll metallisch glänzende Sandlaufkäfer *(Cicindelidae)* erreicht nur eine Länge von etwa 1,5 cm. Geht man über sandige Wald- und Feldwege, so flüchtet er in schnellem Flug, läßt sich aber schon nach einigen Metern wieder auf dem Weg nieder. Mit seinen langen Beinen kann er auch gut und schnell laufen und stellt allen möglichen Insekten und Larven nach. ▷

Auch die Larve des Feld-Sandlaufkäfers lebt räuberisch. Sie sitzt am Eingang ihrer selbstgegrabenen Röhre und wartet mit weit geöffneten Kiefern auf Beute. Blitzschnell stürzt sie sich auf nahe Insekten, um sie in ihre Röhre zu ziehen und zu verspeisen. Für ihre Entwicklung braucht die Larve 1-3 Jahre. Nach mehreren Häutungen verpuppt sie sich, und schon im Herbst schlüpft der junge Käfer, der aber erst im nächsten Frühjahr fortpflanzungsfähig ist. Feldsandlaufkäfer kommen in Europa, Teilen von Asien und Nordafrika vor.

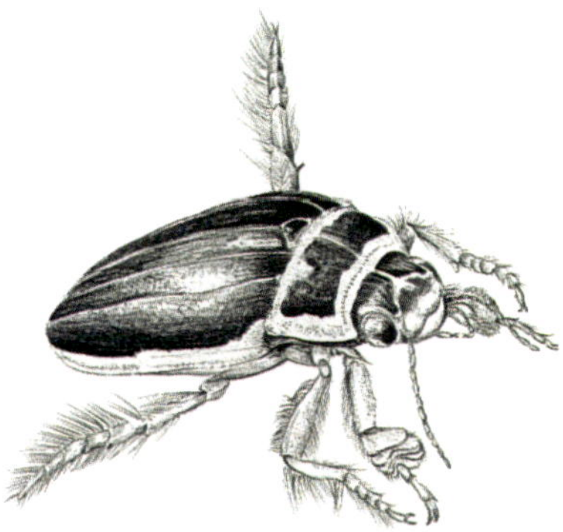

Gelbrandkäfer *(Dytiscus marginalis)* △

Der Gelbrandkäfer ist ein Schwimmkäfer *(Dytiscidae)*, der bestens an seinen Lebensraum, die stehenden Gewässer, angepaßt ist. Unter Wasser atmet er durch symmetrisch an beiden Seiten des Hinterleibs liegenden Atemöffnungen, die zu Tracheen führen. Gespeist werden die Tracheen durch Luft, die unter den Deckflügeln gespeichert wird. Das letzte Beinpaar ist flachgedrückt und trägt einen Haarsaum, der es dem gewandten Schwimmer erlaubt, beim stoßartigen Rückwärtsschlagen eine größere Menge Wasser wegzudrücken. Der stromlinienförmige Körper gleitet dann pfeilschnell durch das Wasser. So kann der räuberische Jäger seine Beute, die auch aus größeren Tieren wie Molchen, Kaulquappen und kleineren Fischen besteht, leicht erreichen. Die Larve des Gelbrandkäfers ist mit mächtigen Beißwerkzeugen ausgestattet und lebt ebenfalls räuberisch. Der Käfer erreicht eine Länge von 3,5 cm und lebt etwa 1 1/2 Jahre. (Verbreitung: Europa, Nordamerika, Japan und Teile Asiens)

Taumelkäfer *(Gyrinus natator)*

In ganzen Scharen tanzen die 5-7 mm kleinen Taumelkäfer der gleichnamigen Familie *(Gyrinidae)* als metallisch glänzende Punkte in Kreisen auf der Wasseroberfläche. Das hintere Beinpaar mit den aufstellbaren Haarsäumen dient dabei als Ruder. Mit Hilfe der kräftigen Muskeln sind sie schnell bei einem Beutetier, das auf das Wasser gefallen ist, um es mit dem längeren ersten Beinpaar zu packen und zu verspeisen.

Der Luftvorrat unter ihren Deckflügeln dient weniger der Atmung, denn als Luftkissen für das Schwimmen an der Wasseroberfläche. Die Augen des Taumelkäfers sind hervorragend an diese Schwimmlage angepaßt, da sie durch eine Scheidewand zweigeteilt sind und so gleichzeitig den Blick auf die Oberfläche und unter Wasser ermöglichen. (Verbreitung: Europa, Nordafrika, Teile Asiens.)

Abb. unten links: Taumelkäfer, daneben derselbe in Originalgröße; Abb. unten rechts: Ruderbein (Hinterbein) des Taumelkäfers
▽

Kolbenwasserkäfer *(Hydrous piceus)*

Mit einer Länge von fast 5 cm ist der Kolbenwasserkäfer ▷ aus der gleichnamigen Familie *(Hydrophilidae)* einer der größten europäischen Käfer.

Er lebt in stehenden Gewässern, in denen er genügend Wasserpflanzen vorfindet, die seine Hauptnahrung darstellen. Gelegentlich verzehrt er auch tote Tiere. Unter Wasser ist er ein eher langsamer Geselle. Seine Beine sind nicht so stark an das Wasserleben angepaßt wie z.B. die des Gelbrandkäfers. Der Haarbesatz an den Hinterbeinen ist nur gering ausgebildet. Als Pflanzenfresser ist er jedoch auf Schnelligkeit nicht angewiesen.

Zum Luftholen kommt der Kolbenwasserkäfer an die Oberfläche und schöpft mit den löffelartigen Fühlergliedern Luft, die er in seinem flaumig behaarten Hohlraum an der Unterseite des Rumpfes speichert.

Seine Eier legt der Wasserkäfer in ein Kokonschiffchen, das unter einem Schwimmblatt oder Algen befestigt wird.

Im Gegensatz zu den friedlichen Käfern sind die Larven gefräßige Räuber, die ihre Beute durch ein Sekret außerhalb des Körpers verdauen und anschließend aussaugen. Der sehr seltene Kolbenwasserkäfer lebt in den gemäßigten und subtropischen Zonen der Erde. Der Bestand dieser Art ist stark gefährdet.

Gemeiner Totengräber *(Necrophorus vespillo)*

◁ Der 1-2,4 cm lange Aaskäfer *(Silphidae)* macht seinem Namen alle Ehre. Kaum verbreitet ein kleines, totes Wirbeltier seinen Verwesungsgeruch, schon taucht der Totengräber auf. Er duldet keine anderen Käfer an seinem Aas und verjagt diese energisch.

Trotz größter Anstrengung vergräbt er das tote Tier vollkommen in der Erde, um seine Brut und sich selbst damit zu ernähren. Stets arbeiten nur ein Männchen und ein Weibchen an einer Mulde unter dem Aas, in der es bald als Kugel zusammengerollt liegt. Von der abgedeckten Erdhöhle führt ein schräger Gang nach oben, in der das Weibchen seine Eier legt.

Sofort nach dem Schlüpfen zieht es die Larven zu der Nahrungskugel hin, von der sie jedoch nicht selbst fressen. Das Weibchen gibt ihnen einen Nahrungstropfen direkt in die Mundöffnung. Auch nach jeder Häutung füttert das Weibchen die Larven. Erst später ernähren sie sich selbständig. Während ihrer Entwicklung betreut das Muttertier die Larven und beschützt sie vor Eindringlingen und Feinden. Bei keinem anderen Käfer findet man einen solch hochentwickelten Brutpflegeinstinkt. (Verbreitung: gemäßigte bis subtropische Gebiete der Erde)

Zweipunktiger Stutzkäfer *(Hister bipustulatus)*

Wie eine Schildkröte zieht der Stutzkäfer *(Histeridae)* bei Gefahr Kopf und Beine ein. Die Flügeldecken sehen aus wie abgestutzt, was ihm seinen Namen gegeben hat. Auf jeder Seite der ausgesprochen harten Deckflügel findet sich ein roter Fleck. Seine Nahrung besteht aus verwesenden Tier- und Pflanzenteilen. Eine tote Maus ist ihm ebenso willkommen wie ein alter Waldpilz. Der Käfer wird nur 6-8 mm lang. (Verbreitung: weite Teile der gemäßigten und subtropischen Zonen)
▽

Stinkender Raubkäfer *(Staphylinus olens)*

Dieser mit bis zu 3 cm Länge beachtlich große Käfer aus der Familie der Kurzflügler *(Staphylinidae)* ist am ganzen Körper glanzlos schwarz gefärbt. ▷

Die Flügeldecken sind ausgesprochen kurz, und die häutigen Flügel finden darunter nur Platz, weil sie zweimal gefaltet sind. Fühlt sich der Stinkende Raubkäfer bedroht, so spritzt er aus seinem erhobenen Hinterleib eine Flüssigkeit, die auf Schleimhäuten und Augen sehr schmerzen kann.

Als Raubkäfer stellt er gerne Aasinsekten-Larven nach, die sich an Kadavern aufhalten. Auch seine Larve lebt räuberisch und lauert in einer selbstgegrabenen Erdhöhle auf Würmer und Insekten, die sie aussaugt. (Verbreitung: ganz Europa)

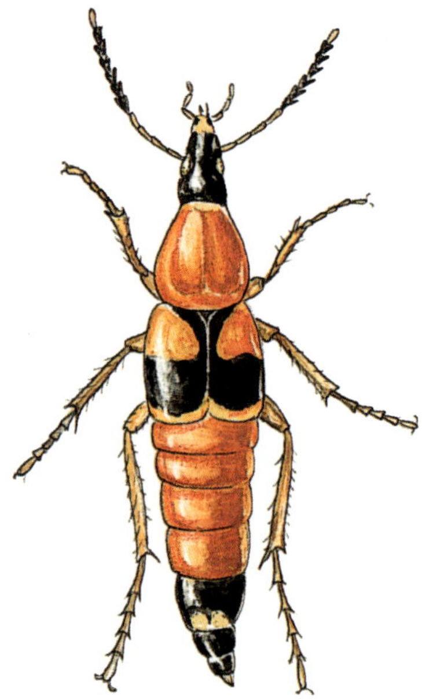

Bunter Pilzkurzflügler *(Bolitobius lunulatus)* △

Von den rund 1000 bekannten europäischen Arten von Kurzflüglern *(Staphylinidae)* ist der Pilzkurzflügler mit der am buntesten gefärbte. Der Großteil dieser Familie hat ein bräunliches bis schwarzes Aussehen und ist von unauffälliger Gestalt. Doch die langgestreckte Form und die kurzen Flügeldecken machen es dem Beobachter nicht schwer, ihn als Kurzflügelkäfer zu bestimmen.

Während der bunte Pilzkurzflügler tagsüber versteckt an Mist, Pilzen, Aas oder auch alter Baumrinde lebt, fliegt er an Sommerabenden oft in Schwärmen aus. Dabei ist er nicht nur auf der Suche nach faulenden Stoffen, sondern auch nach Würmern, Schnecken und Insektenlarven. Aus diesem Grund nennt man die Kurzflügler auch Raubkäfer. So dürfte der Pilzkurzflügler auf Pilzen auch wegen der darin lebenden Insektenlarven zu finden sein. (Verbreitung: große Teile Europas)

Großer Mistkäfer *(Geotrupes stercorarius)*

Schon aus größter Entfernung wittert der Große Mistkäfer (2-2,5 cm) aus der Familie der Blatthornkäfer *(Scarabaeidae)* tierische Exkremente und wird von diesem Geruch magisch angezogen. Das hat seinen Sinn, denn der Dung bildet seine Nahrung und die seiner Nachkommen. Meist gräbt er direkt unter dem Dunghaufen eine senkrechte Röhre in den Boden, die bis zu 50 cm tief werden kann. Am Grund von Seitengängen, die das Weibchen gegraben hat, legt sie auf etwas Mist je ein Ei. Die Röhre füllt das Männchen mit Dung an. Die Larven können sich so im Nahrungsüberfluß bis zum nächsten Sommer entwickeln und als fertige Käfer wieder erscheinen. (Verbreitung: Eurasien und Nordafrika)

Rosenkäfer *(Cetonia aurata)*

Schon im Frühsommer findet man den hübschen grünen, 1,5-2 cm langen Käfer *(Scarabaeidae)* auf den Blüten von Sträuchern wie Holunder, Weißdorn, Schneeball, aber auch auf Rosen, Obst- oder Getreideblüten. Hier frißt er die Staubblätter und Pollenkörner. Im Flug läßt der Rosenkäfer, im Gegensatz zu allen übrigen Käfern, die Deckflügel geschlossen. Die Hautflügel streckt er durch einen Ausschnitt seitlich hervor. Die Larven des Rosenkäfers entwickeln sich innerhalb eines Jahres in morschen Laubbäumen oder Mulm (faulendes Holz), wo sie zur Verpuppung aus Körperabsonderungen und Kot sowie kleinen Holzstückchen eine Art Kokon fertigen. (Verbreitung: Mitteleuropa, Klein- und Mittelasien)

Frühlings-Mistkäfer *(Geotrupes vernalis)*

Wie poliert schillert der Frühlingsmistkäfer *(Scarabaeidae)* stahlblau bis grün in der Sonne. Der 1,5-2 cm lange Käfer taucht keineswegs nur im Frühling auf, sondern ist bis in den Spätherbst aktiv. Er liebt sandigen Boden und bevorzugt als Dungnahrung die Exkremente von Kaninchen und Hasen. Unterhalb der Exkremente gräbt er eine trichterförmige Röhre von der ca. 20 cm lange Seitengänge abzweigen, die mit Dung angefüllt werden. Von der Trichterspitze aus arbeitet er sich dann noch fast einen halben Meter senkrecht in den Boden. Am Grund dieser Röhre legt das Weibchen dann ein einziges Ei. Schließlich wird die Röhre mit Dung ausgestopft, und die Larven können allmählich von unten nach oben die Vorräte aufbrauchen. (Verbreitung: Europa bis Kleinasien)

Hirschkäfer *(Lucanus cervus)*

Die geweihartig vergrößerten Oberkiefer der Männchen ▷ gaben dem Hirschkäfer aus der gleichnamigen Famile *(Lucanidae)* oder Schröter seinen Namen. Einschließlich des Kiefers erreicht er eine Länge von ca. 7,5 cm und ist so der größte europäische Käfer. Die „Geweihe" dienen den Männchen während den Paarungskämpfen als eindrucksvolle Waffe. Da es viel weniger Weibchen gibt als Männchen, sind diese Kämpfe mitunter recht erbittert und enden nicht selten für den Verlierer mit abgebrochenen Kiefern oder ausgerissenen Beinen. Ansonsten ist er jedoch ein friedlicher Zeitgenosse.

Mit seiner pinselförmigen Unterlippe leckt der Hirschkäfer Pflanzensaft, der aus verletzten Bäumen austritt. Die Weibchen bohren sich in die Stümpfe von Eichen oder auch anderen Laubbäumen, um dort Eier abzulegen. Die Larven ernähren sich im Wurzelwerk. Ihre Entwicklung kann bis zu 8 Jahre dauern. Der Hirschkäfer steht unter Naturschutz. (Verbreitung: ganz Europa, dort aber hauptsächlich in den östlichen Teilen)

Abb. links oben: männlicher Hirschkäfer, daneben weiblicher Hirschkäfer

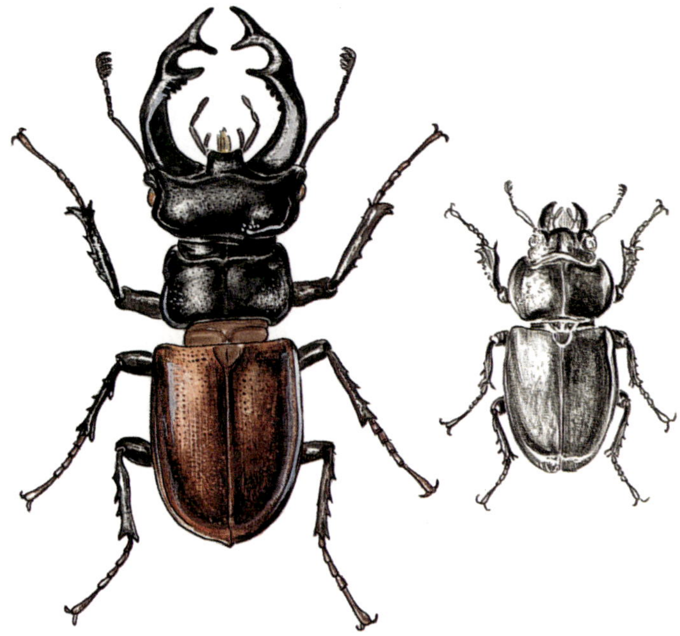

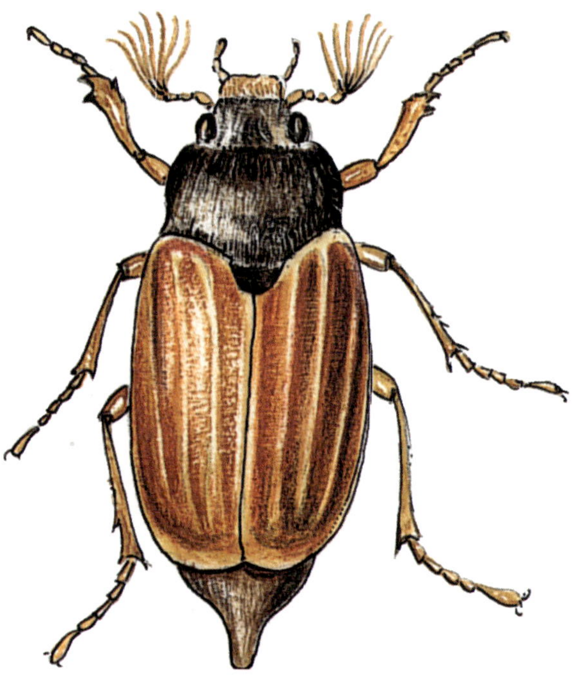

Maikäfer *(Melolontha vulgaris)*

◁ Der Maikäfer ist wohl der bekannteste Käfer überhaupt. Sobald die Temperaturen im Mai über 20 Grad ansteigen, erscheint der possierliche Käfer, der in der morgendlichen Kühle von Kindern gern von den Bäumen geschüttelt wird. Dort frißt er die jungen Blätter und war aus diesem Grund in früheren Jahren als massenhaft auftretender Schädling gefürchtet. Auch seine Larven (Engerlinge), die sich im Boden entwickeln und kleine Würzelchen fressen, können große Freßschäden anrichten. Durch die intensive Bekämpfung sind die Maikäfer aus der Familie der Mist- und Laubkäfer (*Scarabaeidae)* heute jedoch recht selten geworden. Nur in den Abendstunden, wenn die nachtaktiven Tiere zu ihren Schwärmflügen starten und gegen das helle Licht von Straßenlaternen fliegen, kann man sie noch vereinzelt entdecken. (Verbreitung: gemäßigte Zonen Europas)

▽

Lindenprachtkäfer *(Lampra rutilans)*

Von den einigen tausend Prachtkäferarten *(Buprestidae)* kommen die meisten und sicher auch eindruckvollsten in den Tropen vor. Mit seiner unglaublichen Leuchtkraft und dem glänzenden Farbspiel von Smaragdgrün, Blau bis hin zu Rotgold steht der Lindenprachtkäfer allenfalls durch seine zierliche Gestalt von 1-1,3 cm den tropischen Arten nach. Durch die besondere Form seines Rückens und dessen glatte Oberfläche wird das Licht reflektiert, wodurch dieses physikalische Farbspiel entsteht, ohne daß wirkliche Farbpigmente im Chitinpanzer dafür verantwortlich sind. ▷

Der Lindenprachtkäfer sitzt gerne auf Blüten und Holz an sonnigen Plätzen. Das Weibchen legt Eier unter die Rinde von Linden, wo die geschlüpften Larven unregelmäßig verlaufende Gänge in die letzten Jahresringe nagen. Ihre Entwicklung dauert ca. 3 Jahre. (Verbreitung: Europa)

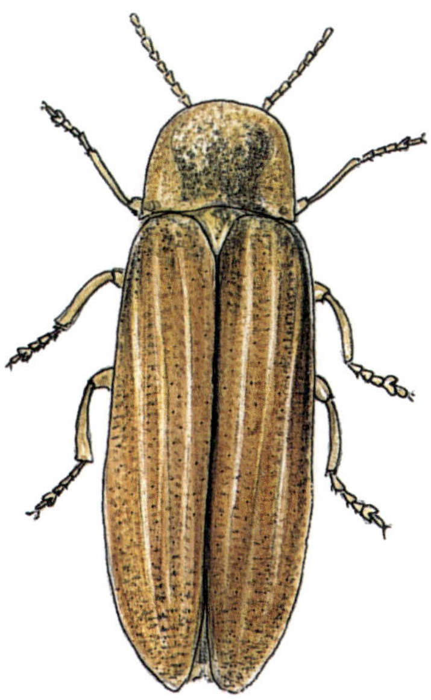

Gefleckter Pelzkäfer *(Attagenus pellio)*

Der 3-4,5 mm lange Pelzkäfer hat sich als Kulturfolger darauf spezialisiert, Keratin, einen Bestandteil der Haut zu fressen. Keratin findet sich in Leder, Pelzen, Federn und Wollwaren. So können die Käfer und Larven nicht nur in Privathaushalten großen Schaden anrichten, sondern vor allem auch Museen gefährlich werden, weil sie dort die in den Schauauslagen liegenden Häute und Bälge der präparierten Tiere zerfressen. Auch im Freien kann man den Pelzkäfer *(Dermestidae)* auf Blüten antreffen. Durch seinen oft mit Blütenstaub bedeckten Körper sorgt er dabei auch für Bestäubung. (Verbreitung: auf der ganzen Welt)

▽

Großes Glühwürmchen *(Lampyris noctiluca)* △

Bei allen Arten des Johanniswürmchens (Lampyridae) können nur die Männchen fliegen. Die Weibchen sind flügellos und kriechen am Boden oder sitzen an Grashalmen. In warmen Juninächten fallen die 1-2 cm großen Glühwürmchen durch ihre linsenförmigen Leuchtorgane auf, die unter einer dünnen Chitinschicht liegen. Das Weibchen leuchtet heller als das fliegende Männchen, das mit Hilfe seiner großen Facettenaugen deren Lichtsignale aufnimmt. Während die Vollinsekten kaum Nahrung zu sich nehmen, sind die ebenfalls leuchtenden Larven gefräßige Räuber, die vor allem Schnecken vertilgen. (Verbreitung: weite Teile Europas und große Gebiete Asiens)

Speckkäfer *(Dermestes lardarius)*

Fast einen Zentimeter groß wird der Speckkäfer aus der gleichnamigen Familie *(Dermestidae)*, der ursprünglich im Freien und dort vorwiegend in Vogelnestern lebte. Im Laufe der Zeit nistete er sich in menschlichen Behausungen ein, wo er alle möglichen Stoffe tierischer Herkunft verzehrt. Mit Vorliebe frißt das Vollinsekt, aber auch die Larve, trockenes Fleisch, was ihm seinen Namen einbrachte.

Seine Eier legt der Speckkäfer einzeln in Nahrungsmittel. In einem Jahr können sich 1-2 Generationen entwickeln. Mit den Wanderungen der Menschen wurde der Speckkäfer auch in Gebiete eingeschleppt, in denen er nicht heimisch war. (Verbreitung: nahezu auf der ganzen Welt)

Abb. unten: Speckkäfer und Speckkäfer auf Fleisch mit Larven

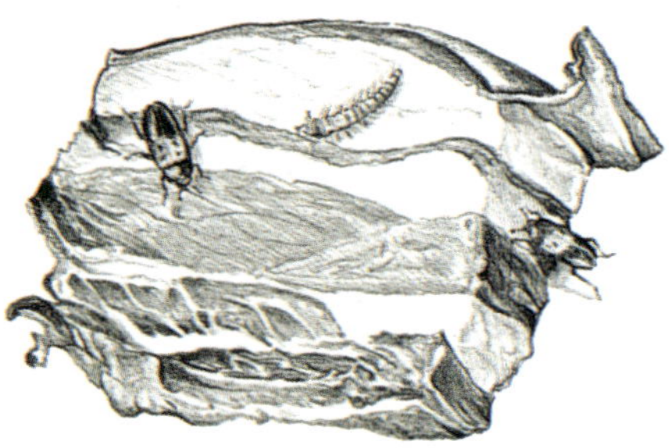

Blutroter Schnellkäfer *(Elater sanguineus)* △

Ist der Blutrote Schnellkäfer aus der gleichnamigen Familie *(Elateridae)* auf den Rücken gefallen, so stellt das für ihn weiter kein Problem dar. Durch einen Schnellmechanismus katapultiert er sich in die Luft und kommt meist mit den Beinen nach unten wieder in die richtige Lage. Als Sprungapparat dient ein kräftiger Dorn am Ende des vorderen Brustabschnitts, der in einem Einschnitt am mittleren Brustabschnitt eingehakt werden kann und mittels Muskelkraft aus seiner gespannten Lage gelöst wird. Mit einem lauten Knack stößt sich der etwa 1,5 cm lange Käfer so von seiner festen Unterlage ab und schnellt in die Luft. Diese instinktive Handlung ist für ihn in doppelter Hinsicht wichtig. Bei Gefahr oder Erschütterungen läßt sich der Schnellkäfer sofort von seinem Ansitz zu Boden fallen, wobei er meist auf dem Rücken landet. Aber auch wenn er nicht auf dem Rücken liegt, benutzt er den Schnellmechanismus zur Flucht, indem er sich blitzschnell außer Reichweite katapultiert. Er sitzt gerne an Blumen und Gräsern, deren Knospen er annagt. (Verbreitung: Europa)

Gemeiner Holzwurm *(Anobium punctatum)*

Dieser 3-5 mm große Klopfkäfer *(Anobiidae)* ist für die ▷ kreisrunden Löcher in antiken Möbeln verantwortlich. Seine Entwicklung findet nämlich in altem Holz statt. Die Larven fressen Gänge in alte Balken, Fußböden und Möbel. Holz ist ihre einzige Nahrung. Sind die erwachsenen Käfer ausgeflogen, legt das Weibchen nach der Paarung nahe dem Flugloch seine Eier ab. Die geschlüpften Larven finden so bereits einen leichten Zugang in ihr zukünftiges Lebenselement.

Da sich die Käfer vorwiegend in der Nacht in den von den Larven ausgefressenen Wurmgängen durch ein tickendes Geräusch Klopfzeichen geben, hielt man den Holzwurm früher für den Vorboten eines Todesfalls und nannte ihn deshalb auch Totenuhr. (Verbreitung: große Teile der gemäßigten und subtropischen Zonen der Erde)

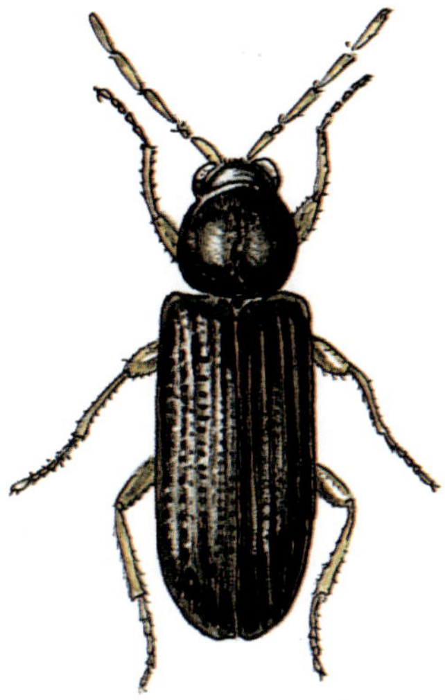

Kräuterdieb *(Ptinus fur)*

◁ Beim Kräuterdieb, einem Diebskäfer *(Ptinidae)*, sind die beiden Geschlechter von recht unterschiedlicher Gestalt. Das Männchen ist schlank und hat lange Fühler, das Weibchen ist rundlich, hat kürzere Fühler und ist dunkler gefärbt. Sowohl die Larve als auch der Käfer sind in bezug auf die Nahrung nicht wählerisch. In menschlichen Behausungen frißt er alles, von Nahrungsresten bis zu Textilien. Im Freien sucht er unter Baumrinde und in Vogelnestern nach Nahrungsresten und Abfallstoffen. Durch seine weite Verbreitung darf man das 2-4,5 mm lange Tier wohl als ,,Weltbürger" bezeichnen.

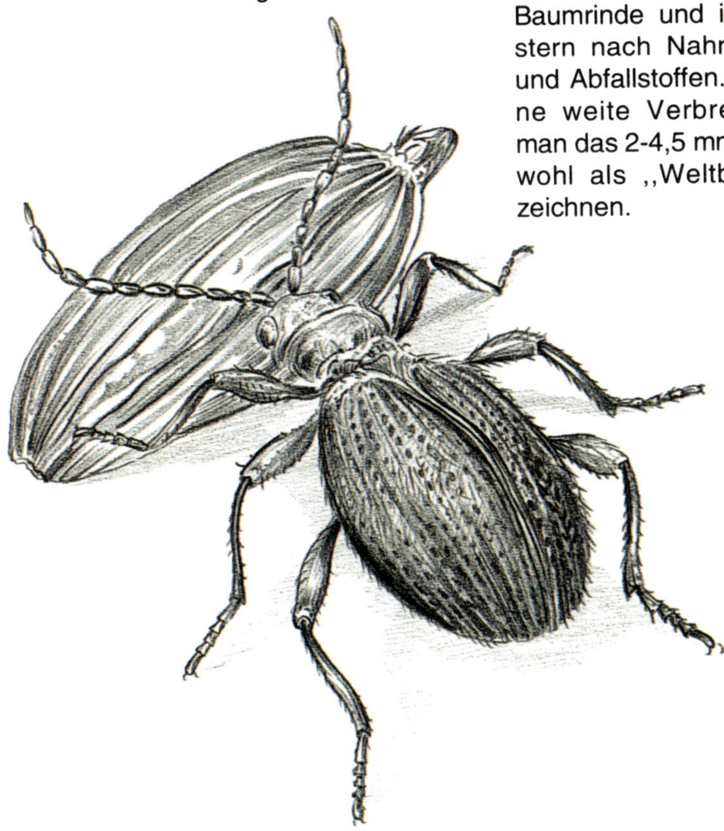

Abb. oben: männlicher Kräuterdieb; Abb. rechts: Weibchen eines Kräuterdiebs am Samenkorn einer Gewürzpflanze

Zweipunkt-Marienkäfer *(Adalia bipunctata)*

Der Zweipunkt-Marienkäfer ist nicht wie häufig angenommen ein junger Siebenpunkt, und die Anzahl der schwarzen Punkte keine Altersangabe. Vielmehr handelt es sich um eine eigenständige Art *(Adalia bipunctata)*, die in der Ausprägung des Schwarzanteil stark variieren kann. Es kommen alle möglichen Übergänge von einfarbig roten bis zu einfarbig schwarzen Exemplaren vor. ▷

Wie die übrigen Arten der Marienkäfer *(Coccinellidae)* hat der Zweipunkt-Marienkäfer die Fähigkeit, sich bei Gefahr tot zu stellen. Dabei zieht er die Beine schützend in Vertiefungen an der Körperunterseite und bleibt regungslos liegen. Aus den Beingelenken tritt dabei eine stark riechende gelbe Körperflüssigkeit aus. (Verbreitung: in großen Teilen Europas, Asiens und Nordamerikas)

Zweiundzwanzigpunkt-Marienkäfer

(Thea vigintiduopunctata)

◁ Der 3-4,5 mm lange Käfer ist durch seine gelbe Grundfarbe leicht von den anderen Arten zu unterscheiden. Wie der Name sagt, hat er auf den Flügeldecken 22 kleine schwarze Punkte. Im Gegensatz zu den meisten anderen Arten von Marienkäfern *(Coccinellidae)*, von denen man heute über 3000 kennt und die überwiegend tierische Nahrung zu sich nehmen, nährt sich der Käfer von pflanzlichen Stoffen. Er frißt hauptsächlich Mehltau- und Schimmelpilze. (Verbreitung: weite Teile Europas und Asiens, meidet aber nördliche Gebiete)

Siebenpunkt-Marienkäfer

(Coccinella septempunctata)

Dieser 5-8 mm große Marienkäfer *(Coccinellidae)* ist nicht nur einer der bekanntesten, sondern auch einer der nützlichsten Käfer überhaupt. Sowohl die Vollinsekten als auch die Larven vertilgen Blattläuse in großen Mengen. So kann eine einzige Larve während ihrer Entwicklung bis zu 1500 Blattläuse verzehren. Neben diesen frißt sie auch Schildläuse und Milben. Im Frühsommer legt das Weibchen in der Nähe von Blattlauskolonien 10-50 Eier. Nach ca. 2 Wochen schlüpfen kleine schwarze Larven, die im Laufe von 4-5 Wochen und 3 Häutungen zu langgestreckten, graublau und gelb gefleckten Tieren heranwachsen. In diesem Stadium verpuppt sich die Larve und schlüpft nach einer Ruhephase von einer Woche als Vollinsekt aus. (Verbreitung: Europa und Asien) ▷

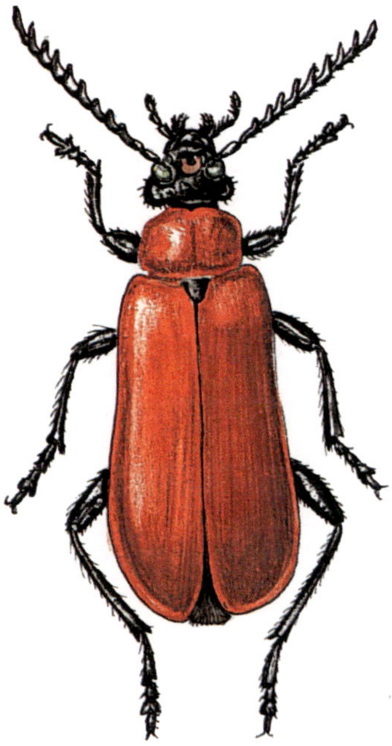

Ölkäfer, Maiwurm *(Meloe violaceus)*

Im Frühjahr kann man bisweilen im Gras metallisch blauschwarze Ölkäfer *(Meloidae)* mit verkürzten Flügeldecken und einem geringelten Hinterleib beobachten.

Die Weibchen legen 2000-4000 Eier in eine Erdgrube. Die gelben sechsbeinigen Larven, die wegen ihrer drei Krallen an den Füßen auch Dreiklauer (Triungulin) genannt werden, durchlaufen ein zweifaches Larvenstadium und ernähren sich von Wildbienen.

▽

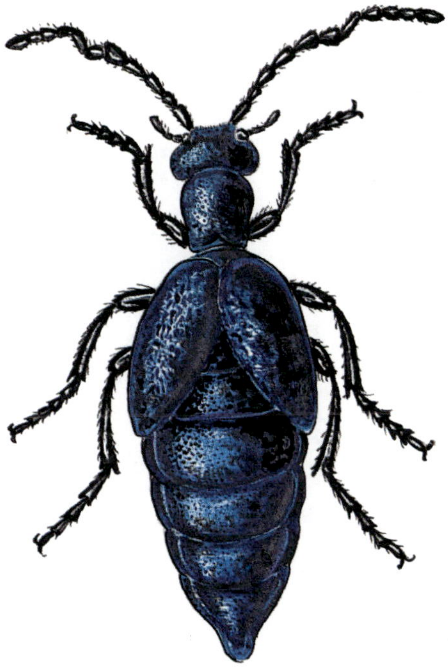

Kardinalkäfer, Feuerkäfer

(Pyrochroa coccinea) △

Im Mai und Juni trifft man den ca. 1,5 cm großen Feuerkäfer *(Pyrochroidae)* oft am Waldrand auf Blüten, Baumstümpfen und Stämmen an. Durch seine scharlachrote Farbe und die gezackten Fühler ist er leicht zu erkennen. Seine Larve hat einen abgeflachten Körper und lebt unter Rinde von Laubbäumen. Dort stellt sie vor allem anderen Käferlarven nach, frißt aber gelegentlich auch vermodertes Holz. Ihr Lebensraum umfaßt beinahe ganz Europa.

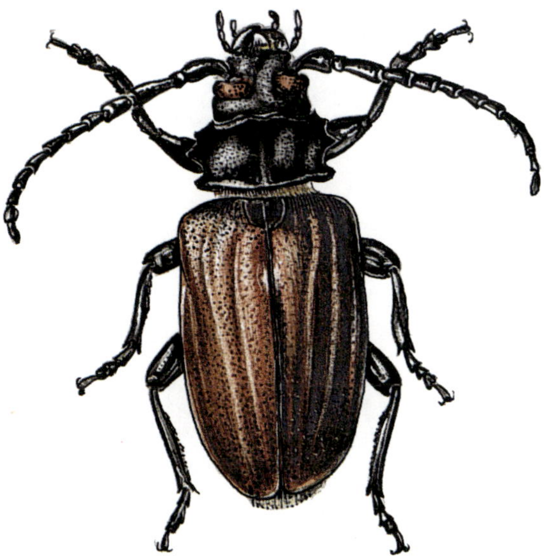

Sägebock *(Prionus coriarius)*

◁ Dieser im Wald lebende Bockkäfer (*Cerambycidae)* hat seinen Namen von den langen Fühlern, die mit ihren gezackten Gliedern wie eine Säge aussehen.

Im Sommer schwärmen die bis 4,5 cm großen Käfer in der Dämmerung durch Laub- und Nadelwälder. In alten Stämmen legt das Weibchen Eier, aus denen ungewöhnlich gefräßige Larven schlüpfen, die mit ungefähr 5 cm Länge die Käfer noch übertreffen.

Die Sägebocklarve lebt im faulenden Wurzelwerk. Ihre Entwicklung dauert mindestens 3 Jahre. Europa, Westasien und Nordamerika ist die Heimat des Sägebocks.

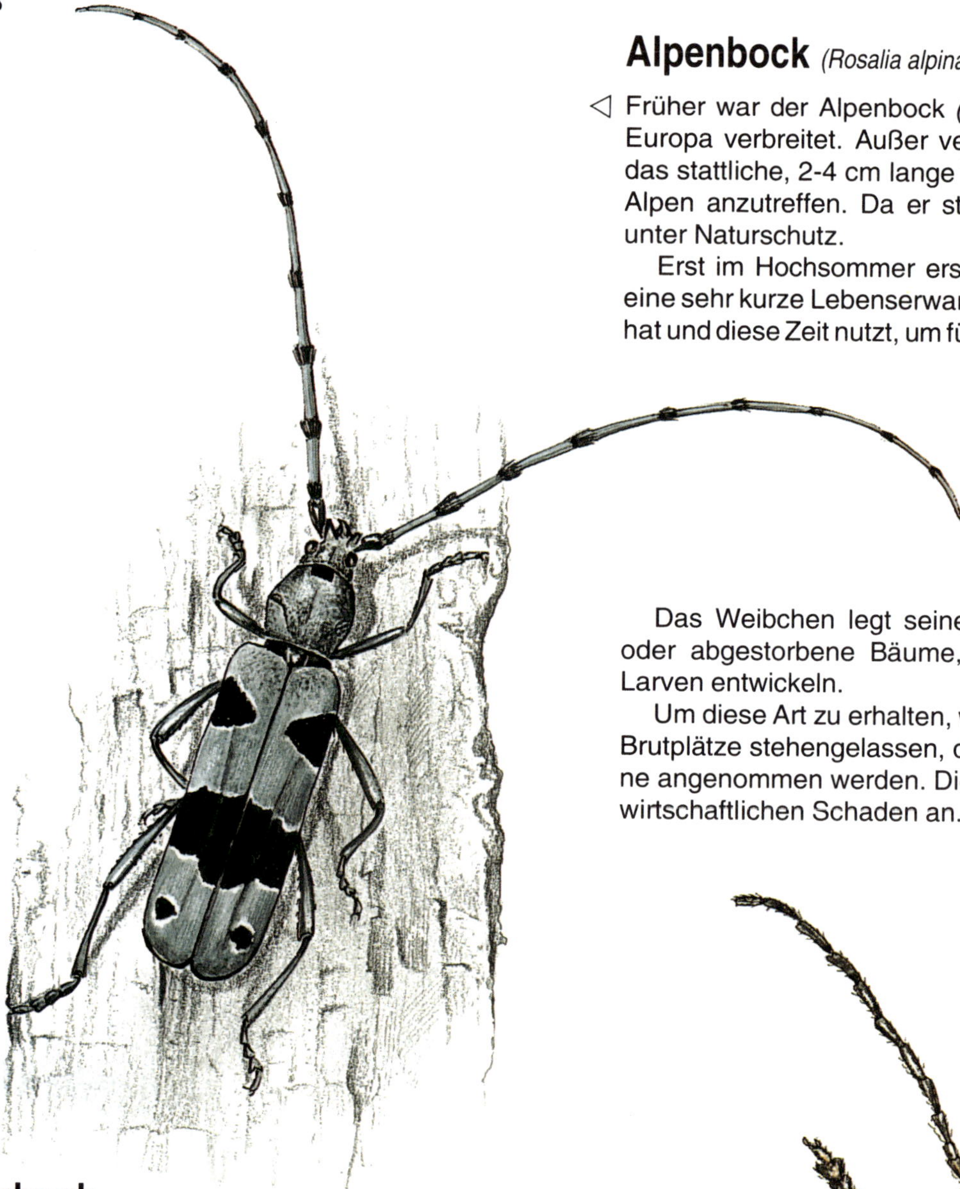

Alpenbock *(Rosalia alpina)*

◁ Früher war der Alpenbock *(Cerambycidae)* über ganz Europa verbreitet. Außer vereinzelten Vorkommen ist das stattliche, 2-4 cm lange Tier heute nur noch in den Alpen anzutreffen. Da er stark gefährdet ist, steht er unter Naturschutz.

Erst im Hochsommer erscheint der Alpenbock, der eine sehr kurze Lebenserwartung von wenigen Wochen hat und diese Zeit nutzt, um für Nachkommen zu sorgen.

Das Weibchen legt seine Eier in alte gebrochene oder abgestorbene Bäume, in denen sich auch die Larven entwickeln.

Um diese Art zu erhalten, werden tote Kotbuchen als Brutplätze stehengelassen, da sie vom Alpenbock gerne angenommen werden. Dieser Käfer richtet keinerlei wirtschaftlichen Schaden an.

Purpurbock *(Purpuricenus kaehleri)*

Hauptsächlich Südeuropa bildet den Lebensraum des Purpurbocks, der in Mitteleuropa nur noch ganz vereinzelt in warmen Gegenden vorkommt. Der ca. 2 cm lange, prachtvoll rot-schwarz gefärbte Käfer ist vom Aussterben bedroht. ▷

Die Larven des Purpurbocks leben in Obstbäumen wie Pflaume, Pfirsich und Kirsche oder bei geringem Angebot auch in anderen Laubbäumen. Dabei richten sie so gut wie keinen Schaden an.

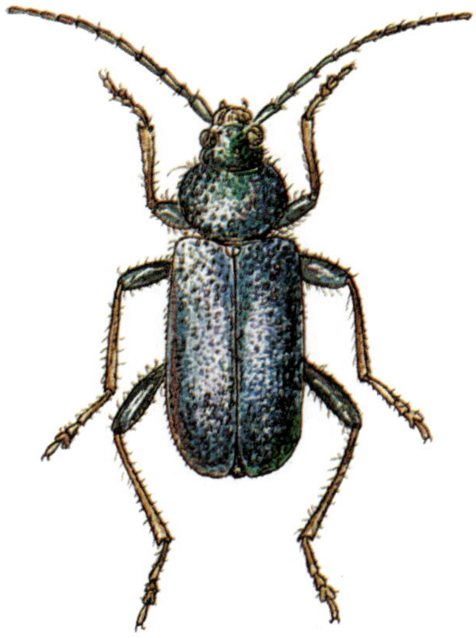

Blauer Scheibenbock *(Callidium violaceum)*

◁ Der Scheibenbock *(Cerambycidae)* mit seinen grünlich-blauen bis violetten Flügeldecken ist eine relativ häufige Art, die im Sommer in Fichtenwäldern zu finden ist. Auf Holzlagern und abgestorbenen Stämmen ist er im warmen Sonnenschein oft gesellig anzutreffen. Die Larven fressen zunächst Gänge zwischen Rinde und Splint und dringen später ins Holz ein. Da die Weibchen die Eier gerne an geschlagene Bäume legen, finden sich die Larven oft auch im Gebälk von Häusern, wo sie sich über mehrere Generationen auch in totem Holz halten können. Der 8-16 mm lange Blaue Scheibenbock war ursprünglich nur über Eurasien verbreitet, kam aber durch den Import von Holz auch nach Nordamerika.

Heldbock *(Cerambyx cerdo)*

Unüberhörbar fliegt dieser große Bockkäfer *(Cerambycidae)* in der Dämmerung durch den mit Eichen besetzten Wald. Das laute Geräusch ist bei einer Körperlänge von manchmal über 5 cm nicht verwunderlich. Tagsüber ist der Heldbock weniger aktiv und hält sich meist unter der Rinde alter Bäume versteckt. Unter die Rinde von Eichen legt das Weibchen seine Eier. In 3-4 Jahren erst haben sich daraus neue Käfer entwickelt. Die Larven fressen sich von der Rinde ins Holz, wobei Gänge von einem halben Meter Länge entstehen. Durch ihre enorme Größe von 7-9 cm richten sie dabei natürlich erheblichen Schaden im Holz an. Der früher über ganz Europa verbreitete Heldbock, den man mancherorts auch Großer Eichenbock nennt, ist mit dem Verschwinden von Eichenwäldern in vielen Gebieten rar geworden. ▷

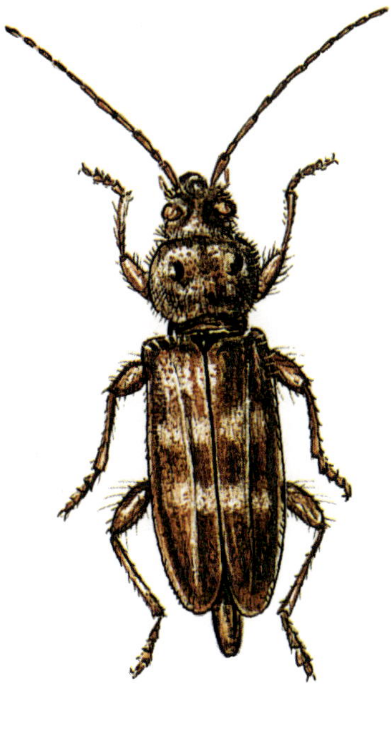

Hausbock *(Hylotrupes bajulus)*

◁ Der unscheinbare bräunliche Bockkäfer *(Cerambycidae)* ist wohl der am meisten gefürchtete Schädling im Gebälk und in Möbeln. Der bis 2 cm lange Hausbock lebt zwar nur 2-4 Wochen, doch die 200-400 Junglarven leben dafür um so länger. Im Durchschnitt sind es 2-4 Jahre, es wurden aber auch schon Entwicklungszeiträume von über 10 Jahren beobachtet. Der Schaden, der durch Fraß in einem solchen Zeitraum entstehen kann, ist beträchtlich. Verschlimmernd wirkt die Tatsache, daß die Larven die Splintholzschichten unter der Oberfläche fressen, ohne die äußerste Schicht zu zerstören. Der Befall bleibt so lange Zeit unerkannt. In jüngster Zeit scheint der Hausbockbefall zuzunehmen, was sicherlich mit der Pflanzung schnellwachsender Nadelholzarten zusammenhängt. (Verbreitung: Kosmopolit)

Zimmermannsbock *(Acanthocinus aedilis)*

Entgegen seines Namens richtet dieser 1-2 cm lange Bockkäfer *(Cerambycidae)* keinen Schaden an, da seine Larven ausschließlich in brüchigem oder faulendem Kiefernholz leben. Im Herbst schlüpfen die Käfer und überwintern in der Larvenwiege. Schon im Frühjahr schwärmen sie mit den ersten warmen Sonnenstrahlen aus.

Das Männchen trägt als auffallendstes Merkmal sehr lange Fühler, die leicht das Fünffache der Körperlänge erreichen können. Die Fühler des Weibchens sind nur zweimal so lang wie ihr Körper. Ihr Körperende mündet in eine lange, abgeschnittene Legeröhre. Ein biologischer Sinn der überdimensionalen Fühler des Männchens ist nicht direkt ersichtlich. Es liegt jedoch der Schluß nahe, daß eine enge Verbindung mit der Fortpflanzung besteht, und bei der Partnersuche diese männliche Zierde ihre Wirkung auf das Weibchen nicht verfehlt. (Verbreitung: Europa, Asien)

▽

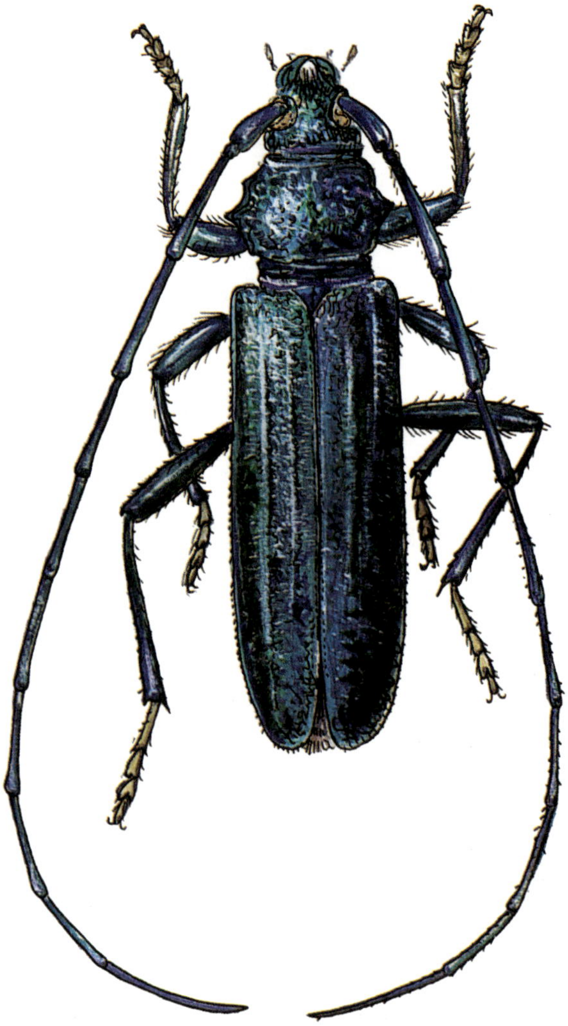

Moschusbock *(Aromia moschata)* △

Aus Hautdrüsen, die an der hinteren Brust sitzen, verströmt der Moschusbock *(Cerambycidae)* einen angenehmen moschusartigen Duft. Geht es jedoch um Verteidigung, so spritzt er eine weniger angenehme, ätzende Flüssigkeit mit dem Mund nach seinem Gegner. Gerne sitzt das bis zu 3,4 cm große Tier bei Sonnenschein auf Blüten oder gefällten Bäumen und saugt Pflanzensaft. Die Larven des Moschusbocks leben in faulendem Weidenholz. Die unregelmäßigen Gänge, die sie ins Holz fressen, schädigen den Baum nur unwesentlich. (Verbreitung: ganz Europa und Teile Ostasiens)

Lilienhähnchen *(Lilioceris lilii)*

Von den Blättern der Gartenlilie ernährt sich das Lilienhähnchen, ein 6-8 mm langer Blattkäfer *(Chrysomelidae)*, dessen Weibchen schon im zeitigen Frühjahr mit der Eiablage beginnt und bis zum Herbst immer wieder Eier ablegt. Auch die Larven fressen die Blätter, vor allem der weißen Lilie und richten oft größeren Schaden an der Pflanze an. Im Laufe eines Jahres entstehen zwei Generationen, von denen die Weibchen der zweiten Generation überwintern, um im Frühling sofort mit der Eiablage zu beginnen.

Nimmt man ein Lilienhähnchen in die Hand, so erzeugt es einen zirpenden Ton, der durch eine Zirpleiste an den Hinterleibsringen entsteht, die an den Flügeldekken gerieben wird. (Verbreitung: Europa, Asien und Nordafrika)

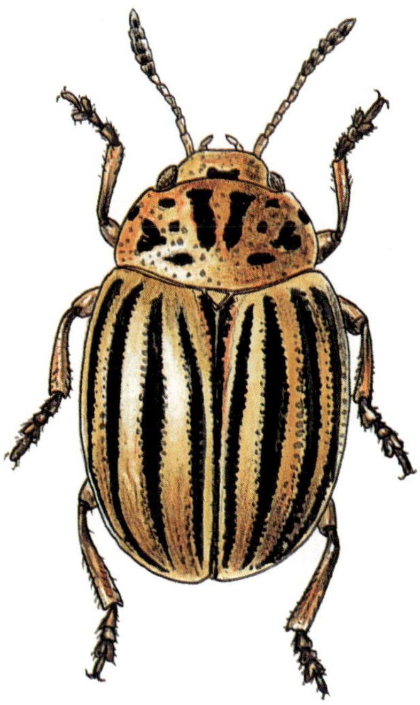

Colorado-Kartoffelkäfer

(Leptinotarsa decemlineata)

Eigentlich gehört dieser 8-9 mm große Blattkäfer *(Chrysomelidae)* in die nordamerikanische Tierwelt, wo er sich von wilden Nachtschattengewächsen ernährt. Doch mit der Kultivierung der Kartoffel im letzten Jahrhundert und ihrem Siegeszug um die Welt stellte der Kartoffelkäfer seine Nahrungsgewohnheiten ganz auf diese Massenpflanze um, auf der er ideale Bedingungen vorfand. Nach seiner Verbreitung ging er bei Nahrungsmangel auch wieder auf andere Nachtschattengewächse über. Ohne die Bekämpfung mit Spritzmitteln kann dieses Insekt die Kartoffelernte empfindlich schädigen und bei Massenbefall sogar vernichten. Auch die charakteristisch leuchtendroten Larven mit ihren seitlichen schwarzen Punktreihen nagen mit Eifer die jungen Blätter oft bis zum Stiel ab. Sie wachsen schnell und verpuppen sich nach 3 Häutungen in der Erde. Die Käfer verbringen den Winter 10-20 cm tief in den Boden eingegraben. Die Tatsache, daß die Kartoffel in den meisten Ländern zu den Grundnahrungsmitteln gehört, hat dazu beigetragen, daß der Kartoffelkäfer heute beinahe auf der ganzen Welt verbreitet ist.

Blauer Erlenblattkäfer *(Agelastica alni)*

Es ist nicht geklärt, warum manche Blattkäfer *(Chrysomelidae)* nur Appetit auf Kreuzblütler, andere auf Lippenblütler, Nachtschattengewächse oder eben auf Erlenblätter haben, wie der Blaue Erlenblattkäfer. Während er Löcher in die Blätter frißt, nagen seine Larven diese bis auf das Skelett ab. Schon im Frühjahr findet man den ca. 7 mm großen Erlenblattkäfer an Erlen, wo er auch seine Eier ablegt. Die Entwicklung der Larven vollzieht sich innerhalb eines Sommers. Die Käfer überwintern geschützt unter Laub. (Verbreitung: Eurasien und Nordamerika)

Kohl-Erdfloh *(Haltica oleracea)*

◁ Der Name dieses Blattkäfers *(Chrysomelidae)* ist eigentlich in zweifacher Weise irreführend. Erstens hat der Kohl-Erdfloh mit den echten Flöhen überhaupt nichts zu tun, außer daß er ein starkes Sprungvermögen hat. Zweitens ist die Bezeichnung Kohl in seinem Namen falsch, denn er meidet Kreuzblütler und lebt stattdessen auf Fuchsien, Nachtkerzen, Knöterich und Weidenröschen. Hier frißt er kleine Löcher in die Blätter, was sich auf die Vegetation jedoch nicht schädlich auswirkt. Neben dem Kohl-Erdfloh gibt es in Mitteleuropa über 100 Erdfloharten, die alle nur eine Größe von höchstens 4 mm erreichen.

Fallkäfer *(Cryptocephalus sericeus)*

Der Kopf des Fallkäfers *(Chrysomelidae)* liegt tief unter ▷ dem Schild verborgen und ist kaum sichtbar. Dies hat ihm den wissenschaftlichen Namen *Cryptocephalus* eingebracht, was soviel heißt wie verborgener Kopf. Wird der Käfer an seinem Sitzplatz auf Wiesenpflanzen gestört, läßt er sich zu Boden fallen und stellt sich mit angezogenen Beinen und Fühlern tot. Obwohl der Fallkäfer grünmetallisch glänzt, gibt es bei den einzelnen Käfern Farbvarianten von Blaugrün bis Purpurrot. (Verbreitung: ganz Mitteleuropa und Teile Asiens)

Grüner Schildkäfer *(Cassida viridis)*

◁ Auf verschiedenen Lippenblütlern lebt der etwa 1 cm große Grüne Schildkäfer, ein Blattkäfer *(Chrysomelidae)*, der mit seinen breiten Flügeldecken und dem dicken Schild, unter dem sich der Kopf verbirgt, leicht von anderen Blattkäferarten zu unterscheiden ist. Auch die Larven des Grünen Schildkäfers sind von ungewöhnlicher Gestalt. Die ebenfalls breite Form wird seitlich von Dornfortsätzen geziert. Der Hinterleib mündet in eine lange Schwanzgabel. Mit dieser Gabel tragen sie die abgeworfene Larvenhaut, auf der sie ihre eigenen Exkremente anhäufen. Die einzige Erklärung für dieses eigenartige Verhalten dürfte die damit erzielte Tarnwirkung sein.

Nach einer Entwicklungsdauer von nicht einmal einem Monat und einer Puppenruhe von einer Woche schlüpfen im Hochsommer die Käfer, die den Winter unter Laub in der Erde verbringen. (Verbreitung: gemäßigte und subtropische Gebiete Eurasiens)

Glanzrüßler *(Polydrusus sericeus)*

Im Mai und Juni kann man an verschiedenen Laubbaumarten auffallend schön gefärbte Käfer aus der Familie der Rüsselkäfer *(Curculionidae)* beobachten. Hätten sie nicht die geringe Größe von 6-8 mm, so wären sie den gleichnamigen tropischen Verwandten in ihrer Schönheit ebenbürtig, die auch in dieser Familie die prachtvollsten Exemplare darstellen. Der besondere Glanz des Glanzrüßlers stammt von einer Schicht schillernder Schuppen, die lose über die Vertiefungen des Chitinpanzers verteilt sind und leicht abgewischt werden können. An ihnen bricht sich das Licht und erzeugt den metallisch grüngoldenen Schillerglanz. Der Glanzrüßler frißt junge Blätter von Laubbäumen wie z.B der Birke, wo er oft zu finden ist. Er richtet dabei allerdings kaum Schaden an. Glanzrüßler, auch Grünrüßler genannt, kommen in ganz Europa und Teilen von Asien vor. ▷

Haselnußbohrer *(Balaninus nucum)*

◁ Einen erheblich längeren und feineren Rüssel als die Blütenstecher hat der Haselnußbohrer, der ebenfalls aus der Familie der Rüsselkäfer *(Curculionidae)* ist. Mit Hilfe dieses Werkzeuges bohrt das Weibchen im Mai und Juni in die junge, noch weiche Nuß ein Loch. Durch dieses Loch schiebt es ebenfalls mit dem Rüssel ein Ei bis in den Kern. Die geschlüpfte Larve verzehrt den Kern vollständig und nagt in die Schale ein Loch zum Ausschlüpfen. Liegt die Nuß nicht ohnehin schon am Boden, läßt sich die Larve fallen, um in einer etwa 10-15 cm tiefen Höhle der Erde zu ruhen. Erst im folgenden Frühjahr verpuppt sie sich dort, und einige Wochen darauf schlüpft der fertige Käfer heraus. (Verbreitung: weite Teile Europas und Vorderasiens)

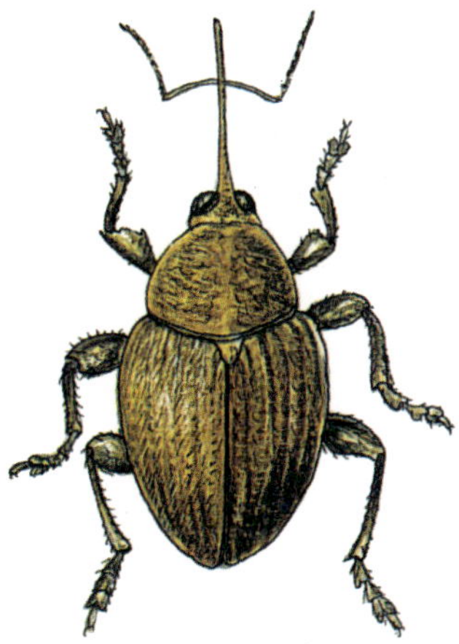

Apfelblütenstecher *(Anthonomus pomorum)*

Wenn im Frühjahr die Blütenknospen noch kaum sichtbar sind, verläßt der Apfelblütenstecher aus der Familie der Rüsselkäfer *(Curculionidae)* sein Winterversteck unter Rinden, Moos oder Erde. Nachdem die 3-4 mm langen Käfer an den Knospen gefressen haben, werden sie geschlechtsreif. Nach der Paarung legt das Weibchen im April 30-60 Eier in die Knospen. Dies geschieht durch ein Loch, das mit Hilfe des langen Rüssels zuvor genagt wurde. In jedes Loch wird ein Ei zwischen die jungen Staubblätter geschoben. Da die Larve die geschlossenen Blütenknospen von innen befrißt, stirbt diese ab und kommt nicht mehr zur Entfaltung. Aus der vertrockneten Blüte kriecht im Frühsommer der junge Käfer, der sich nun vom Laub ernährt. Durch die Vernichtung der Blüten ist der Schaden, der durch den Larvenfraß entsteht, erheblich größer als der Lochfraß der Käfer. (Verbreitung: Europa, Nordafrika, Japan und Nordamerika) ▷

Birkenblattroller *(Deporaus betulae)* △

Der Rollkäfer *(Attelabidae)*, den man zu Recht auch ▷ Trichterwickler nennt, fertigt für seine Nachkommen aus einem Blatt ein trichterartiges Gefäß, in dem sich die Larven entwickeln. Nachdem das Blatt einer Birke, Hasel, Erle oder Hainbuche in einem ganz bestimmten Winkel eingenagt wurde, wird die rechte Seite eingerollt und die linke Seite nochmals um diese gewickelt. Obwohl das Blatt erheblich größer und schwerer ist als der Käfer, fertigt er die Blattrolle in weniger als einer Stunde. In das Innere des Trichters werden die Eier gelegt. Die Larven ernähren sich vom Blattgewebe, und sobald der Rest des vertrockneten Blattes im Herbst zu Boden fällt, vergräbt sich die Larve in der Erde, um sich zu verpuppen. Im nächsten Frühjahr schlüpfen die Käfer. (Verbreitung: Großteil Europas, Nordafrika und Teile Asiens)

Abb. oben: Birkenblattroller, rechts Birkenblattroller an Birkenblatt.

Buchdrucker *(Ips typographus)*

◁ Meist bekommt man diesen 4-5 mm großen Borkenkäfer *(Scolytidae)* selbst gar nicht zu Gesicht, denn er lebt verborgen unter Rinde, wo er die zwischen Rinde und Holz liegende saftführende Bastschicht anfrißt und damit zerstört. Nach dem Einbohrloch entsteht eine Art Kammer, in der die Begattung stattfindet. Von dort fressen die Weibchen ,,Muttergänge" in Faserrichtung und legen ihre Eier in abzweigende Nischen. Die Larven fressen waagrechte, zeilenförmige Gänge. Am Ende verpuppen sie sich in der Larvenkammer. Im Juni verlassen die Jungkäfer durch Fluglöcher den Bau. Bei günstiger Witterung entsteht eine zweite Generation. Durch Windbruch in Fichten-Monokulturen kann es zur Massenvermehrung kommen, wobei die Käfer auch auf gesunde Bäume übergehen und wirtschaftlichen Schaden in riesigem Ausmaß anrichten können. (Verbreitung: über Europa bis Sibirien, Japan, Korea und China)

Schlammfliegen *(Megaloptera)*

Schlammfliege *(Sialis fuliginosa)*

Im Mai und Juni trifft man dieses etwas schwerfällig fliegende Insekt in größeren Mengen an fließenden Gewässern. Meist sitzt die 1-1,5 cm lange Schlammfliege in Ufernähe an Pflanzen. Ihre Flügel legt sie dabei dachförmig aneinander.

Die aus den zu Hunderten abgelegten Eiern ausgeschlüpften Junglarven lassen sich direkt ins Wasser fallen. Im Schlamm leben sie als gefräßige Räuber von Würmern und anderen Larven. Erst nach 9 Häutungen und einem Puppenstadium ist ihre Entwicklung abgeschlossen. (Verbreitung: ganz Europa) ▷

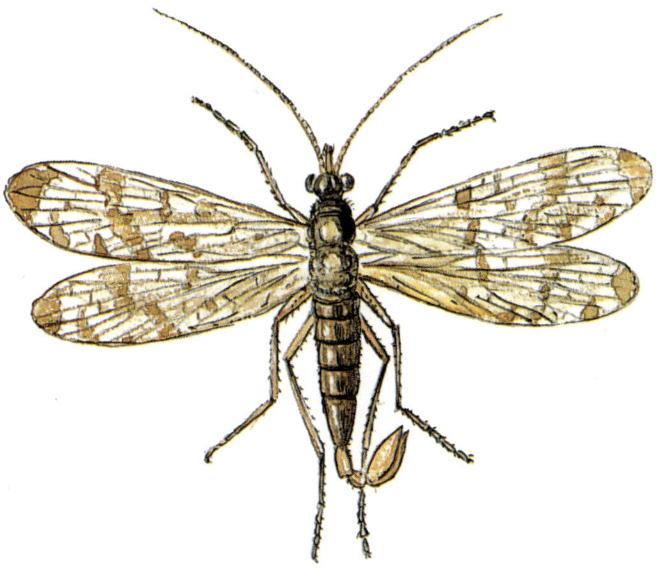

Schnabelhafte *(Mecoptera)*

Skorpionsfliege *(Panorpa communis)*

◁ Die Mundwerkzeuge der etwa 2 cm langen Skorpionsfliege *(Panorpidae)* sind mit Teilen des Kopfes zu einer Art „Schnabel" umgebildet. Bei den Männchen endet der Hinterleib mit einer dicken Greifzange, die meist nach oben gekrümmt gehalten wird, was an einen Skorpion erinnert. Die Skorpionsfliege ernährt sich von meist schon toten Insekten, während die Larven überwiegend faulende Stoffe tierischer Herkunft fressen. Das Vollinsekt ist kein sehr geschickter Flieger und verbringt den Tag in Ruhe an Ästen oder Laub. (Verbreitung: ganz Europa)

Kamelhalsfliegen *(Raphidioptera)*

Kamelhalsfliege *(Raphidia notata)*

Die etwa 1,5 cm lange Kamelhalsfliege fällt durch ihren langen, beweglichen Hals auf. Männchen und Weibchen ähneln sich stark, wobei das Weibchen zusätzlich eine lange, gebogene Legeröhre am Hinterleib hat. ▷

Mücken und Fliegen bilden die Hauptnahrung der Kamelhalsfliege. Ihre Larve lebt unter Rinde und frißt verschiedene Insekten und deren Larven, die im Holz leben. Aus diesem Grund gilt sie im Forstbetrieb als sehr nützliches Tier. (Verbreitung: beinahe ganz Europa)

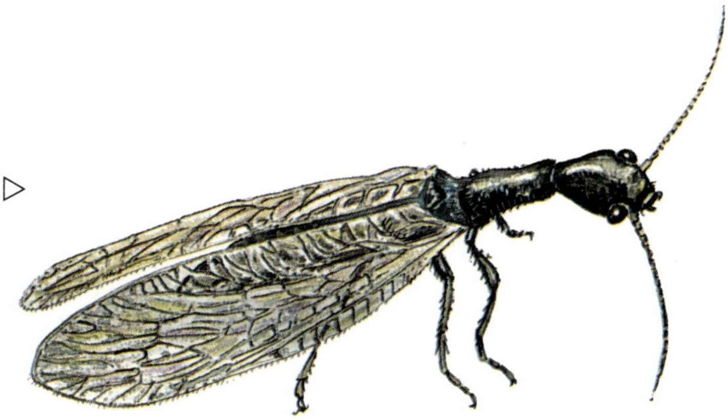

Blattflügler *(Planipennia)*

Florfliege *(Chrysopa vulgaris)*

Das kleine, etwa 1 cm lange, blaßgrüne Insekt aus der gleichnamigen Familie *(Chrysopidae)* ist ein häufiger Wintergast in Wohnungen und Speichern. Während die Florfliegen tagsüber unbeweglich mit dachförmig angelegten Flügeln sitzen, schwärmen sie am Abend an Lichtquellen. Vom Frühjahr bis Herbst leben sie gerne in Wäldern, wo sie sich räuberisch von kleinen Insekten ernähren. ▷

Auch ihre Larven gehen auf Insektenjagd, wobei sie vor allem auf Blattläuse großen Appetit haben. Somit sind sie als Schädlingsvernichter sehr nützlich. Interessant ist, daß aus der unter einem selbstgefertigten Kokon ruhenden Puppe nicht das Vollinsekt schlüpft, sondern die bewegliche Puppe selbst sich aus dem Kokon beißt. Erst später kriecht aus dieser Puppenhaut die fertige Florfliege. (Verbreitung: ganz Europa)

Ameisenlöwe, Ameisenjungfer

(Myrmeleon formicarius)

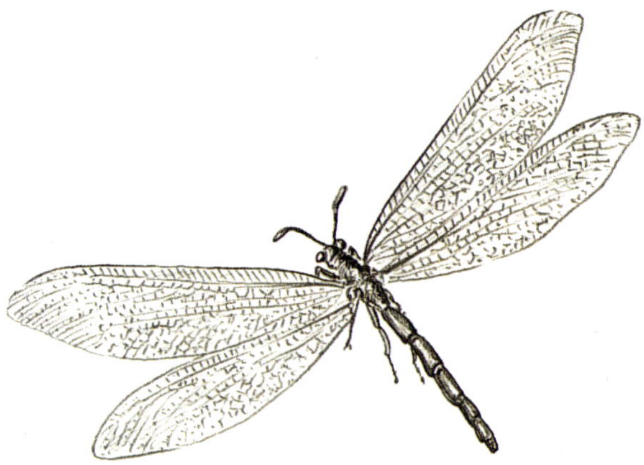

◁ In den sandigen Weg des lichten, sonnigen Nadelwaldes ist ein kleiner Trichter gegraben, an dessen Grund der Ameisenlöwe *(Myrmeleontidae)*, die Larve der Ameisenjungfer, auf Beute lauert. Gerät eine Ameise oder Spinne an den Abhang des Trichters und versucht rückwärts zu flüchten, so schleudert der Ameisenlöwe mit Hilfe seines schaufelförmigen Kopfes jede Menge Sandkörner gegen seine Beute, die so an den Grund des Trichters rutscht (siehe Abb.). Durch einen schnellen Biß lähmt er das Tier und saugt es aus. Die übriggebliebene Haut wird in hohem Bogen über den Trichter hinausgeschleudert.

Das Vollinsekt ähnelt einer kleinen Libelle. Es erreicht eine Flügelspannweite von immerhin 6-7 cm. Den Tag verbringt die Ameisenjungfer bewegungslos an Ästen und Sträuchern. Erst am Abend flattert sie durch die Dämmerung. Kleine Insekten bilden ihre Nahrung. (Verbreitung: weite Teile Europas)

Abb. links: Ameisenlöwe mit Trichter

Zweiflügler *(Diptera)*

Kohlschnake *(Tipula oleracea)*

Die langbeinige, schlanke Schnake *(Tipulidae)* ist überall sehr häufig anzutreffen. Sie erreicht eine Körperlänge von über 2 cm. Das Vollinsekt sticht nicht, sondern saugt Blütennektar. Ihre Larven leben im Boden, wo sie sich von kleinen Würzelchen ernähren. Nachts beißen sie auch oberirdische Sprossen von verschiedenen Kulturpflanzen durch. In größerer Anzahl können sie landwirtschaftlichen Schaden anrichten. Die Puppen sind am Hinterleib mit Dornen besetzt, womit sie sich vor dem Schlüpfen des Vollinsekts im Boden bis an die Oberfläche vorarbeiten. (Verbreitung: ganz Europa) ▷

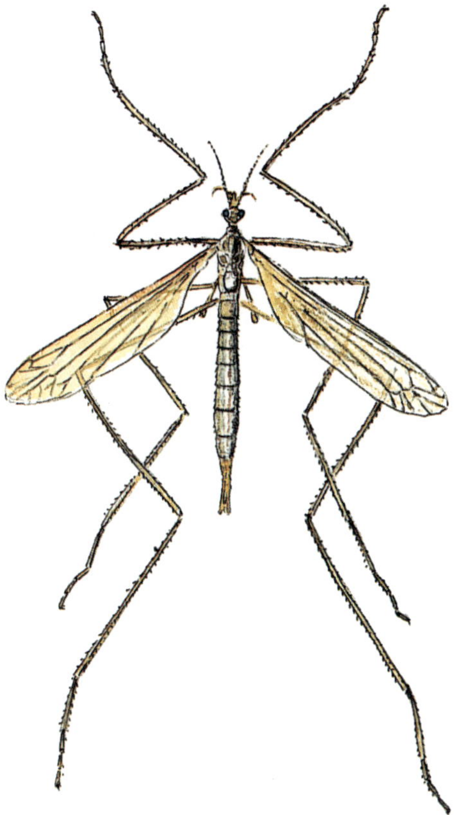

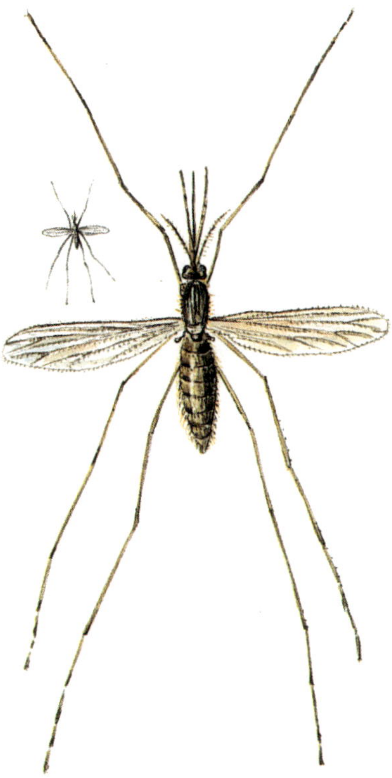

Stechmücke *(Culex pipiens)*

◁ Nur das Weibchen der etwa 4 mm langen Stechmücke *(Culicidae)* saugt Blut mit ihrem Stechrüssel. Oft sind sie so prall mit Blut gefüllt, daß der Hinterleib rot durchleuchtet, und ihr Flug schwerfällig wird. Das Männchen saugt nur Pflanzensäfte. Die Entwicklung der Larven findet im Wasser statt. Die Eier werden in Gruppen wie kleine Flößchen auf der Wasseroberfläche abgesetzt. Die Larven schwimmen mit zuckenden Bewegungen und hängen sich zum Atmen mit einer Atemröhre am Hinterleib an die Wasseroberfläche. Als Nahrung dienen Kleinstlebewesen und Algen, die durch Haarbüschel am Kopf in die Mundöffnung gestrudelt werden. (Verbreitung: beinahe über ganz Europa)

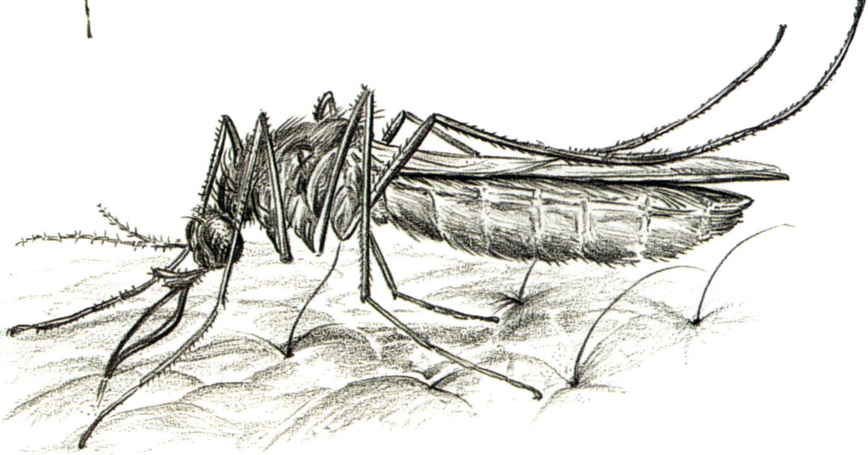

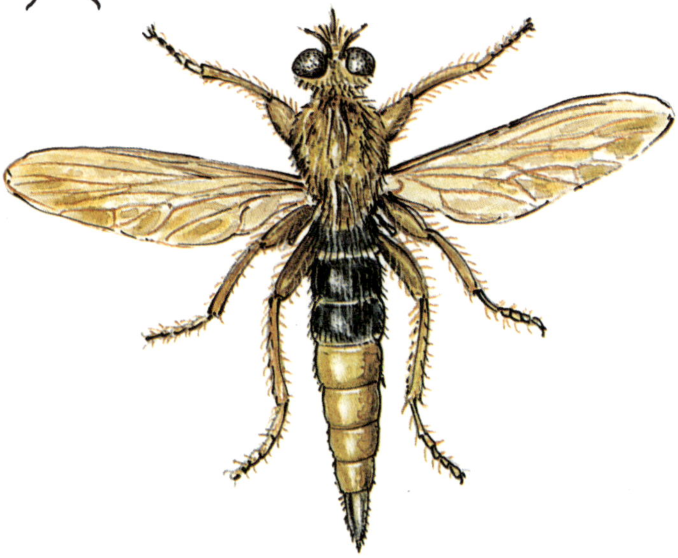

Hornissenjagdfliege *(Asilus crabroniformis)*

◁ Diese Raubfliege *(Asilidae)* stellt allen möglichen Insekten nach, packt sie oft sogar im Flug mit den kräftigen Vorderbeinen und saugt sie aus. Auf Viehweiden hat sie es besonders auf Regenbremsen abgesehen, die sie im Flug erbeutet. Doch auch in lauernder Ruheposition entgeht ihr dank der großen Facettenaugen nichts, und wie ein Raubtier stürzt sich die Hornissenjagdfliege auf das sich nähernde Opfer. Die Larven ernähren sich hauptsächlich von vermodernden Pflanzenteilen. (Verbreitung: ganz Europa sowie große Teile Asiens)

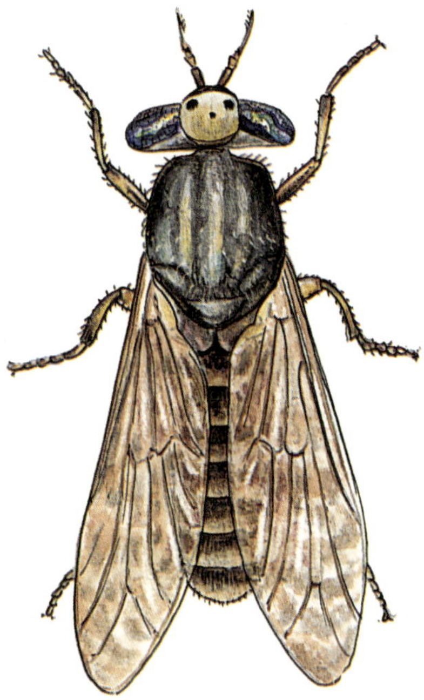

Regenbremse *(Chrysozona pluvialis)*

Besonders wenn ein Gewitter im Anzug ist, kann die 8-12 mm lange Regenbremse dem Menschen zur Last werden. Wie blind sticht sie auf alles ein und bleibt ruhig sitzen, wenn man nach ihr schlägt. Dies hat ihr auch den Namen Blinde Bremse eingebracht. Die Facettenaugen der recht unscheinbaren grauen Bremse *(Tabanidae)* sind von wellenförmigen Regenbogenfarben überzogen, was durchaus die Beobachtung mit einer Lupe wert ist. Ihre Larven entwickeln sich in feuchter Erde. (Verbreitung: in Eurasien, auch bis in höhere Lagen der Gebirge) ▷

Großer Wollschweber *(Bombylius major)*

◁ Diese bis 1,3 cm lange Fliege aus der Familie der Wollschweber *(Bombyliidae)* sieht einer kleinen Hummel sehr ähnlich, kann jedoch nicht wie diese stechen. In kunstvollem Flug, ruckartig oder in der Luft stehend, schweben sie um Blüten, an denen sie mit ihren langen Rüsseln Nektar saugen. Da sie schon im zeitigen Frühjahr erscheinen, wenn das Blütenangebot noch nicht sehr groß ist, sind sie dabei nicht sehr wählerisch. Die Larven leben als Schmarotzer in den Nestern einiger Hautflügler, vor allem der Sandbiene. (Verbreitung: gemäßigte und subtropische Zonen der Erde)

Schwebfliege *(Myiatropa florea)*

Obwohl diese 1-1,6 cm große Schwebfliege aus der ▷ gleichnamigen Familie *(Syrphidae)* den Wespen sehr ähnlich sieht, hat sie mit ihnen nichts zu tun. Sie hat im Gegensatz zu den Hautflüglern nur 2 Flügel und ernährt sich friedlich von Blütennektar und Pollen. Dadurch sorgt sie bei vielen Pflanzen auch für die Bestäubung. Nur wenige Insektenarten können mit der vollendeten Flugkunst der Schwebfliege konkurrieren, die den ganzen Sommer über häufig im charakteristischen Rüttelflug über Blüten in der Luft „stehend" zu beobachten sind. (Verbreitung: große Teile Eurasiens)

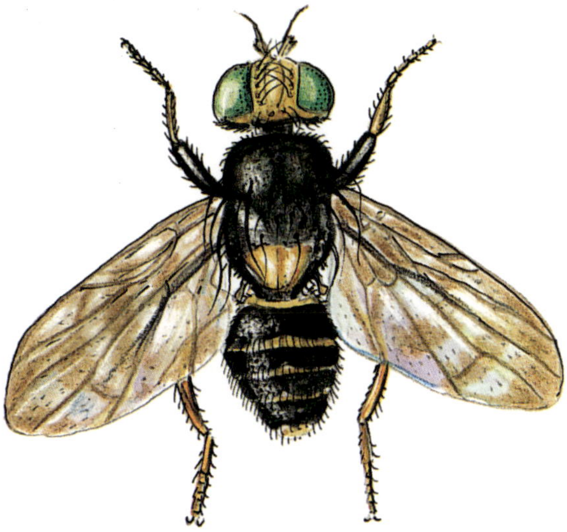

Kirschenfliege *(Rhagoletis cerasi)*

◁ In die halbreifen Früchte der Kirsche legt das Weibchen der nur max. 1/2 cm langen Bohr- und Fruchtfliege *(Trypetidae)* ihre Eier, wobei von einer einzigen Fliege ca. 50 Kirschen gefressen werden können. Die schnell schlüpfenden Maden fressen sich bis zum Stein vor. Erwachsene Larven verlassen die Frucht, um sich im Boden zu verpuppen und den Winter zu verbringen. Die Kirschfliegenlarve wird im Volksmund fälschlicherweise Wurm genannt. (Verbreitung: fast in ganz Europa)

Stubenfliege *(Musca domestica)*

Das unliebsame „Haustier" aus der Familie der Vollfliegen *(Muscidae)* wird 7-9 mm lang und überwintert als Vollinsekt. Mit der Wärme des Frühlings taucht auch die Stubenfliege wieder auf. Das Weibchen legt seine Eier an Mist und Abfällen, wo sich die Larven entwickeln können. ▷

Die Fähigkeit, an Decken oder Glasscheiben zu sitzen, verdankt die Stubenfliege polsterartigen Haftballen an den Fußklauen, die durch eine Körperabsonderung stets feucht sind und gute Haftung garantieren. Mit einem stempelförmigen Rüssel saugt sie flüssige Nahrung ein. (Verbreitung: ganze Welt)

Graue Fleischfliege *(Sarcophaga carnaria)*

Diese 1-1,5 cm große Fliege aus der Familie der „Echten" Fliegen *(Muscidae)* mit ihrem auffällig karoartigen Körpermuster weist eine Besonderheit auf. Sie legt keine Eier, sondern bringt als lebendiggebärende Fliege lebende Maden zur Welt, die bereits im Körper geschlüpft sind. ▷

Bei der „Geburt" legt sie ihre Jungen sowohl auf Kadavern als auch in die Ausschlupflöcher des Regenwurms ab, an dem sie sich bei der nächsten Gelegenheit festsetzen. (Verbreitung: Europa und Afrika)

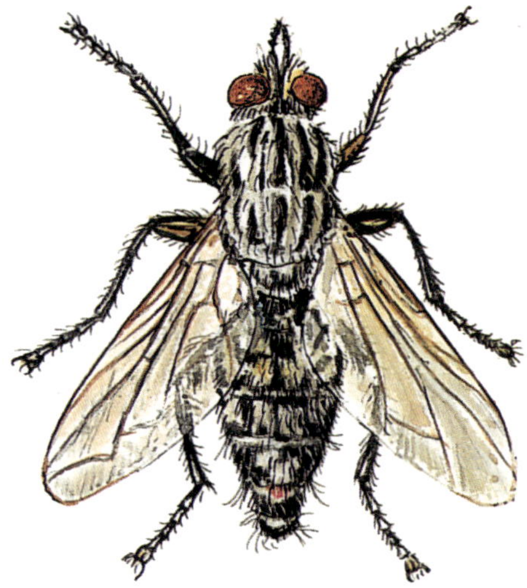

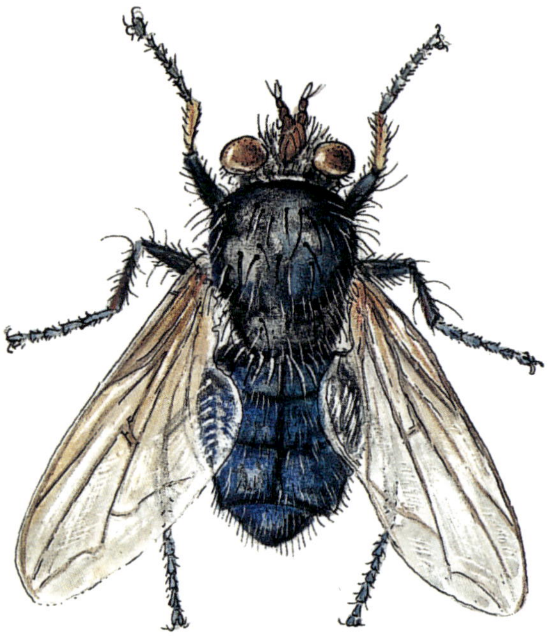

Flöhe *(Aphaniptera)*

Menschenfloh *(Pulex irritans)*

So wie der Menschenfloh *(Pulicidae)* auch auf anderen Säugetieren vorkommt, finden sich Hunde- und Katzenflöhe des öfteren auch an Menschen. Der Menschenfloh erreicht eine Länge von 2-3,5 mm, wobei das Weibchen erheblich größer wird als das Männchen. Mit den stechend-saugenden Mundteilen verursacht er beim Blutsaugen Rötungen und leichte Schwellungen.

Auf den Menschen ist *Pulex irritans* nicht ständig angewiesen. Er kann monatelang unbeschadet hungern und sucht sein Opfer nur zum Blutsaugen heim. Der Menschenfloh erreicht ein Alter von über einem Jahr. (Verbreitung: auf der ganzen Welt)

▽

Blaue Schmeißfliege *(Calliphora vicina)* △

Etwa 8-14 mm groß wird diese Schmeißfliege *(Calliphoridae)*, die mit einem laut surrenden Flügelgeräusch dahinfliegt. Die Weibchen legen an Kadavern mittels ihrer ausfahrbaren Legeröhre paketweise Eier ab, von wo aus die geschlüpften Maden in den verwesenden Körper vordringen.

Beim Gedanken an solch einen ekelerregend anmutenden Vorgang sollte man nicht vergessen, daß es sich um einen natürlichen und wichtigen Vorgang im biologischen Kreislauf der Stoffe handelt. (Verbreitung: beinahe auf der ganzen Erde)

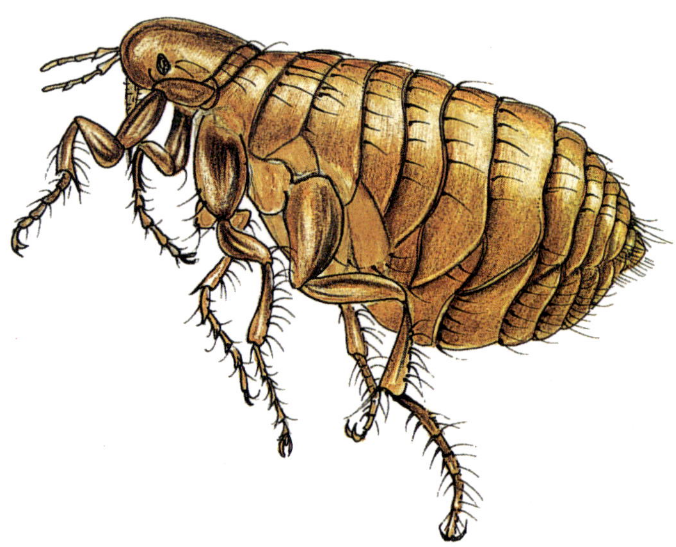

Schmetterlinge *(Lepidoptera)*

Weidenbohrer *(Cossus cossus)*

Eine stattliche Flügelspannweite von 9,5 cm erreicht der Weidenbohrer aus der gleichnamigen Familie *(Cossidae)*, der aber trotzdem zu den Kleinschmetterlingen gezählt wird. Er schwärmt im Juni und Juli. Meist sitzen die Falter gut getarnt an Bäumen. Da sie keinen Saugrüssel besitzen, nehmen sie keinerlei Nahrung zu sich.

Aus bis zu 700 Eiern schlüpfen rötliche Larven, die 10 cm lang werden können. Sie fressen die Borke und weichen Teile der Splintschichten. Erst nach zwei Überwinterungen verpuppt sich die ausgewachsene Raupe. ▷ (Verbreitung: Europa und Teile Asiens)

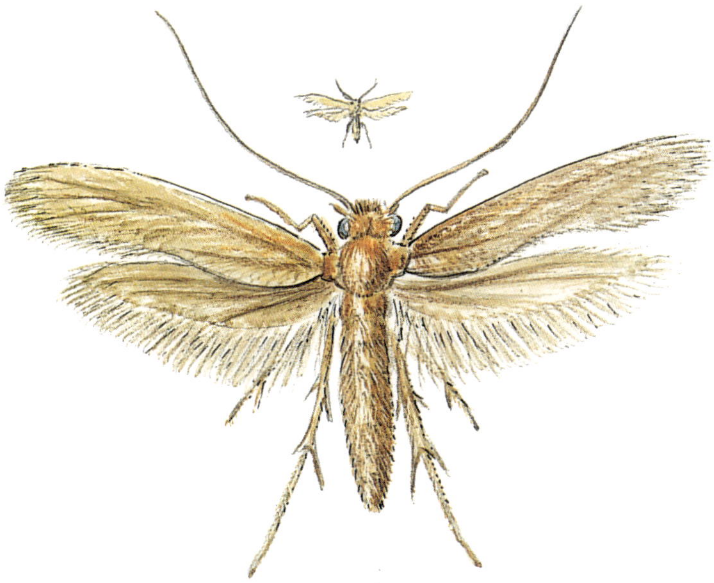

Kleidermotte *(Tineola bisselliella)*

◁ Nicht das Vollinsekt der Kleidermotte aus der Familie der Echten Motten *(Tineidae)*, das eine Flügelspannweite von 8-16 mm hat, macht sich über Textilien und Pelze im Kleiderschrank her, sondern ihre kleinen gelblichen Raupen. Dabei sind sie nur an Fasern tierischer Herkunft interessiert, während z.B. Baumwolle nicht angefressen wird. Die Kleidermotte selbst nimmt keine Nahrung zu sich und sitzt meist mit dachartig angelegten Flügeln im Versteck. Da nur die Männchen am Abend zu behäbigen Schwärmflügen aufbrechen und die Weibchen sich nur selten bewegen, bleibt die Mottenjagd meist ohne anhaltenden Erfolg. (Verbreitung: Kosmopolit)

Steinbrech-Widderchen *(Zygaena filipendulae)*

Auf trockenen Wiesen und sonnigen Plätzen findet man ▷ den prächtigen kleinen Schmetterling, der eine Flügelspannweite zwischen 2,8 und 3,6 cm hat, bis in Gebirgsregionen. Die Färbung der Flügel kann variieren. Verschwindet die Sonne, so läßt auch der Bewegungsdrang des Widderchens aus der gleichnamigen Familie *(Zyganidae)* nach, und sein Flug wird schwerfällig. Nimmt man das Tier in die Hand, so stellt es sich tot, läßt Fühler und Beine hängen und aus den Beingelenken kommt ein gelbes, übelriechendes Sekret. (Verbreitung: Europa)

Obstbaum-Miniermotte *(Lyonetia clerkella)*

Im Laufe des Jahres entstehen 3 Schmetterlingsgenerationen, von denen die dritte als Vollinsekt oder noch im Eistadium überwintert. Das Weibchen des kleinen Schmetterlings (ca. 8 mm Spannweite) mit den fein gefransten Flügeln legt seine Eier an Blätter verschiedener Laubbäume. Die Larven fressen im Blattinneren lange, gewundene Gänge, die man aufgrund ihrer verblaßten Färbung leicht erkennen kann. Die ausgewachsenen Raupen verlassen das Blattgewebe und verpuppen sich an der Unterseite in einem frei hängenden weißen Gespinst. (Verbreitung: gemäßigte bis subtropische Zonen Europas und Asiens)

Grüner Eichenwickler *(Tortrix viridana)*

Bei Massenbefall durch Raupen des Eichenwicklers (*Tortricidae)* kann es vorkommen, daß ganze Eichen entlaubt werden, indem die Blätter bis auf das Geäder abgefressen werden. Von Juni bis August schwärmt der Grüne Eichenwickler mit einer Flügelspanne zwischen 1,8 und 2,2 cm in Scharen um die Eichen.

Die Weibchen legen ca. 60 Eier an junge Zweige, die mit einem Sekret überzogen werden, an dem Staub und andere winzige Teilchen haftenbleiben. So entsteht ein guter und wichtiger Schutz, denn die Eigelege müssen den Winter überdauern. Die im Frühjahr geschlüpften Raupen verpuppen sich Anfang Juni in eingerollten Resten von Blättern. (Verbreitung: Europa und Kleinasien)

Hornissenschwärmer *(Aegeria apiformis)*

Der Hornissenschwärmer aus der gleichnamigen Familie *(Aegeriidae)* hat große Ähnlichkeit mit einer richtigen Hornisse. Eine solche Nachahmung anderer, meist wehrhafter Arten nennt man Mimikry. In der Nähe von Pappeln schwärmen die kleinen Falter (3-4 cm) gerne im Sonnenlicht, denn hauptsächlich im Holz dieser Bäume findet ihre Entwicklung statt. Erst nach 2 Jahren verpuppt sich die Raupe im Boden, wobei sie aus zernagten Holzteilchen einen Kokon anfertigt. Vor dem Schlüpfen schiebt sich die Puppe mit Hilfe von Stacheln am Hinterleib so weit aus dem Holzkokon, daß dem Falter beim Schlupfvorgang genügend Platz zur Verfügung steht, sich aus der Puppenhülle zu schieben. (Verbreitung: Europa, Nordwestafrika, gemäßigte Zonen Asiens und Nordamerikas)

Windengeistchen *(Alucita pentadactyla)*

Durch seine eigenartige Gestalt fällt der kleine Schmetterling aus der Familie der Federgeistchen *(Pterophoridae)* sofort auf. Beide Flügelpaare, die zusammen eine Flügelspannweite von 2,0-2,5 cm aufweisen, sind zu federähnlichen Gebilden umgestaltet. Die Vorderflügel spalten sich in zwei, die Hinterflügel in drei Zipfel. Wenn der kleine wunderschöne, schneeweiße Falter abends zum Licht schwärmt, erinnert er wirklich an ein Geistchen. In Ruhe stehen die zusammengelegten Flügel seitlich vom Körper ab. Die Raupen des Windengeistchens fressen, wie der Name schon ausdrückt, vor allem an Zaun- und Ackerwinden, nehmen aber auch ◁ andere Pflanzen an. (Verbreitung: Europa)

Schwalbenschwanz *(Papilio machaon)*

Zwei Generationen des stattlichen Falters (6-8,5 cm) ▷ erscheinen im Mai und August auf Wiesen und Feldern bis ins Gebirge. Mit den großen Tragflächen, die aus Vorder- und Hinterflügeln bestehen, tanzt der Schwalbenschwanz in geschicktem Flug dahin und segelt auch ohne Flügelschlag gekonnt durch die Luft. Das Farbspiel der Flügeldecken hat sich in bestimmten Gebieten leicht gewandelt und charakterisiert die geographischen Rassen.

Die Raupe des Schwalbenschwanzes aus der gleichnamigen Familie *(Papilionidae)* hat eine interessante Färbung aus einer schwarzen, später grünen Grundfarbe mit rötlichen Punktreihen. Sie lebt gerne auf der wilden Möhre oder anderen Doldengewächsen. Fühlt sich die Raupe bedroht, so stellt sie eine rötliche Gabel am Kopfende hoch und sondert ein übelriechendes Sekret ab. (Verbreitung: Europa, Teile Asiens, Nordafrika und Nordamerika)

Abb. oben: Schwalbenschwanz mit Raupe an Wilder Möhre

Apollo *(Parnassius apollo)*

Bis in Höhen von 2600 m hat man in den Bergen den Apollo aus der Familie der Schwalbenschwänze *(Papilionidae)* schon gesichtet. Er hat eine Flügelspannweite von 6-10 cm und liebt die Berglandschaft. An Wiesen und Hängen fliegt er in langsam flatterndem Flug von Blüte zu Blüte. Die Raupe lebt am Boden und ernährt sich von Dickblattgewächsen wie der Fetthenne.

Da der markante Falter stark in seinem Bestand gefährdet und mancherorts bereits ausgestorben ist, wurde er unter Naturschutz gestellt. (Verbreitung: Europa und Asien)

Aurorafalter *(Anthocharis cardamines)*

Nur das Männchen des Aurorafalters, der ebenfalls aus der Familie der Weißlinge *(Pieridae)* ist, hat den hübschen orangeroten Fleck auf den Vorderflügeln. Das Weibchen ist eher blaßweiß, und die Flügelzeichnung ähnelt der des Kohlweißlings.

Im Frühjahr bis Frühsommer fliegen diese Schmetterlinge mit einer Flügelspanne von 4-5 cm in nur einer Generation.

Die Raupen leben auf Kreuzblütlern wie z.B dem Wiesenschaumkraut und verpuppen sich auf der Pflanze. (Verbreitung: gemäßigte Zonen in Europa und Asien)

Zitronenfalter *(Gonepteryx rhamni)*

Obwohl der Zitronenfalter zur Familie der Weißlinge *(Pieridae)* gehört, ist seine Grundfarbe nicht weiß, sondern leuchtend gelb. Die Weibchen sind allerdings deutlich blasser. Ohne sich ein wärmendes Versteck zu suchen, sitzt der Zitronenfalter mit einer Flügelspannweite von 5,4-6,0 cm den Winter über frei an Zweigen und Büschen, um schon im zeitigen Frühjahr, oft noch vor der Blüte, wieder zu fliegen. Im Sommer verfällt er, ähnlich wie im Winter, in eine Art Starre, und im Herbst fliegt er erneut in den Monaten September und Oktober.

Der Zitronenfalter lebt etwa 12 Monate und ist somit der langlebigste mitteleuropäische Falter.

Die Raupen leben am Faulbaum und Kreuzdorn. (Verbreitung: Europa, Teile Asiens und Nordafrika)

Kohlweißling *(Pieris brassicae)*

Der Kohlweißling *(Pieridae)* hat eine Flügelspanne von 5,0-6,5 cm und ist einer der häufigsten Schmetterlinge Europas. Männchen und Weibchen sind verschieden gezeichnet und leicht zu unterscheiden. Während Weibchen jeweils 2 schwarze Punkte auf den Vorderflügeln haben, sind bei Männchen nur die Ecken der Vorderflügel schwarz eingefärbt.

Bei guten Umweltbedingungen können sich in einem Jahr bis zu 5 Generationen bilden; die Regel sind in Mitteleuropa jedoch eine Frühlings- und eine Sommergeneration. Die Eier legt das Weibchen an alle Kohlarten, auf denen die kleinen Raupen scharenweise die Blätter abfressen. Die ausgewachsenen Raupen verlassen die Wirtspflanze, um sich an Rinde, Mauerritzen usw. zu verpuppen. (Verbreitung: Europa und Teile Asiens)

Hauhechel-Bläuling *(Polyommatus icarus)*

Dieser hübsche Bläuling aus der gleichnamigen Familie *(Lycaenidae)* fliegt auf Wiesen und Trockenrasen mit Klee, Ginster und Hauhechel, wo sich die Raupen entwickeln. Die Weibchen unterscheiden sich durch ihre braune Farbe sowie die schwarzen Punkte auf den Flügeldecken von den Männchen. Mit einer Flügelspannweite von nur 2,8-3,6 cm gehört der Hauhechel-Bläuling zu den kleinen Schmetterlingsarten.

Wie bei den meisten Schmetterlingen spielt auch bei dieser Art das Klima eine große Rolle bei der Entwicklung von Faltergenerationen. Während im Norden lediglich eine Generation vorkommt, können im wärmeren Süden drei Generationen während des Jahres entstehen. (Verbreitung: gemäßigte und subtropische Gebiete Europas und Asiens)

Dukatenfalter *(Heodes virgaureae)*

Auch der orangefarbene Dukatenfalter mit einer Flügelspannweite von 3,6-4,0 cm zählt zu den Bläulingen *(Lycaenidae)*. Von Juni bis August fliegt der Schmetterling in lichten Wäldern, auf Lichtungen und Wiesen, um Blüten zu besuchen. Dabei steigt der Dukatenfalter in den Alpen bis in Höhen von 2400 m. ▷

Die Raupen des Dukatenfalters ernähren sich von Ampfer. Den Winter haben sie noch im Ei verbracht, und erst im April schlüpfen sie aus, um ihre Nährpflanze aufzusuchen. An der im lateinischen Namen vorkommenden Goldrute *(Solidago virga aurea)* frißt die Raupe jedoch nicht. (Verbreitung: Europa und Teile Asiens)

Kleiner Fuchs *(Aglais urticae)*

Schon im März kommt der kleine Fuchs aus der Familie der Flecken- und Augenfalter *(Nymphalidae)* aus seinem Versteck, wo er den Winter verbracht hat. Gern sucht er in Schuppen, Häusern oder Höhlen Unterschlupf, um kalte Wintertage gut zu überstehen.

Da der bunte Schmetterling oft bis in den Oktober hinein fliegt, entstehen im Jahr zwei oder sogar drei Generationen.

Die Raupen ernähren sich von Brennesseln. Die Flügelspannweite des Schmetterlings beträgt zwischen 4,0 und 5,6 cm. (Verbreitung: Europa, gemäßigte Zonen ◁ Asiens bis Ostasien)

Großer Schillerfalter *(Apatura iris)*

In der Struktur der Schuppen bricht sich das Sonnenlicht und verleiht den Männchen des Schillerfalters, der zu den Flecken- und Augenfaltern *(Nymphalidae)* gehört, eine intensiv violett leuchtende Flügeloberfläche, deren Spannweite 7-8 cm beträgt. Dieser Schillereffekt entsteht allein durch Lichtbrechung. Im Flügel sind keinerlei blaue Farbstoffe vorhanden. Entdeckt man den Großen Schillerfalter auf dem Weg eines feuchten Waldes, wo er sich niedergelassen hat, um Wasser aufzusuchen, so kann man mit etwas Glück auch die irisierenden Farbwechsel im Sonnenlicht beobachten. ▷

Als Wirtspflanze dienen vor allem Salweiden, aber auch Pappeln. Dort überwintern die Raupen auf einem selbstgesponnenen Polster, um sich im darauffolgenden Frühjahr zu verpuppen. (Verbreitung: Europa bis Ostasien)

Tagpfauenauge *(Inachis io)*

Das braunsamtene Tagpfauenauge mit einer Flügelspanne von 5,4-7,0 cm hat seinen Namen von den augenförmigen Punkten an den Seiten der Vorder- und Hinterflügel. Wie der Kleine Fuchs überwintert es gerne in Häusern und fliegt vom Frühjahr bis Herbst über Wiesen, Felder, in Parks und an Waldrändern. Im Gebirge steigt der Falter bis 2500 m hoch.

Auch die Raupen des Tagpfauenauges, das ebenfalls zur Familie der Flecken- und Augenfalter *(Nymphalidae)* zählt, leben auf Brennesseln, gehen aber auch an Hopfen. Es gibt, je nach Witterung, ein bis zwei Generationen. (Verbreitung: ganz Europa, gemäßigte Zonen ▷ Asiens bis Korea und Japan)

Wiesenschwärzling *(Erebia medusa)*

◁ Dieser Augenfalter ist ein ausgesprochener Wiesenschmetterling, der im Mai und Juni recht häufig anzutreffen ist. Der Wiesenschwärzling mit seiner Flügelspannweite von 4,5-4,8 cm, den man auch Kuhaugen-Schwärzling nennt, ist auf Gebirgswiesen bis in Höhen von 2000 m zu finden.

Die Raupen fressen verschiedene Gräser. Sie überwintern in Verstecken und verpuppen sich erst im Frühjahr. (Verbreitung: Europa und Kleinasien)

Admiral *(Vanessa atalanta)*

Die ganze warme Jahreszeit hindurch fliegt der schön gefärbte Admiral *(Nymphalidae)* über Blumenwiesen. In der Erntezeit saugt er jedoch auch gerne Pflanzensaft an faulendem Obst. Seine Raupen leben vor allem an Brennesseln.

Obwohl etliche Tiere nördlich der Alpen überwintern, kommt der Großteil in den kalten Wintern um. Als Wanderschmetterling (5-6 cm) fliegt er normalerweise in Mitteleuropa aus dem Süden her ein. Dies erklärt auch, warum die Herbstgeneration zahlenmäßig erheblich höher liegt. Die im Norden gebildete zweite Generation kommt zu den ursprünglich eingewanderten Exemplaren hinzu. (Verbreitung: Europa außer Norden, Teile ▷ Asiens, Nordafrika, Nordamerika und Neuseeland)

Kiefernspinner *(Dendrolimus pini)*

◁ Von Juni bis August fliegt der Kiefernspinner, der zur Familie der sogenannten Glucken *(Lasiocampidae)* zählt, gegen Abend in Kiefernwäldern. Am Tag sitzt er meist mit dachförmig angelegten Flügeln am Baumstamm. Die Eier des von Forstleuten einfach Spinner genannten Falters (5,0-7,2 cm Flügelspanne) werden an Stämmen und Ästen abgelegt. Die Räupchen fressen die Kiefernnadeln. Bis sie erwachsen sind, soll jede von ihnen ca. 8OO Nadeln verzehren. In ihrer 1-2 Jahre dauernden Entwicklung häuten sie sich vier- bis siebenmal. Durch Kahlfraß sind in Kiefernwäldern schon große Schäden entstanden, denn die Kiefern sterben ab. Als natürliche Feinde dieses Schädlings gelten bestimmte Schlupfwespen, deren Larven in den Spinnerraupen leben und sie verzehren. (Verbreitung: Europa, Nordafrika und Asien)

Ringelspinner *(Malacosoma neustrium)*

Seinen Namen hat der Ringelspinner aus der Familie der sogenannten Glucken *(Lasiocampidae)* zu Recht, denn seine Eier legt das Weibchen als spiralförmige Ringe um Zweige. Dort bleiben sie den ganzen Winter über. Im Frühjahr schlüpfen die kleinen Raupen, um die Knospen und Blätter anzunagen. Bei stärkerem Befall kann es zu bedeutenden Fraßschäden kommen. Betroffen sind Laubbäume, vor allem Obstbäume.

Die kleinen Schmetterlinge, deren Flügelspannweite nur 2,6-4,0 cm beträgt, sind recht unscheinbar. Ihr Körper ist mit einem bräunlichen Haarpelz überzogen. Sie fliegen im Juni und Juli. (Verbreitung: gemäßigte Zonen ◁ Europas und Asiens)

Großes Nachtpfauenauge *(Saturnia pyri)*

Mit einer Flügelspannweite von 12-15 cm ist das Große Nachtpfauenauge aus der Familie der Nachtpfauenaugen *(Saturniidae)* der größte europäische Schmetterling. Sein Hauptverbreitungsgebiet sind die Mittelmeerländer, wo er im April und Mai abends mit schwerem Flügelschlag zum Licht flattert.

Die riesige Raupe, die bis zu 12 cm lang wird, frißt an verschiedenen Obstbäumen, wie Birnen- und Kirschbäumen, aber auch an Mandelbäumen und Eschen. Sie verpuppt sich am Boden oder an Rinde zwischen Blattwerk und verbringt in diesem Stadium den Winter. Die Mundwerkzeuge des Falters sind verkümmert, und er nimmt über seine gesamte Lebensdauer nur selten Nahrung zu sich. (Verbreitung: Südeuropa und Klein- ▷ und Vorderasien)

Birkenspanner *(Biston betularia)*

◁ Wenn der Birkenspanner *(Geometridae)* an Birkenrinde sitzt, ist er kaum zu erkennen. Durch die gesprenkelte Zeichnung der Flügel, deren Spannweite zwischen 4,0 und 6.5 cm betragen kann, ist er bestens getarnt. Man hat festgestellt, daß in Industrierevieren, wo durch Kohlerauch die Umgebung geschwärzt ist, auch die Birkenspanner eine schwarze Färbung aufweisen. Da Vögel die normalgefärbten Tiere an den dunklen Stämmen leicht ausmachen konnten, hatten dunklere Exemplare eine größere Überlebenschance. Diese Anpassung an die Umwelt vollzog sich schnell und führte in einzelnen Gebieten dazu, daß dort nur noch dunkle Tiere zu finden sind. Die bräunlichen Raupen leben an Birkenblättern, aber auch anderen Laubbaumarten. (Verbreitung: gemäßigte Zonen Europas und Asiens)

Grünes Blatt *(Geometra papilionaria)*

In lichten Laub- und Mischwäldern lebt das Grüne Blatt, ▷ das zur Familie der Spanner *(Geometridae)* gehört. Den ganzen Sommer über kann man den Falter antreffen, wobei er im Gegensatz zu anderen Schmetterlingsarten eher seltener auftritt. Der hübsche blaßgrüne Schmetterling hat eine Spannweite von 4-6 cm.

Auf Birke, Hasel, Erle oder seltener Buche lebt die kleine grüne Raupe, die sich vom jeweiligen Blattwerk ernährt. (Verbreitung: Mittel- und Südeuropa, Kleinasien und Japan)

△

Totenkopf *(Acherontia atropos)*

Durch die auffällige Zeichnung auf seinem Rücken ist die Herkunft seines Namens leicht zu erklären. Betrachtet man diese markante Zeichnung von hinten, so fällt die Ähnlichkeit mit einem Totenkopf auf. Bei der beachtlichen Größe des Schwärmers *(Sphingidae)* mit einer Flügelspannweite von 9-12 cm ist das „Totenkopfabzeichen" nicht zu übersehen.

Der ursprünglich aus den Tropen stammende Wanderfalter kommt jährlich aus den Gebieten Südeuropas nach Nord- und Mitteleuropa, wobei er große Strecken zurücklegen kann. In den kälteren Gebieten hat er keine Chance, den Winter zu überstehen. Die wenigen Tiere, die als Puppe den Winter überleben, sind meist unfruchtbar. Durch den starken Wandertrieb, der zur Ausbreitung der Art dient, kommen jedoch ständig neue Exemplare aus dem Süden nach.

Die Raupe des Totenkopfes erreicht die stolze Länge von über 15 cm und ist somit die größte europäische Raupe. Sie frißt verschiedene Nachtschattengewächse. Der Schmetterling saugt gerne süße Pflanzensäfte, die jedoch leicht erreichbar sein müssen, denn er hat nur einen kurzen, dicken Rüssel. Hat er eine passende Nahrungsquelle wie z.B. eine Baumwunde gefunden, so nimmt er beträchtliche Mengen des austretenden Saftes zu sich. Es kommt vor, daß Totenköpfe in Bienenstöcke eindringen, um Honig zu saugen, und dabei von Bienenstichen getötet werden. Wie manche es dennoch anstellen, den Stock lebend wieder zu verlassen, ist nicht bekannt. (Verbreitung: Afrika, Madagaskar, Süd- und Mitteleuropa und Kleinasien)

Wolfsmilchschwärmer *(Celerio euphorbiae)*

Der Nachtfalter mit spitzzulaufenden Flügeln und der pastellfarbenen Flügeltönung zählt zu den häufiger anzutreffenden Schwärmerarten *(Sphingidae)*. Im Juni und Juli fliegen die Vollinsekten (6-7 cm). Ihre Raupen sind Allesfresser, ernähren sich aber vorzugsweise von der Zypressenwolfsmilch oder anderen Wolfsmilcharten. Im Herbst verpuppen sie sich, um zu überwintern. Normalerweise schlüpft im darauffolgenden Frühjahr der Schmetterling, es kommt jedoch vor, daß die Puppe mehrere Jahre ruht, ohne zu schlüpfen. (Verbreitung: gemäßigtes Europa und Teile Asiens)

▽

Taubenschwänzchen *(Macroglossum stellatarum)*

Wie der Totenkopfschwärmer ist auch das Taubenschwänzchen aus der Familie der Schwärmer *(Sphingidae)* ein Wanderfalter, der aus den Mittelmeergebieten zu uns einfliegt. Blitzschnell taucht der gute Flieger, dessen Flügelspanne ca. 4,5 cm beträgt, auf und steht gleichsam im Rüttelflug vor einer Blüte, um mit seinem langen Rüssel zu saugen. In wenigen Minuten kann das flinke Tier über 100 Blüten besuchen und damit auch bestäuben. Neben allen möglichen Blumen auf Wiesen, Parks und Gärten fliegt es auch mitten in der Stadt Balkonkästen an. An Labkrautarten legt das Taubenschwänzchen seine Eier ab. Die Puppen sterben in Mitteleuropa meist im Winter durch die Kälte ab. ▷

Eichenprozessionsspinner

(Thaumetopoea processionea)

◁ Die unauffällig gefärbten Falter, deren Flügelspanne zwischen 2,6 und 3,6 cm beträgt, fliegen im Hochsommer in Eichenwäldern. Ihre Raupen, die im Frühsommer nachts an Eichen fressen, zeigen hochinteressante Verhaltensweisen. Sie leben nicht einzeln, sondern als Gruppen in geräumigen Gespinstnestern, wo sie oft klumpenweise zusammensitzen. Nachts verlassen sie das Nest, um in Reih und Glied wie bei einer Prozession zu ihrem Futterplatz zu ziehen. Eine einzelne Raupe bildet die Spitze, und die nachfolgenden Glieder gehen zu zweit oder dritt nebeneinander. Bei Berührung brechen die mit Widerhaken versehenen Haare der Raupen leicht ab und verursachen Hautreizungen und manchmal Entzündungen bei Mensch und Tier. (Verbreitung: Europa, Teile Asiens)

Skabiosenschwärmer *(Hemaris tityus)*

Kurz nachdem der Skabiosenschwärmer *(Sphingidae)* aus der Puppe geschlüpft ist, sind seine Flügel noch mit Schuppen bedeckt, die allerdings nur locker aufliegen und oft schon nach den ersten Flügelschlägen abfallen. Danach sind die Flügel glasig durchsichtig. Der kleine Schwärmer (ca. 4 cm) fliegt in den Monaten Mai und Juni in der warmen Mittagssonne über Wiesen und besucht verschiedene Blumen. Die kleine grünliche Raupe des Skabiosenschwärmers bevorzugt als Futterpflanze Skabiosenarten. (Verbreitung: Europa) ▷

Mondvogel *(Phalera bucephala)*

Der Mondvogel aus der Familie der Zahnspinner und Mondspinner *(Notodontidae)* hat seinen Namen von den mondförmigen gelben Flecken auf den Vorderflügeln. Er wird auch als Mondfleckfalter bezeichnet. Im Mai und Juni ist der Schmetterling (5,0-6,5 cm) in Parks und lichten Wäldern öfter zu beobachten. Während des Jahres bilden sich eine, manchmal auch zwei Generationen. ▷

Die gelbschwarzen Raupen ernähren sich von Laubbäumen wie Weide, Eiche, Kastanie und anderen. Nachdem sie zunächst gesellig beieinanderbleiben, gehen die älteren Raupen eigene Wege. Sie verpuppen sich in der Erde. (Verbreitung: Europa, Nordafrika und Teile Asiens)

Nonne *(Lymantria monacha)*

◁ Zwischen Juli und September fliegt die Nonne, die ebenfalls zu den Trägspinnern *(Lymantriidae)* zählt, in Wäldern. Sie nimmt über ihre gesamte Lebensdauer keine Nahrung zu sich. Da ihr Schwärmflug erst in der Dämmerung beginnt und sie tagsüber versteckt an Rinde sitzt, wird man sie nur selten zu Gesicht bekommen. Dennoch ist der kleine Schmetterling mit seiner Flügelspannweite von 3,8-5,4 cm bekannt, denn seine Raupen können bei günstiger Witterung durch Massenvermehrung verheerende Fraßschäden anrichten. Sie sind dann in bezug auf ihre Nahrung nicht mehr wählerisch und gehen von Nadelhölzern auch auf Laubbaumarten über. (Verbreitung: Europa bis Ostasien)

Goldafter *(Euproctis chrysorrhoea)*

Der kleine, gedrungene Goldafter erreicht eine Flügelspannweite von 3,4-4,4 cm. Bis auf den dick behaarten goldbraunen Hinterleib ist der Schmetterling, der zu den Trägspinnern *(Lymantriidae)* zählt, schneeweiß. Von Juni bis September fliegt er in Gärten und lichten Wäldern. ▷

Nach dem Schlüpfen der Raupen bleiben sie weiter zusammen und spinnen im Spätsommer ein Nest aus abgefressenen Blättern des Laubbaumes, in dem sie den Winter gemeinsam verbringen. Im Frühjahr verlassen sie das Nest und gehen auch auf andere Bäume über, um Blätter und Knospen zu fressen. Bei Massenauftreten kann es zu Kahlfraß der Wirtspflanze kommen. (Verbreitung: Europa, Teile Asiens, Nordafrika, nach Einschleppung auch in Nordamerika)

Brauner Bär *(Arctia caja)*

In warmen Sommernächten fliegt der Braune Bär mit einer Flügelspannweite von 5,2-7,4 cm im langsamen Flug dahin. Nur im Flug kommen die kontrastreich gefärbten Flügel voll zur Geltung. Während des Tages sitzt er mit dachförmig angelegten Flügeln versteckt. Die orangeroten Hinterflügel mit den schwarzen Flecken sind dabei bedeckt.

Der Braune Bär zählt zur Familie der Bärenspinner *(Arctiidae)*, weil - ebenso wie bei den anderen Bärenraupenarten - sein pelzartiger, langer Haarbesatz an das Fell richtiger Bären erinnert. Die Nahrung dieses Schmetterlings besteht aus allen möglichen Pflanzen wie Himbeeren, Schlehen und verschiedenen niedrigen Krautgewächsen. (Verbreitung: Europa, gemäßigte Zonen Asiens bis Japan und Nordamerika)

▽

Jakobskrautbär *(Thyria jacobaeae)*

Der hübsch gefärbte Jakobskrautbär, dessen Flügelspanne 3,6-4,5 cm beträgt, hat seinen Namen von der typischen Wirtspflanze seiner Raupen, dem Jakobskraut. Auch er gehört zur Familie der Bärenspinner *(Arctiidae)*, obwohl seine Raupen weit weniger behaart sind als die des Braunen Bären.

Während des Sommers leben die Raupen (siehe Abbildung unten) gemeinsam auf Jakobskraut und anderen Kreuzkräutern. Gelegentlich sind sie auch an Pestwurz oder Huflattich zu finden. Die im Herbst entstehenden Puppen überwintern. (Verbreitung: Eurasien)

▽

Hausmutter *(Noctua pronuba)*

Am Abend kann man die schwärmende Hausmutter mit ▷ ihrer Flügelspannweite von 5,4-5,8 cm bisweilen beobachten, wenn sie vom Licht angezogen in beleuchtete Zimmer flattert. Den Tag verbringt sie dann geschützt in dunklen Ecken. Dies hat dem Falter aus der Familie der Eulen *(Noctuidae)* den Namen Hausmutter eingebracht. Je nach Klima entstehen zwischen 1-3 Generationen. Ihre Schwärmzeit erstreckt sich von Mai bis August. An Grashalmen und schmalen Blättern legt das Weibchen bis zu 1000 Eier in Gruppen, aus denen gräulichschwarze Raupen schlüpfen. Sie ernähren sich von verschiedensten Pflanzen. (Verbreitung: gemäßigte Zonen Europas und Asiens)

Gammaeule *(Autographa gamma)*

◁ Die recht unscheinbar gefärbte Gammaeule *(Noctuidae)* trägt auf den Vorderflügeln eine helle Zeichnung, die aussieht wie der griechische Buchstabe Gamma (Y). Durch dieses besondere Zeichen ist sie leicht von anderen Faltern mit ähnlicher Tarnfärbung zu unterscheiden.

Der Schmetterling (3,4-4,2 cm) fliegt im zeitigen Frühjahr von Süden nach Mitteleuropa ein. Je nach Klima entstehen 1-2 Generationen, die im Herbst wieder in den warmen Süden ziehen. Die Raupe ist bezüglich ihrer Nahrung nicht wählerisch und kann bei Massenvermehrung an verschiedensten Kulturpflanzen Fraßschäden verursachen. (Verbreitung: Teile Afrikas, Europas und Asiens)

Rotes Ordensband *(Catocala nupta)*

Wenn das Rote Ordensband, das gleichfalls aus der ▷ Familie der Eulen *(Noctuidae)* ist, den Tag ruhend an Baumstämmen verbringt, ist nicht viel von der Farbenpracht der Hinterflügel (6-7 cm Flügelspanne) zu sehen, denn sie werden von den angelegten Vorderflügeln völlig verdeckt.

Seine Eier legt der Schmetterling im Herbst an Baumstämmen ab, wo sie den ganzen Winter über bleiben. Im darauffolgenden Frühjahr schlüpfen die Raupen, die 7 cm lang werden und an Pappeln oder Weiden fressen. Sie verpuppen sich zwischen lose eingesponnenen Blättern, um im Hochsommer als Vollinsekt zu schlüpfen. (Verbreitung: Europa und Teile Asiens)

Stachelhäuter *(ECHINODERMATA)*

Etwa 6000 Arten der seltsam anmutenden Tiere leben auf der Erde. Durch unzählige Funde von Fossilien konnte man bis zu 20000 Arten bestimmen, die seit dem Erdaltertum gelebt haben. Die Stachelhäuter sind also ein uralter Tierstamm. Ihr Körper hat bereits eine Leibeshöhle mit einem Mundpol an der Oberseite und einem Afterpol an der Unterseite. Ein ebenso wesentliches, sogar einzigartiges Merkmal ist die von einem Zentralpunkt ausgehende strahlenförmige Symmetrie, welche für die meisten Stachelhäuter kennzeichnend ist. Sie bewohnen ausschließlich das Meer.

Seewalzen *(HOLOTHURIOIDEA)*

Röhrenholothurie *(Holothuria tubulosa)*

Diese wurmförmige, bis zu 35 cm lange Seegurke aus der Familie der Seewalzen *(Holothuriidae)*, hat eine waagrechte Körperachse. Ihre Strahlensymmetrie ist nur noch im Körperinnern zu erkennen. Der Körper ist von einer Lederhaut überzogen, in die Kalkplättchen verstreut sind.

Die Röhrenholothurie bewohnt die schlammigen Küstengewässer bis in eine Tiefe von ca. 100 m, wo sie sich von Schlamm ernährt. Fühlt sie sich bedroht, so spritzt sie einen Wasserstrahl aus. Im äußersten Notfall kann sie ihre sämtlichen Eingeweide ausstoßen, um einen Angreifer abzulenken. Durch die Fähigkeit, Körperteile und Organe neu zu bilden, ist diese Selbstverstümmelung für sie ungefährlich. (Verbreitung: Mittelmeer)

▽

Seeigel *(ECHINOIDEA)*

Eßbarer Seeigel *(Echinus esculentus)*

Das Hautskelett des Seeigels *(Echinidae)* bildet eine geschlossene Panzerkapsel, die mit langen beweglichen Stacheln bewehrt ist. Mit seinem hochentwickelten Kieferapparat, den man als ,,Laterne des Aristoteles'' bezeichnet und der aus scharfen, nach innen gerichteten Zähnen besteht, schabt der Seeigel Nahrung vom festen Untergrund ab. Hin und wieder macht er sich auch über kleinere Tiere her, die er mit Beißzangenfüßchen zwischen den Kalkstacheln packt. Der Eßbare Seeigel lebt in den Küstenzonen auf einem festen Untergrund wie Klippen oder zwischen Algen bis in Tiefe von ca. 50 m. (Verbreitung: Atlantik, Nordsee)

▽

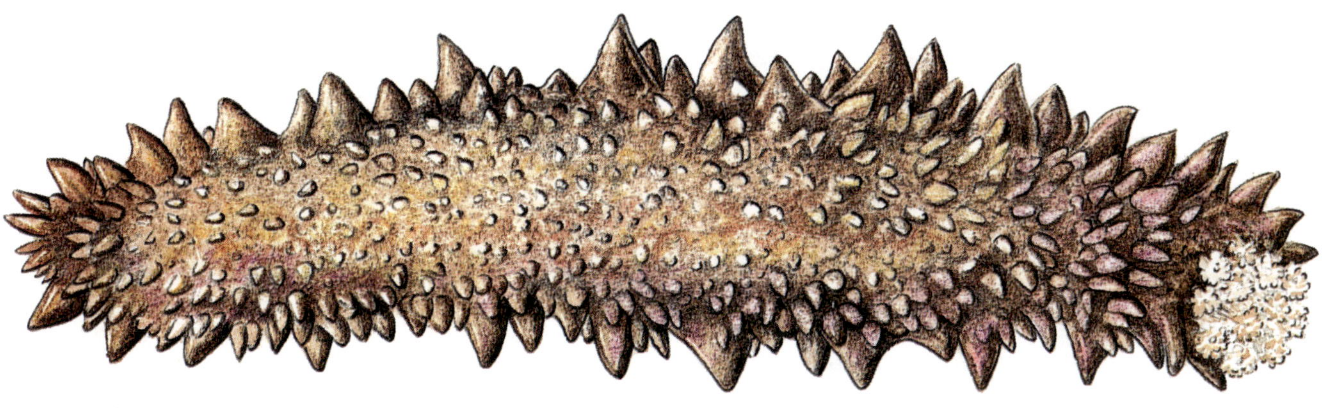

Seesterne *(ASTEROIDEA)*

Roter Kammstern *(Astropecten aurantiacus)*

Überall in der Haut des Kammsterns *(Asteriidae)* liegen kleine Kalkplättchen verteilt, die das Hautskelett des Tieres bilden. Sie sind gegeneinander verschiebbar und ermöglichen eine große Beweglichkeit. Mehre Reihen von Saugfüßchen an den Armen ermöglichen dem Seestern, sich fortzubewegen, indem er sich streckt, anheftet und den Körper nachzieht.

Der 50 cm große Rote Kammstern ist ein Fleischfresser, der mit kleinen Greifzangen zwischen den Hauthökkern kleine Beutetiere fangen kann. Mit einer anderen Technik kann er sogar geschlossene Muscheln öffnen. Dabei heften sich die Saugfüßchen an die Muschelschale und ziehen so lange, bis der Schließmuskel der Muschel erlahmt. Jetzt stülpt der Kammstern seinen Magen ins Innere des Tieres, um es außerhalb seines Körpers zu verdauen. (Verbreitung: Mittelmeer)

Schlangensterne *(OPHIUROIDEA)*

Brauner Schlangenstern

(Ophioderma longicauda)

Im Vergleich zu den Seesternen ist der Schlangenstern *(Ophiodermatidae)* sehr viel zierlicher und zerbrechlicher gebaut. Von einer zentralen Körperscheibe setzen sich fünf lange Arme deutlich ab. Sie sind mit kleinen dornigen Zähnen besetzt. Meist bewegt sich das etwa 10 cm große Tier durch schlängelnde Bewegungen der Arme schwimmend fort. Die Saugfüßchen werden hauptsächlich zum Tasten oder zur Aufnahme von Atemwasser benutzt. Die Nahrung des Schlangensterns besteht aus Plankton. In felsigen Küstengewässern bis in eine Tiefe von 70 m lebt er versteckt unter Steinen. (Verbreitung: Mittelmeer)

Gemeiner Seestern *(Asterias rubens)*

Stellenweise tritt der Gemeine Seestern aus der gleichnamigen Familie *(Asteriidae)* recht häufig auf, wenn er gute Lebensbedingungen vorfindet. Er hat einen Durchmesser von etwa 30 cm und ist rötlich bis bräunlichviolett gefärbt. Obwohl die Zahl seiner Arme in der Regel fünf beträgt, kann man teilweise Exemplare mit mehr Armen finden. In Wassertiefen bis 200 m liegt der Gemeine Seestern am Meeresboden und ernährt sich von verschiedenen Weichtieren. (Verbreitung: Atlantikküste von Grönland bis Westafrika, Nordamerika)

Chordatiere *(CHORDATA)*

Als Chordatiere bezeichnet man eine entwicklungsgeschichtlich relativ junge Gruppe von Tieren. Ihnen gemeinsam ist ein ursprüngliches Stützorgan am Rücken über dem Verdauungsapparat, das man Chorda dorsalis (Rückensaite) nennt. Diese Rückensaite bildet sich während der Keimesentwicklung durch Abschnürung des Urdarmdaches. Ihre Stabilität erhält die Chorda durch einen hohen Innendruck der Zellen. Die Chorda dorsalis bildet die Vorstufe der knorpeligen oder knöchernen Wirbelsäule. Sie ist bei den urtümlichsten Wirbeltieren (Lanzettfischchen, Rundmäuler) zeitlebens erhalten.

Ein weiteres gemeinsames Merkmal aller Chordatiere ist die Ausbildung von Kiemenspalten, die auch bei lungenatmenden Tieren zumindest in der Embryonalentwicklung noch zu erkennen sind. Neben den wirbellosen Chordatieren, wie den Manteltieren *(Tunicata)* und den Schädellosen *(Branchiostoma), gibt es den* Unterstamm der Wirbeltiere *(Vertebrata)*, zu dem Fische, Lurche, Kriechtiere, Vögel und Säugetiere gehören.

Obwohl die Chordatiere mit 50000 bekannten Arten eine vergleichsweise kleine Gruppe des Tierreichs darstellen, nehmen sie doch eine führende Stellung ein und sollen Inhalt des gesamten zweiten Teils unseres Buches sein.

1. Unterstamm: Manteltiere *(TUNICATA)*

Manteltiere sind Meeresbewohner. Sie leben im Meeresplankton oder sitzen am Meeresboden fest. Ihr sackförmiger Körper ist mit einer elastischen Haut bedeckt, die man Mantel nennt.

Rote Seescheide *(Halocynthia papillosa)*

Die tonnenförmige Rote Seescheide erreicht eine Größe von ca. 6-7 cm und zählt zur Ordnung der Seescheiden *(Ascidiacea)*. Sie lebt festsitzend an Steinen und Pflanzen in flacheren Küstenzonen. Mit feinen Wimpern wird mit dem Wasserstrom Nahrung in den Kiemendarm geleitet, der den größten Teil des Körpers einnimmt. (Verbreitung: Mittelmeer)

▽

2. Unterstamm: Schädellose *(ACRANIA)*

Auch die dreizehn bekannten Arten der Schädellosen kommen im Meer vor, wo sie im Sand eingegraben liegen. Nur das Vorderende mit dem Mund ragt ins freie Wasser. Obwohl sich die Acrania stark von den Wirbeltieren unterscheiden, können sie als deren primitive Vorläufer angesehen werden. Schädel, Wirbelsäule und andere Charakteristika der Wirbeltiere sind jedoch noch nicht vorhanden.

Lanzettfischchen *(Branchiostoma lanceolatum)*

Nur wenige Augenblicke schwimmt das Lanzettfischchen hastig durch das freie Wasser und gräbt sich gleich wieder in den Sand ein. Das Tier besitzt einen Flossensaum sowie eine leicht erweiterte Schwanzflosse. Ein Nervenrohr mit vielen einfachsten Lichtsinnesorganen durchzieht den Körper ebenso wie die Chorda in Längsrichtung. (Verbreitung: Atlantikküste, Nordsee)

▽

3. Unterstamm: Wirbeltiere *(VERTEBRATA)*

Die ersten zwei Unterstämme haben durch ihre festsitzende Lebensweise und strudelnde Ernährung zwar ihr Überleben gesichert, konnten aber keine entscheidende Weiterentwicklung erfahren. Sie sind in einer Sackgasse der Evolution gelandet. Dagegen haben die Wirbeltiere in kürzester Zeit eine rasante Entwicklung durchlaufen. Anstelle der Chorda dorsalis ist ein Skelettstab aus Wirbeln getreten, und alle Körperfunktionen sind zunehmend komplexer geworden. Der Wirbeltierstamm besteht aus den Klassen der Kieferlosen *(Agnatha)*, Knorpelfische *(Chondrichthyes)*, Knochenfische *(Osteichthyes)*, Lurche *(Amphibia)*, Kriechtiere *(Reptilia)*, Vögel *(Aves)* und Säugetiere *(Mammalia)*.

Rundmäuler *(CYCLOSTOMATA)*

Die Stellung der Rundmäuler oder Kieferlosen innerhalb der Systematik der Wirbeltiere ist willkürlich. Im Gegensatz zu den übrigen Wirbeltieren, die man als Kiefermäuler bezeichnet, besitzen sie keinen beweglichen Kieferapparat. Auch ein Schädel fehlt. Die Rückensaite (Chorda) bleibt lebenslang bestehen und trägt lediglich Wirbelansätze. Man unterscheidet Neunaugen *(Petromyzonidae)* und Inger *(Myxinidae)*.

Inger / Schleimaal *(Myxine glutinosa)*

Im tieferen Wasser, zwischen 20 und 800 Metern lebt der etwa 50 cm große Inger aus der gleichnamigen Familie *(Myxinidae)* im weichen, schlammigen Boden, wo er sich auch eingräbt. Die Augen sind verkümmert und mit Haut überwachsen. Die Oberfläche ist schleimig. Seine Nahrung bildet die Fauna des Meeresbodens in Form von Würmern und Krebsen. Aber auch kranke und in Netzen gefangene Fische fällt er an, um sich in ihren Körper zu bohren und die Eingeweide zu fressen. Die schleimige Flüssigkeit der Körperoberfläche schützt ihn dabei vor den Magensäften seiner Beute. Nicht selten hinterläßt er nur noch Haut und Knochen des Beutetieres. (Verbreitung: Atlantik Europas und Nordamerikas)

▽

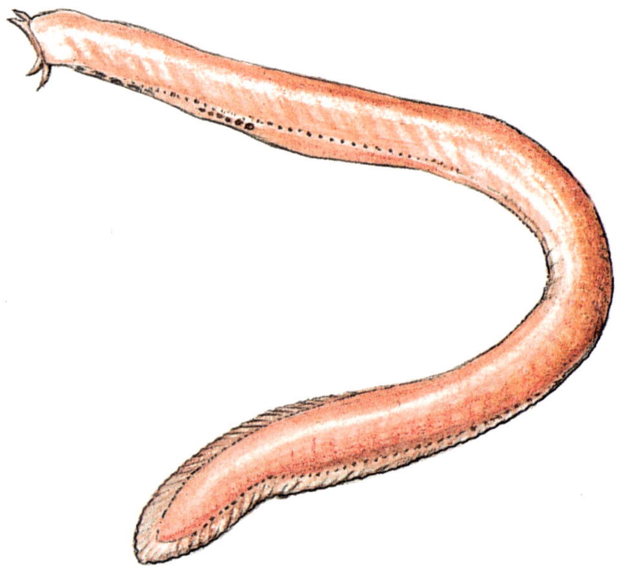

Meerneunauge *(Petromyzon marinus)*

Mit einer beachtlichen Länge von 1 m ist das Meerneunauge das größte Kieferlose *(Agnatha)*. Es erreicht ein Alter von 4 Jahren. Zum Laichen wandert das Tier in Flußläufe, wo es bis zu 250000 Eier ablegt. Danach stirbt es. Mit einem trichterförmigen Maul, das mit Raspelzähnen besetzt ist, saugt es sich an Fischen fest, raspelt sie an, um anschließend Körperflüssigkeit zu saugen. Bei den seitlichen Körperöffnungen handelt es sich nicht nur um Augen, sondern um eine Nasenöffnung, ein Augenpaar und sieben Kiemenöffnungen. (Verbreitung: Küsten des europäischen und nordamerikanischen Atlantiks, westliches Mittelmeer)

◁

Knorpelfische *(CHONDRICHTHYES)*

Haie *(Lamniformes)*

Fuchshai / Drescherhai *(Alopias vulpinus)*

Kennzeichnend für diesen bis zu 6 m langen Hai *(Alopiidae)* ist der stark verlängerte obere Schwanzflossenlappen, der ebenso lang ist wie der ganz Körper. Wie mit einer Peitsche treibt der Fuchshai damit bei der Jagd Fischschwärme zusammen und umschwimmt sie in enger werdenden Kreisen, um ein Beutetier zu packen. Während die Jungtiere sich oft in Küstennähe aufhalten, sind die erwachsenen Fuchshaie typische Bewohner der Hochsee.

Ein Weibchen kann nach der Geschlechtsreife bei ca. 4 m Länge im Sommer 2-4 lebende Junge zur Welt bringen. Fuchshaie werden dem Menschen nicht gefährlich. (Verbreitung: tropische und subtropische Meere, vereinzelt Nordsee) ▷

Dornhaiartige *(Squaliformes)*

Meerengel *(Squatina squatina)*

◁ Trotz seiner Ähnlichkeit mit einem Rochen *(Rajiformes)* ist der Meerengel aus der gleichnamigen Familie ein Echter Hai *(Squatinidae)*. Er lebt am Meeresgrund zwischen 5 und 100 Meter Tiefe, wo er die meiste Zeit, halb im Boden eingegraben, auf Beute wie Grundfische, Krebse und Weichtiere lauert. Dennoch kann das maximal 2,4 m lange Tier sehr gut schwimmen.

Seine Jungen bringt der Meerengel in flacherem Küstengewässer zur Welt. Die Wurfzahl schwankt zwischen 7 und 25 Tieren, die bei der Geburt etwa 20 cm lang sind. (Verbreitung: Mittelmeer, Nordsee, Ostatlantik von Nordafrika bis Schottland)

Blauhai *(Prionace glauca)*

An den langen Brustflossen und dem spitz zulaufenden Maul ist dieser schlanke Fisch leicht zu erkennen. Er lebt im offenen Meer, wo er oft weite Wanderungen unternimmt. Seine Nahrung besteht zum größten Teil aus Schwarmfischen. Der knapp 4 m lange Blauhai aus der gleichnamigen Familie *(Carcharhinidae)* gilt als sehr angriffslustig, doch wird seine Gefährlichkeit für Menschen stark übertrieben. ▷

Die Jungen sind bei der Geburt voll entwickelt und haben bereits eine Länge von 50 bis 60 cm. In Ostasien werden Blauhaie zu Nahrungszwecken gefangen. (Verbreitung: Atlantik von Norwegen bis Südafrika, gemäßigte bis tropische Breiten des Pazifiks und Indischen Ozeans)

Rochen *(Rajiformes)*

Riesenmanta *(Manta birostris)*

Mit einer Flügelspannweite von fast 7 m ist der Riesenmanta aus der gleichnamigen Familie *(Mobulidae)* der größte existierende Rochen. Die Brustflossen sind zu riesigen, spitzen Schwingen ausgebildet. Am breiten Kopf befinden sich seitlich des Mauls zwei bewegliche, fleischige Fortsätze, die bei der Nahrungsaufnahme als Schaufeln dienen. Die Nahrung des Riesenmantas ist winziges Plankton, das er aus dem Wasser filtriert. Daneben nimmt er auch kleinere Fische, Weichtiere und Krebse. Die jungen Mantas kommen bereits voll entwikkelt zur Welt (Verbreitung: Westatlantik von Nordsee bis Brasilien, Ostatlantik von Westafrika bis Madeira) ▷

Knochenfische *(OSTEICHTHYES)*

Störe *(Acipenseriformes)*

Gemeiner Stör *(Acipenser sturio)*

Seit langer Zeit wird der Stör *(Acipenseridae)* als Speisefisch gefangen. Sein Rogen wird als Kaviar gehandelt und ist die Delikatesse schlechthin. Leider gehen die Bestände überall stark zurück und sind in einigen Ländern bereits ausgerottet. Gründe dafür sind sowohl die Wasserverschmutzung als auch die Staustufen der Flüsse, in denen die Störweibchen stromaufwärts wandern, um zu laichen. Ihr eigentlicher Lebensraum sind die Küstengebiete der europäischen Meere. Als Grundbewohner ernähren sie sich von Grundfischen, Würmern, Krebstieren und Weichtieren. Der Stör kann eine Länge von 3 m erreichen und über 30 kg schwer werden. (Verbreitung: Küsten von Atlantik, Nord- und Ostsee bis zum Mittelmeer, Schwarzes Meer)

◁

Marmor-Zitterrochen *(Torpedo marmorata)*

Der nur etwa 60 cm lange Zitterrochen aus der gleichnamigen Familie *(Torpedinidae)* hat für die Beutejagd eine besonders eindrucksvolle Waffe. An den Seiten des Kopfes sitzt je ein elektrisches Organ, mit dem er Spannungen von 45 bis 220 Volt erzeugen kann. Beugt er sich über seine Beute, so kann er sie mittels eines Elektroschocks lähmen. Seine Nahrung besteht hauptsächlich aus kleineren Fischen, Krebs- und Weichtieren. Das lebendgebärende Weibchen bringt nach einer Tragzeit von ca. 9 Monaten kleine Junge zur Welt, bei denen noch Außenkiemen vorhanden sind. Die Färbung des Zitterrochens ist eine sehr variable, helldunkle Marmorierung. (Verbreitung: flachere Küstengewässer des Ostatlantiks von der Biskaya bis Südafrika, Britische Inseln bis zum Mittelmeer) ▷

Aalartige *(Anguilliformes)*

Europäischer Flußaal *(Anguilla anguilla)* △

Der Körper des Flußaals *(Anguillidae)* ist lang und schlangenförmig. Die kleinen Schuppen, die den Körper bedecken, liegen tief in der Haut. Im Durchschnitt erreicht er eine Länge von 50 bis 100 cm, einige Exemplare werden auch 1,5 m lang.

Nachdem der Aal einige Jahre im Süßwasser von Flüssen und Mündungsarmen gelebt hat, kehrt das geschlechtsreife Weibchen ins Meer zurück, um zu laichen. Dazu sucht es einen bestimmten Teil des Atlantiks, das Sargassomeer, auf. Nach der Eiablage stirbt es ab. Im Laufe der Jahre treiben die Larven nahe der Oberfläche mit dem Golfstrom nach Europa, wo sie sich zu kleinen, schlangenförmigen Glasaalen entwickeln und wieder in die Flüsse ziehen. (Verbreitung: ganz Europa)

Heringsartige *(Clupeiformes)*

Hering *(Clupea harengus)*

Die meisten Heringe *(Clupeidae)* werden mit einer Länge von 25 bis 30 cm in Schwärmen für Nahrungszwecke gefangen. Es gibt jedoch auch Tiere, die während einer Lebensdauer von 20-25 Jahren eine Länge von 40 cm erreichen. Am Tag halten sich die Heringsschwärme in Bodennähe auf, und nachts steigen sie bis nahe an die Oberfläche. Ihre Nahrung besteht aus Plankton, kleinen Krebstieren und Fischlarven.

Nach dem Laichvorgang sinken die Eier ab und bedecken in Schichten den Meeresboden. Die Jungfische schließen sich oft mit anderen Heringsfischen zu riesigen Schwärmen zusammen und ziehen in flache Küstengewässer. Erst nach einem halben Jahr wandern sie zurück in tiefere Wasserschichten. (Verbreitung: Nordatlantik, Ostsee)

▽

Lachsartige *(Salmoniformes)*

Atlantischer Lachs *(Salmo salar)* △

Zum Laichen zieht der Lachs *(Salmonidae)* in die Flüsse bis zum Oberlauf, wo das Weibchen in ein selbstgefertigtes Loch Eier ablegt, die vom Männchen anschließend befruchtet werden. Erst nach einigen Jahren verlassen die Junglachse das Süßwasser und schwimmen ins Meer zurück. In einem Zeitraum von 1-4 Jahren später wandern die nun geschlechtsreifen Lachse zum Laichen erneut in die Flüsse.

Während sich die Tiere im Süßwasser von wirbellosen Kleintieren ernähren, besteht ihre Nahrung im Meer fast ausschließlich aus Fischen. Ältere Tiere können bei einer Länge von 1,5 m ein Gewicht von 50 kg erreichen. (Verbreitung: Nordatlantik sowie Flüsse Europas und Nordamerikas)

Bachforelle *(Salmo trutta)*

Neben der Bachforelle, die zur Familie der Lachsfische *(Salmonidae)* zählt und ihr gesamtes Leben im Süßwasser verbringt, kehrt die zweite Unterart, die Meerforelle *(Salmo trutta trutta)*, nach dem Laichen ins Meer zurück. Beide Unterarten ähneln sich, doch hat die Bachforelle eine intensivere Punktierung.

Bringt man eine junge Bachforelle ins Meer, so wächst sie zu einer größeren Meerforelle heran. Eine junge Meerforelle im Süßwasser isoliert, wird zu einer kleineren Bachforelle. Die Bachforelle ist ein typischer Bewohner der sauberen europäischen Gewässer und ist in Gebirgsbächen und Flüssen ebenso zu Hause, wie in Seen. Sie ernährt sich von Krebstieren und Fischen. (Verbreitung: ursprünglich nur Europa, heute aber wird sie weltweit ausgesetzt.)
▽

Hecht *(Esox lucius)* △

Ein spitzes Maul mit kräftigen Kiefern und scharfen Zähnen kennzeichnet den Hecht aus der gleichnamigen Familie *(Esocidae)* ebenso wie die weit nach hinten versetzte Rückenflosse. Durch seine Zeichnung gut getarnt, lauert dieser Raubfisch zwischen Pflanzen auf Beute und schießt blitzschnell aus seinem Versteck hervor, um ein Opfer zu packen. Bei der stolzen Länge von manchmal 1,5 m und einem Gewicht von 35 kg zählen auch große Fische zu seiner Beute.

Das Jungtier ernährt sich zunächst von Fischlaich und wirbellosen Tieren, jagt aber mit zunehmender Größe nach allem, was es erwischen kann, mitunter auch Wasservögel und Säugetiere. Der Hecht lebt in stehenden und fließenden Gewässern in Ufernähe und laicht im Frühjahr in überschwemmten Wiesen oder Uferzonen. (Verbreitung: nördliches Europa, Nordamerika, Teile Asiens)

Lanzenfisch *(Alepisaurus ferox)*

Einer der größten Raubfische der Tiefsee mit einer Länge von bis zu 2 m ist der Lanzenfisch, der so heißt wie die Familie, aus der er stammt *(Alepisauridae)*. An den dolchartigen Zähnen kann man erkennen, daß seine Nahrung aus anderen Fischen besteht, die er damit leicht packen kann. Hinter der langen und hohen Rükkenflosse, die sich weit zur Schwanzflosse zieht, sitzt zusätzlich eine kleine Fettflosse. Der Körper ist wie bei einigen anderen Familien der Tiefseefische schuppenlos. Da Lanzenfische auf Nahrungssuche manchmal aus der Tiefsee hochsteigen, geraten sie gelegentlich in die Netze von Hochseefischern. Beim Durchsuchen ihres Magens konnten interessante Erkenntnisse über die Zusammensetzung der Tiefseefauna erlangt und bisher unbekannte Fischarten entdeckt werden. (Verbreitung: Atlantik)

▽

Vipernfisch *(Chauliodus sloani)*

Etwa 30 cm wird dieser Tiefseefisch *(Chauliodontidae)*, ▷ der enorme Höhenwanderungen unternimmt. Während er tagsüber in Tiefen zwischen 500 und 2500 m im Dunkeln lebt, steigt er nachts bis fast zur Wasseroberfläche empor, um planktonfressende Fische zu erbeuten. Aufgrund seiner vipernartigen langen, spitzen Zähne und dem weit zu öffnenden Maul kann er Fische erbeuten, die fast ebenso groß sind wie er selbst. Der erste Strahl seiner Rückenflosse ist stark verlängert und trägt an der Spitze ein Lichtorgan, mit dessen Hilfe er im Dunkeln Beutefische anlockt. (Verbreitung: gemäßigte und tropische Breiten des Atlantiks, Pazifiks und Indischen Ozeans)

Karpfenartige *(Cypriniformes)*

Bitterling *(Rhodeus sericeus)*

◁ Etwa 9 cm lang wird der häufig in Altwässern und Tümpeln vorkommende Fisch *(Cyprinidae)*. Er ernährt sich von Plankton, Larven und Würmern. Für seine Entwicklung braucht der Bitterling Muscheln, in die das Weibchen mit einer langen Legeröhre Eier ablegt, die anschließend vom darüberschwimmenden Männchen befruchtet werden. Im Schutz der Muschel entwickeln sich die kleinen Fische, bis sie mit dem Altwasser aus der Kiemenhöhle herausgeschwemmt werden. (Verbreitung: gemäßigtes Europa)

Laternenfisch *(Myctophum punctatum)*

Kleine, punktförmige Leuchtorgane haben dem Laternenfisch *(Mytophidae)* seinen Namen gegeben. ▷ Sie sitzen auf dem Kopf und der Unterseite des Körpers bis zur Schwanzbasis und dienen vor allem dem Auffinden der Arten und Geschlechter untereinander. Erkennungsmerkmale aller Laternenfische sind außerdem die großen Augen und das große Maul.

Die Laternenfische bilden umfangreiche Schwärme, die nur nachts in höhere Wasserschichten aufsteigen, um Nahrung zu suchen. Die Larven leben zunächst nahe der Oberfläche. Ihre Leuchtorgane sind noch nicht entwickelt. Erst wenn sie eine Größe von 2 cm erreicht haben, steigen sie in größere Tiefen hinab. (Verbreitung: Tiefen des Atlantiks und Mittelmeers)

Gemeiner Gründling *(Gobio gobio)*

Der Körper des Gründlings aus der Familie der Karpfenfische *(Cyprinidae)* ist im Querschnitt rundlich und von großen Schuppen bedeckt. Am Maul sitzen zwei tastempfindliche Barteln. Er lebt stets am Grund von verschiedensten Gewässern, vom Bach bis zum Sumpf, wo er Insektenlarven, Krebstieren und Weichtieren nachstellt. ▷

Zwischen Mai und Juni laicht der Gründling im flachen Wasser. In der Nacht legt er an Steine und Pflanzen klebrige Eier, die dort einen Monat haften, bis die Jungen ausschlüpfen. Ihre erste Nahrung besteht aus Plankton. Der 10 bis 20 cm lange Gründling dient Anglern oft als Köderfisch zum Angeln von Raubfischen. (Verbreitung: große Teile Europas)

Giebel / Goldfisch *(Carassius auratus)*

◁ Der Giebel, der ebenfalls zu den Karpfenfischen *(Cyprinidae)* zählt, stammt ursprünglich aus Ostasien und stellt die Urform des bekannten Goldfisches dar. Er lebt in pflanzenreichen Teichen und Seen. Je nach Geschmack der Zeit wurde dieser Fisch zu mitunter recht kuriosen Formen mit langen Schwanzflossen, dicken Köpfen und verschiedenen Farbmustern gezüchtet. In China waren solche Zuchtformen bereits 1000 n.Ch. üblich. Von hier breiteten sie sich bis in die westliche Welt aus.

Zur Erhaltung der Art hat der etwa 30-40 cm lange Giebel eine interessante Methode entwickelt. Das Weibchen mischt sich in Schwärme anderer Karpfenfische und kann mit deren artfremdem Sperma eine Entwicklung ihrer Eizelle auslösen, ohne daß daraus Bastarde entstehen. Allerdings werden daraus wiederum nur Weibchen. (Verbreitung: gemäßigte Zonen der Erde)

Rotfeder *(Scardinius erythrophthalmus)*

Eine Länge von etwa 40 cm erreicht dieser Karpfenfisch *(Cyprinidae)*, der häufig in stillen Gewässern mit reichem Pflanzenwuchs vorkommt. Als Allesfresser ernährt sich die Rotfeder von Wasserpflanzen wie Wasserpest oder Laichkraut, ist aber auch tierischer Nahrung nicht abgeneigt. Die Jungfische fressen nur Plankton. ▷

Mit etwa 2 bis 3 Jahren ist die Rotfeder geschlechtsreif und laicht im Frühjahr auf Wasserpflanzen ab. Dort haften Eier und Larven, bis sie groß genug sind, sich frei im Wasser zu bewegen und Planktonkrebse zu erbeuten. Obwohl sie öfter von Anglern gefangen wird, spielt die Rotfeder keine wirtschaftliche Rolle. (Verbreitung: Europa, ausgenommen die Iberische Halbinsel und Teile Skandinaviens)

Karpfen / Spiegelkarpfen *(Cyprinus carpio)* △

Beim Karpfen gibt es verschiedene Rassen, deren Körper unterschiedlich geschuppt sind. Einige Rassen sind ganz mit Schuppen bedeckt, während Spiegelkarpfen entlang der Seitenlinie, an Rückenflosse und Schwanzflosse lediglich einige große Schuppen aufweisen. Beim Lederkarpfen fehlen die Schuppen oft ganz. Karpfen *(Cyprinidae)* leben in stehenden und langsam fließenden Gewässern mit reicher Vegetation. Sie können auch mit wenig Sauerstoff im Wasser auskommen und sind in wärmeren Gewässern noch lebensfähig.

Der ursprünglich aus dem Schwarzmeergebiet der Donau stammende Fisch kann bis zu 1,2 m lang und über 30 kg schwer werden. (Verbreitung: Nord- bis Südamerika, Europa, Asien, Teile Afrikas)

Zitteraal *(Electrophorus electricus)*

In schlammigen Gewässern mit geringem Sauerstoffgehalt lebt der Zitteraal aus der gleichnamigen Familie *(Electrophoridae)*, dessen langgezogener, aalförmiger Körper mit zahlreichen elektrischen Organen versehen ist. Mit ihrer Hilfe kann er hohe Spannungen freisetzen, die Beutetiere tötet oder größere Angreifer unschädlich macht. Spannungen bis zu 500 Volt können dabei auch dem Menschen gefährlich werden. Darüber hinaus ist der Zitteraal in der Lage, mit geringer Spannung, im schlammigen, trüben Wasser, eine Art Navigation zu betreiben.

Neben der üblichen Kiemenatmung schnappt der Zitteraal bei Sauerstoffmangel im Wasser an der Oberfläche nach Luft. Über spezielle Blutgefäße in seinem Maul kann er den Sauerstoff direkt absorbieren. (Verbreitung: Südamerika)
▽

Beilbauchfisch *(Gasteropelecus sternicla)*

Durch seine eigenartige Körperform mit dem stark gewölbten Bauch und der vergrößerten Schultermuskulatur, die lange Brustflossen bewegt, ist der Beilfisch aus der Familie der Kielbäuche *(Gasteropelecidae)* zu einer außergewöhnlichen Fortbewegung fähig. Mit heftigen Schlägen der Brustflosse gleitet er kürzere Strecken auf der Wasseroberfläche dahin oder erhebt sich schwirrend in die Luft. Die etwa 6 bis 7 cm großen Beilbauchfische sind also fliegende Fische des Süßwassers. Meist sind sie knapp unter der Wasseroberfläche von Flüssen anzutreffen, wo sie sich von Insekten und Krebstieren ernähren. (Verbreitung: Norden Südamerikas, Amazonasgebiet) ▷

Bachschmerle *(Noemacheilus barbatulus)*

◁ Den Tag über ist die Bachschmerle aus der Familie der Schmerlen *(Cobitidae)* eher träge und versteckt sich unter Steinen. Mit der fleckigen Zeichnung auf dem Körper ist der bewegungslos ruhende Fisch völlig an seine Umgebung angepaßt und so gut wie unsichtbar. Im Schutz der Dunkelheit oder bei trübem Wetter wird der etwa 10 bis 15 cm lange Fisch aktiv und geht auf Nahrungssuche. Zu seiner Beute zählen vor allem Insektenlarven, Würmer und kleine Krebstiere.

Die Bachschmerle lebt am Grund verschiedener fließender Gewässer, wie Bäche, Flüßchen, aber auch Teiche und Seen. Der klebrige Laich wird im Frühjahr an Steine und Pflanzen des seichteren Uferbereiches abgelegt. (Verbreitung: Europa mit Ausnahme einiger südlicher und nördlicher Bereiche, Nordasien bis Korea)

Neonfisch *(Pracheirodon innesi)*

Der Neonfisch aus der Familie der Salmler *(Characidae)* gehört ebenso wie die bisher beschriebenen Karpfenfische zur Ordnung der karpfenartigen Fische *(Cypriniformes)*, die mit ca. 6000 Arten die größte Gruppe von Süßwasserfischen darstellt. Der Leser wird diesen kleinen, nur 4 cm messenden Fisch sicherlich schon im Aquarium gesehen haben. Mit seinen leuchtenden blaugrünen Seitenstreifen und dem rot gefärbten Hinterteil ist der Neon ein beliebter Aquarienfisch, der sich relativ leicht halten läßt. In Freiheit lebt er in Flüssen und Bächen und ernährt sich von Kleinstlebewesen. (Verbreitung: Norden Südamerikas, Teile des Amazonas) ▷

Wels *(Silurus glanis)*

△

Zu den größten Süßwasserfischen Europas zählt der Wels *(Siluridae)*, denn er kann eine Länge von über 3 m erreichen. Vor allem langsam fließende Gewässer mit weichem Grund, aber auch Seen bilden seinen Lebensraum. Als räuberischer Bodenfisch jagt er nachts nach Fröschen, Fischen, Krebsen, mitunter auch nach Kleinsäugern und Wasservögeln, wobei er bis ins seichte Wasser vordringt. Den Tag verbringt er zwischen Pflanzen oder in einem Höhlenversteck.

Im Frühsommer legt das Weibchen in eine Art Bodennest aus Pflanzenteilen zahlreiche Eier ab, die vom Männchen bewacht werden. Schon nach einigen Tagen schlüpfen die kaulquappenähnlichen Larven, die sich von Plankton ernähren. (Verbreitung: Europa bis Mittelasien, Brackwasser von Ostsee und Schwarzem Meer)

Dorschartige *(Gadiformes)*

Schellfisch *(Melanogrammus aeglefinus)*

Die Körperform des Schellfisches ist der des Kabeljaus *(Gadus morrhua)*, der auch Dorsch genannt wird, sehr ähnlich. Aus diesem Grund zählt der Schellfisch zur Familie der Dorsche *(Gadidae)*. Eindeutiges Erkennungsmerkmal des Schellfisches ist ein schwarzer Fleck auf beiden Seiten des Körpers sowie eine sehr spitze erste Rückenflosse.

Der maximal 1 m lange Fisch erreicht ein Gewicht von ca. 12 kg und gilt als wichtiger Nutzfisch des Meeres. Er ernährt sich vorwiegend von niederen Bodentieren wie Würmern, Weichtieren und Stachelhäutern. In den Laichgründen der Heringe frißt er deren Eier in großen Mengen. Der Laich des Schellfisches wird zwischen Februar und Juni nach ausgiebigen Balzritualen ins freie Wasser abgegeben und treibt, bis die Jungen schlüpfen. Junge Schellfische suchen oft Schutz bei Quallen, deren Nesseln ihnen offenbar nichts anhaben können. (Verbreitung: Nordatlantik, Nordsee)

▽

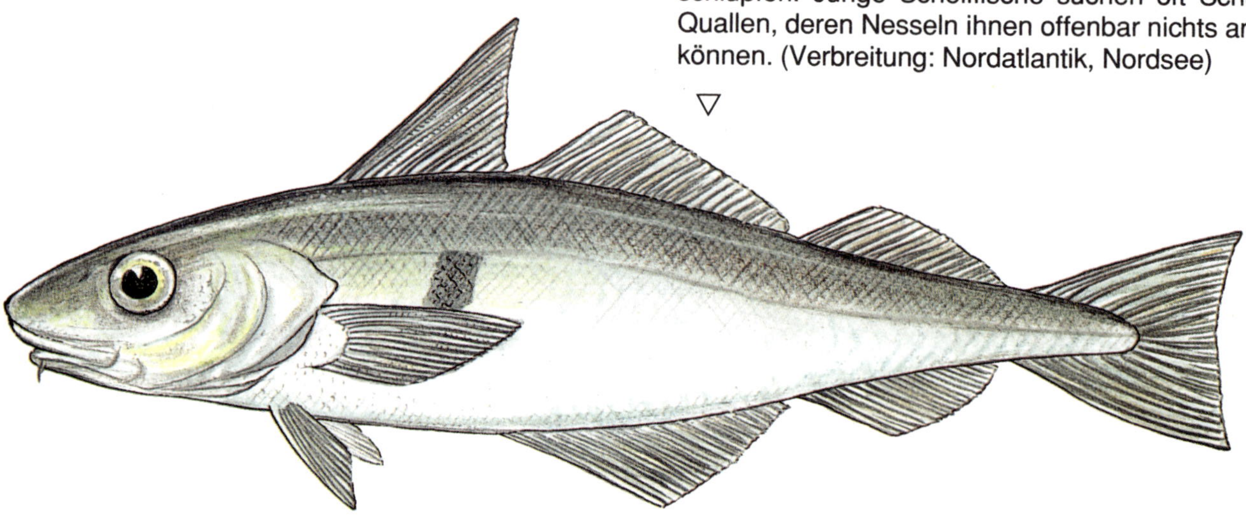

Hechtdorsch / Seehecht

(Merluccius merluccius) △

Der bis zu 1 m lange und 10 kg schwere Seefisch aus der Familie der Seehechte *(Merlucciidae)* verbringt den Tag am Meeresgrund oder in tieferen Wasserschichten. Erst nachts steigt er bis in die Nähe der Oberfläche, um nach Schwarmfischen zu jagen.

Die Laichzeit erstreckt sich von März (wärmere Gewässer) bis August (kalte Gewässer). In den 1 mm großen Eiern befindet sich eine Ölkugel, durch die der Laich im Wasser schwebt. Mit der Strömung treibt er in Küstennähe, wo die Entwicklung der Jungfische stattfindet. Die kleinen Fische ernähren sich zunächst von Kleinkrebsen, bis sie mit zunehmender Größe in tiefere Wasserschichten abwandern. (Verbreitung: Nordatlantik von Island bis Afrika, Nordsee, Mittelmeer, Schwarzes Meer)

Ährenfischartige *(Atheriniformes)*

Hornhecht *(Belone belone)*

Ein langer, schmaler Körper und spitze, dünne Kiefer sind die auffallendsten Merkmale des Hornhechts *(Belonidae)*. Dieser bis zu 1 m lange Hochseefisch lebt in Schwärmen, die oft weite Wanderungen unternehmen. Ihre Hauptnahrung bilden Planktonkrebse, kleine Tintenfische usw. Sie selbst werden von Thunfischen oder Delphinen gejagt, denen sie mit großen Sprüngen über die Wasseroberfläche zu entkommen suchen.

Im Frühsommer laichen sie im freien Wasser ab. Die Eier haben lange Haftfäden, mit denen sie an Pflanzen oder anderen Gegenständen hängenbleiben. Nach ca. 5 Wochen schlüpfen die Larven, die sich zunächst in Küstennähe aufhalten. (Verbreitung: Nordostatlantik, Nordsee, Ostsee, Mittelmeer, Schwarzes Meer)

▽

Schwalbenfisch / Flugfisch

(Exocoetus volitans)

Beim Schwalbenfisch, der zur Familie der Fliegenden ▷ Fische *(Exocoetidae)* zählt, sind die Brustflossen zu Flügeln vergrößert. Unter Wasser liegen diese Tragflächen am Körper an, und erst nachdem sich der maximal 30 cm lange Fisch durch schnelles Beschleunigen im Wasser über die Oberfläche katapultiert hat, spreizt er die Brustflossen seitlich ab und segelt etwa 10 Sekunden über das Wasser hinweg. Wie alle Flugfischarten ist der Schwalbenfisch ein Fleischfresser. Er ernährt sich von Meereskrebsen, Tintenfischen und vor allem kleineren Fischen. Er ist meist schwarmweise unter der Wasseroberfläche anzutreffen. (Verbreitung: tropische und subtropische Meere)

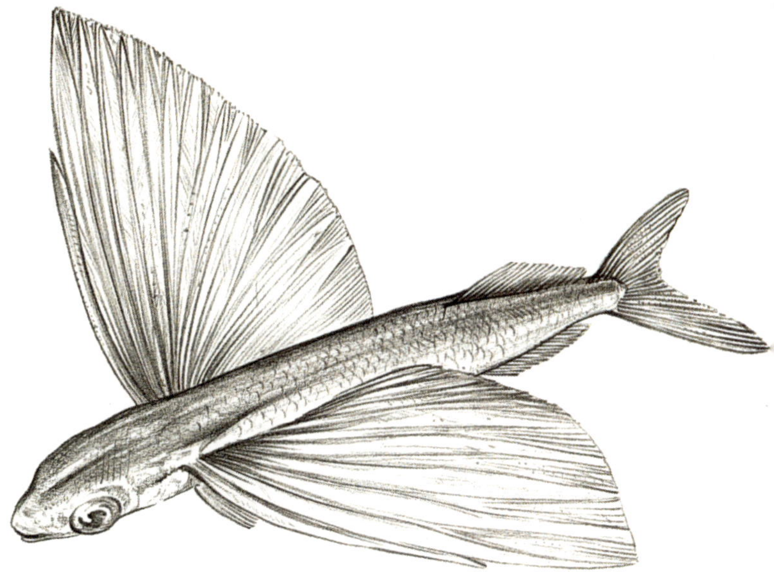

Stichlingsartige *(Gasterosteiformes)*

Dreistachliger Stichling

(Gasterosteus aculeatus)

◁ Während der Laichzeit ändert sich die Farbe des männlichen Stichlings *(Gasterosteidae)*. Sein Bauch wird leuchtend rot, der Rücken schimmert blaugrün, und die Augen strahlen türkisfarben. Geschickt und in mühevoller Arbeit baut er ein Nest aus Pflanzenmaterial und lockt ein Weibchen mit einem Zickzacktanz ins Nest, wo es ihre Eier abstreift. Eifrig bewacht das Männchen die Brut bis nach dem Schlüpfen.

Der kleine, nur 5-10 cm lange Fisch lebt in Salz- und Süßwasser und ernährt sich von Plankton. Seinen Namen hat er von drei frei auf dem Rücken stehenden Stacheln. (Verbreitung: Nordamerika, Europa, Nordasien, Pazifik, Atlantik)

Seenadelartige *(Syngnathiformes)*

Seepferdchen

(Hippocampus hippocampus)

Seepferdchen *(Syngnathidae)* werden am Meer oft ge- ▷ trocknet als Souvenir an Touristen verkauft. Aufgrund ihres bizarren Aussehens fällt es schwer, eine Zugehörigkeit zu den Fischen auf Anhieb zu erkennen. Senkrecht stehend, schwimmt das Seepferdchen durchs Wasser, wobei die wellenförmig schlagende Rückenflosse sowie die Brustflossen für Antrieb sorgen. Der Schwanz dient zum Greifen und Festhalten an Wasserpflanzen.

Das Seepferdchen ernährt sich von Plankton, das es mit dem Wasser in sein Maul einsaugt. Nachdem das Weibchen Eier gelegt hat, nimmt das Männchen sie zum Schutz in seine Brusttasche und entläßt sie, nachdem sie voll entwickelt sind. (Verbreitung: Mittelmeer)

Eberfischartige *(Zeiformes)*

Heringskönig *(Zeus faber)*

Meist einzeln oder in kleinen Trupps schwimmt der ▷ Heringskönig aus der Familie der Petersfische *(Zeidae)* in Tiefen zwischen 5 und 200 Metern. Auffällig ist der große Kopf mit seinen schräg nach oben laufenden Kiefern, die nach vorne gestreckt werden können. Auf der Jagd nach kleinen Fischen nähert sich der Heringskönig langsam seiner Beute, um sie plötzlich mit vorgestrecktem Maul durch den dabei entstehenden Wassersog zu schnappen. Obwohl der etwa 30 bis 70 cm lange Fisch nur selten in größeren Mengen gefangen wird, ist er ein geschätzter Speisefisch. (Verbreitung: östlicher Atlantik, Mittelmeer, Schwarzes Meer)

Barschfische *(Perciformes)*

Flußbarsch *(Perca fluviatilis)*

◁ In vegetationsreichen Teichen und Seen sowie langsam fließenden Flüssen lebt der 30 bis 50 cm lange Flußbarsch aus der Familie der Echten Barsche *(Percidae)*. Er ist ein relativ häufiger Süßwasserfisch, der von Anglern geschätzt wird. Durch sein dunkles Streifenmuster ist er zwischen Pflanzen und Wurzeln gut getarnt. Zwischen April und Mai legt er dort seine Eier in langen Bändern ab, die sich um Pflanzen schlingen.

Jungfische ernähren sich zunächst von Plankton und konzentrieren sich mit zunehmender Größe auf Kleinkrebse und andere Wirbellose sowie auf Fische. Nachdem die Jungfische eine Zeitlang als Schwarmfische leben, sind die älteren Tiere meist Einzelgänger. (Verbreitung: ganz Europa mit einigen Ausnahmen,Teile Asiens, in Australien, Neuseeland und Südafrika ausgesetzt)

Kugelfischartige *(Tetraodontiformes)*

Mondfisch *(Mola mola)*

Eine seltsame Gestalt ist der Mondfisch aus der gleich- ▷ namigen Familie *(Molidae)*, der eine beachtliche Länge von 3-4 Metern erreichen kann und in der Hochsee beheimatet ist. Sein flacher, kurzer Körper endet dicht hinter der hohen Rücken- und Afterflosse mit einer lappigen Krause, die als Schwanzflosse dient. Meist schwimmt er in der Nähe der Wasseroberfläche und jagt nach kleinen Fischen, Quallen und Krebstieren, frißt aber häufig auch Plankton.

Aus den bis zu 3 Millionen Eiern schlüpfen Larven, die zahlreiche Stacheln haben und den erwachsenen Tieren nicht ähneln. (Verbreitung: tropische und gemäßigte Breiten des Atlantiks, Pazifiks und Indischen Ozeans)

Echter Bonito / Gestreifter Thunfisch △

(Euthynnus pelamis)

Der Bonito aus der Familie der Echten Makrelen *(Scombridae)* ist ein sehr gesellig lebender Fisch, der in Schwärmen von mehreren tausend in der Hochsee umherstreift. Seine Nahrung besteht aus anderen Schwarmfischen, Tintenfischen und Krebstieren. Da der maximal 90 cm lange Bonito wärmeres Wasser mit einer Temperatur von mindestens 18 Grad Celsius bevorzugt, tritt er am häufigsten in tropischen Meeren auf, wo er auch ein wichtiger Bestandteil kommerziellen Fischfangs ist. In den Sommermonaten kommt er bis in die gemäßigten Breiten des Atlantiks. In seinen Stammgewässern laicht der Bonito das ganze Jahr über. (Verbreitung: alle tropischen Meere, gemäßigter Atlantik, Mittelmeer, Schwarzes Meer)

Atlantische Makrele

(Scomber scombrus)

Unregelmäßig über den Rücken verlaufende schwarze Linien kennzeichnen die Makrele *(Scombridae)*, die eine Länge von maximal 50 cm erreicht. Die schnell schwimmenden Fische schließen sich zu großen Schwärmen zusammen und unternehmen weite Wanderungen. Sie ernähren sich von Kleinkrebsen, Fischlarven und kleinen Fischen.

Je nach Klima laicht die Makrele im Frühjahr oder Sommer in der Nähe der Wasseroberfläche. Im Winter zieht sie in tiefere Wasserschichten, wo sie sich wenig bewegt und kaum Nahrung zu sich nimmt. Wie die meisten der etwa 40 Makrelenarten ist auch die Atlantische Makrele ein wichtiger Nutzfisch. (Verbreitung: Nordatlantik, Mittelmeer, Schwarzes Meer)

▽

Schwertfisch *(Xiphias gladius)* △

Die Stromlinienform des Fisches *(Xiphiidae)* läßt erkennen, daß es sich um einen schnellen Schwimmer handelt. Als Einzelgänger zieht er weit umher und schwimmt so dicht über der Wasseroberfläche, daß ein Stück der Rückenflosse aus dem Wasser ragt.

Zwei bis vier Meter lang wird dieser gefräßige Raubfisch, der vor allem Schwarmfischen nachstellt. Mit seinem langen, schwertförmigen Oberkiefer schlägt er im Schwarm um sich, um Beutefische zu töten oder zu verletzen, die er dann verzehren kann. Vor allem an der amerikanischen Atlantikküste wird der Schwertfisch wegen seines schmackhaften Fleisches gerne mit der Hochseeangel gefangen. (Verbreitung: gemäßigte und tropische Meere der Erde)

Segelflosser *(Pterophyllum scalare)*

Scalare sind wegen ihrer auffallenden Form mit den langen, segelartigen Flossen beliebte Aquarienfische. Der etwa 15 cm große Segelflosser zählt zur Familie der Buntbarsche *(Cichlidae)*. In seinem Verbreitungsgebiet besiedelt er trübe, langsam fließende Gewässer mit einer dichten Krautschicht. Durch die dunklen, senkrechten Streifen und die verlängerten Flossen ist er dort bestens getarnt. Seinen Laich legt er an Pflanzenstengeln ab. (Verbreitung: Südamerika, Amazonasgebiet)

▽

Plattfische *(Pleuronectiformes)*

Goldbutt / Scholle *(Pleuronectes platessa)*

Wie alle anderen Plattfische hat die Scholle *(Pleuronectidae)* eine hohe Anpassung an ihren Lebensraum, den Meeresboden, erreicht. Der Körper hat sich abgeflacht, und einige Organe haben ihre Lage verändert. Eine Körperseite färbt sich dunkel und wird zur Oberseite, die andere bleibt hell und wird zur Unterseite. Somit ist die Scholle am Meeresboden praktisch unsichtbar. Oft bedeckt sie ihren Körper durch Flossenschläge mit Steinchen.

Ihre Nahrung besteht aus Krebsen, Würmern und Weichtieren. Da die Scholle zwischen 30 und 90 cm lang sein kann und unterschiedliche Salzkonzentrationen im Wasser akzeptiert, wandert sie sowohl ins Brackwasser als auch ins Süßwasser der Flüsse. Schollen sind wichtige Speisefische. (Verbreitung: Ostatlantik, Nordsee, Mittelmeer)

▽

Heilbutt *(Hippoglossum hippoglossum)* △

Der bis zu 3,5 m Länge erreichende Heilbutt aus der Familie der Schollen *(Pleuronectidae)* ist die größte Plattfischart. Obwohl durch häufiges Abfischen solch stattliche Exemplare nur noch sehr selten gefangen werden, kommt es doch vor, daß ein Tier mit nahezu 300 kg in den Fischernetzen landet.

Der Heilbutt streift auf Nahrungssuche am Boden herum und geht teilweise auch ins Freiwasser über, da seine Asymmetrie nicht so stark ausgeprägt ist, wie bei anderen Plattfischarten. (Verbreitung: Nordatlantik, Nordsee)

Seezunge *(Solea vulgaris)*

Der lang-ovale Körper der Seezunge *(Soleidae)* erinnert in seiner Form tatsächlich an eine Zunge. Mit dieser Körperform kann der Bodenfisch noch recht gut schwimmen. Während das Tier halb eingegraben im Meeresboden den Tag verbringt, geht es nachts auf Nahrungssuche und schwimmt dabei bis an die Oberfläche. Weichtiere, Krebse und Würmer sind seine Hauptnahrung.

Im flacheren Küstengewässer legt die Seezunge über 100000 Eier ab, die frei im Wasser treiben. Wie bei anderen Plattfischen sind die Larven zunächst symmetrisch gebaut und wechseln erst bei einer Länge von ca. 1 cm ihre Gestalt, womit sie auch zum Bodenleben übergehen. (Verbreitung: Europäische Atlantikküste, Teile von Nord- und Ostsee) ▽

Lurche *(AMPHIBIA)*

In der stammesgeschichtlichen Entwicklung der Wirbeltiere kommt den Lurchen eine besondere Stellung zu, denn sie haben erstmals den Schritt vom Wasser zum Land getan. Obwohl sie für ihre Entwicklung das Wasser noch brauchen, sind sie schon so weit zu Landtieren geworden, daß sie den Sauerstoff der Luft atmen und ihre Nahrung auf dem Land finden.

In der Entwicklung jedes einzelnen Lurchs wird der Übergang vom Wasser zum Land in den einzelnen Phasen nochmals dargestellt. Dabei ändern sich Aussehen und Lebensweise der Lurche vollständig. Diese Verwandlung nennt man Metamorphose. Aus den ins Wasser gelegten Eiern schlüpfen Larven mit Kiemen und Ruderschwanz, die etwa das Entwicklungsniveau der Fische haben. Erst allmählich bilden sich die Gliedmaßen aus: Der Ruderschwanz geht zurück, und die Kiemen werden durch Lungen ersetzt. Nach vollendeter Metamorphose verlassen die meisten Arten das Wasser und führen bis zur nächsten Eiablage ein Landleben. Am Beispiel des Grasfrosches werden die Entwicklungsstufen vom wasserlebenden Froschlaich zum landlebenden Frosch dargestellt.

Die Klasse der Lurche teilt sich in drei Ordnungen: Blindwühlen *(Apoda)* ohne Gliedmaßen, aber mit Schwanz; Schwanzlurche *(Caudata)* mit Gliedmaßen und Schwanz; Froschlurche *(Anura)* mit Gliedmaßen, aber ohne Schwanz.

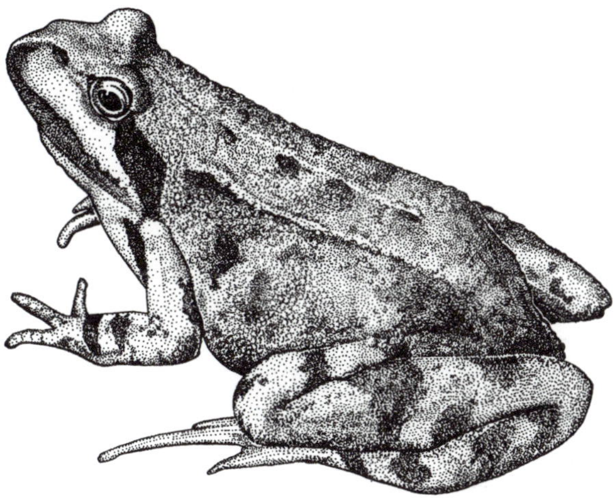

Blindwühlen *(Apoda)*

Fischwühle *(Ichthyophis glutinosus)*

◁ Im Boden in Gängen von Regenwürmern und unter Laub lebt die Fischwühle aus der gleichnamigen Familie *(Ichthyophiidae)*. Sie hat einen zylindrischen, geringelten Körper, der mit fast 40 cm dem eines überdimensionalen Regenwurmes gleicht. Auf der Suche nach Beutetieren wie Insekten und Regenwürmern durchwühlt die Fischwühle den feuchten Boden des tropischen Waldes.

In einer erweiterten Erdhöhle in Wassernähe legt das Weibchen Eier ab, die es anschließend bewacht, indem es sich über dem Gelege zusammenrollt. Aus den Eiern schlüpfen Larven mit äußeren Kiemen, die sich sofort zum Wasser begeben, wo ihre weitere Entwicklung stattfindet. (Verbreitung: Südostasien)

Schwanzlurche *(Caudata)*

Feuersalamander *(Salamandra salamandra)*

Als auffällige Warnung für Angreifer trägt der Feuersalamander aus der Familie der Echten Salamander *(Salamandridae)* gelbe Flecken auf schwarzem Grund, die durch den Kontrast leuchten. Tatsächlich sondert seine Haut einen Schleim ab, der Augen und Mund des Angreifers reizt und für kleine Tiere gar tödlich sein kann. ▷

Der 15 bis 20 cm lange Lurch lebt in feuchter Umgebung, z.B. in Laubwäldern in Wassernähe. Nach der Begattung im Frühjahr entwickeln sich die Eier im Körper des Weibchens. Die Larven werden ins Wasser abgesetzt und verbringen dort einen weiteren Teil der Metamorphose, bevor sie ans Land zurückkehren. (Verbreitung: Europa, Teile Asiens und Afrikas)

Grottenolm *(Proteus anguineus)*

◁ Mit 20 bis 30 cm Länge ist der Grottenolm ein größerer Wassermolch. Er lebt in lichtlosen Kalksteinhöhlen und kommt nicht ans Tageslicht. Auch die erwachsenen Tiere haben Kiemen. Ihr Körper ist unpigmentiert und daher sehr lichtempfindlich. Da die Augen nicht gebraucht werden, sind sie verkümmert und mit Haut bedeckt.

Die Nahrung des Grottenolms aus der Familie der Olme *(Proteidae)* besteht aus Würmern und Krebsen. Der früher recht zahlreiche Olm ist durch Wasserverschmutzung und Fang heute selten. (Verbreitung: Istrien, Nordostitalien)

Teichmolch *(Triturus vulgaris)*

Bis in kleinsten, langsam fließenden und stehenden Gewässern kommt der Teichmolch aus der Familie der Echten Salamander *(Salamandridae)* recht häufig vor. Er ist dort jedoch nur im Frühjahr während der Fortpflanzungszeit anzutreffen. Das Männchen erkennt das paarungsbereite Weibchen an einem bestimmten Geruch, der aus Duftdrüsen austritt. Nach der Befruchtung klebt das Weibchen etwa 200 bis 400 Eier einzeln zwischen Wasserpflanzen. Nach 2 bis 3 Wochen schlüpfen daraus Larven mit Außenkiemen. In kurzer Zeit entwickeln sich Gliedmaßen, wobei die Vorderbeine zuerst erscheinen. (Verbreitung: Europa) ▷

Froschlurche *(Anura)*

Geburtshelferkröte *(Alytes obstetricans)*

Die nachtaktive, nur etwa 5 cm große Kröte aus der Familie der Scheibenzüngler *(Discoglossidae)* ernährt sich von Insekten und kleinen Weichtieren. Man findet sie auf Kulturland und in Wäldern, wo sie sich tagsüber unter Holz, Steinen usw. verstecken kann. ▷

Nach der Paarung, die im Frühjahr oder Sommer stattfindet, wickelt sich das Männchen die Laichschnüre des Weibchens um die Hinterbeine und trägt sie ständig mit sich herum. Damit die Eier nicht austrocknen, taucht es sie öfter unter Wasser. Bevor dann die Larven schlüpfen, legt das Männchen den Laich in flaches Wasser ab, wo sie sich weiter entwickeln. (Verbreitung: Europa)

Erdkröte *(Bufo bufo)*

◁ Auch die 12 cm lange Erdkröte *(Bufonidae)* verbringt den Tag in feuchten, geschützten Verstecken und kommt erst in der Dämmerung hervor, um allerlei Kleingetier zu suchen. Im Frühjahr verläßt die Erdkröte ihr Winterversteck, um in Gruppen zum Laichgewässer zu wandern, wo sich die Männchen mit den meist größeren Weibchen paaren. Laichschnüre von oft mehreren Metern Länge hängen über Wasserpflanzen. Nach 10 Tagen schlüpfen die Kaulquappen, die sich nach ungefähr 2 Monaten zu kleinen Kröten gewandelt haben. (Verbreitung: Europa, Nordafrika, Asien)

Knoblauchkröte *(Pelobates fuscus)*

Etwas plump wirkt die Knoblauchkröte, die zur Familie der Krötenfrösche *(Pelobatidae)* gehört und im Tiefland auf sandigem Boden lebt. Durch hornige Fersenhöcker an den Hinterbeinen kann sich die Knoblauchkröte bei Gefahr sehr schnell in den Boden eingraben. In der Regel wird man das 5 bis 8 cm lange Tier nicht zu Gesicht bekommen, da es erst nachts auf Beutejagd nach Würmern und Schnecken geht. ▷

Die Kaulquappen der Knoblauchkröte fallen dagegen im Wasser besonders auf, denn sie sind mit einer Länge von bis zu 10 cm mit die größten aller Lurchlarven. Manchmal reicht die warme Jahreszeit für deren volle Entwicklung zur Kröte nicht aus, und die Kaulquappe überwintert, um erst im Frühjahr ihre Entwicklung zu beenden. (Verbreitung: Europa, Westasien)

Laubfrosch *(Hyla arborea)*

Wenn der etwa 5 cm lange Laubfrosch aus der gleichnamigen Familie *(Hylidae)* seine Schallblase aufbläht, ist ein kräftiger Ruf weithin hörbar. Aufgrund der guten Tarnfarbe (Mimikry) ist er im Blätterwald von Sträuchern und Bäumen so gut wie unsichtbar. Mit Hilfe von Haftballen an den Zehen steigt er bis in die Baumkrone und fängt geschickt Insekten. ▷

Im Frühjahr laicht der Laubfrosch im Wasser, das die fertigen kleinen Frösche nach einer Metamorphose von ca. 3 Monaten verlassen. Den Winter verbringt der kleine Frosch in der Erde unter Steinen oder Holz oder aber am Grund stehender Gewässer. (Verbreitung: beinahe ganz Europa, Teile Nordafrikas und Asiens)

Ochsenfrosch *(Rana catesbeiana)*

◁ Ein stattlicher Frosch von 10 bis 20 cm Länge ist der Ochsenfrosch *(Ranidae)*, der sich vorwiegend im Wasser aufhält. Auch in der Nähe von Gewässern geht er nachts auf Jagd nach Insekten, Fröschen, Schlangen und anderen Tieren, die er erwischen kann. Trotz seiner Größe ist er ein ausgezeichneter Springer und legt im Sprung das Mehrfache seiner Körperlänge zurück.

Die Entwicklung vom Ei bis zum fertigen Frosch dauert je nach Witterung zwei bis fünf Jahre. (Verbreitung: Nordamerika, Teile Mittelamerikas, in Norditalien eingeführt)

Grasfrosch *(Rana temporaria)*

Nur um sich zu paaren oder den Winter zu verbringen, begibt sich der Grasfrosch aus der Familie der Echten Frösche *(Ranidae)* ins Wasser. Ansonsten lebt er in unterschiedlichen Gebieten, oft weitab vom Wasser, und ernährt sich von kleinen Wirbellosen und Insekten. ▷

Im Frühjahr finden sich die Grasfrösche in den Laichgewässern ein, wo die Männchen die Weibchen mit quakenden Knurrlauten anlocken. Nach der Paarung im Wasser werden die Eier in Haufen von bis zu 4000 Stück abgelegt. Die Verwandlung zu kleinen Fröschen dauert etwa 2-3 Monate. Eine Überwinterung erfolgt fast immer im schlammigen Grund von Gewässern. (Verbreitung: Europa, Asien)

Kriechtiere *(REPTILIA)*

Während die zuvor behandelten Amphibia für ihre Lebensweise noch an das Wasser gebunden waren und sind, haben die Reptilia den ersten vollständigen Schritt auf das Land getan. Sie sind in der Entwicklungsgeschichte die ersten wirklichen Landtiere und weisen hierzu einige entscheidende Merkmale auf: Die Oberschicht der Haut ist mit hornigen Schuppen oder Schilden bedeckt, die einen guten Schutz gegen Austrocknung und mechanische Einwirkung bieten.

Auch die Eier der Reptilia haben eine festere, oft kalkige Schale, die es dem Embryo möglich macht, seine gesamte Entwicklung im Ei auf dem Land zu durchlaufen, ohne auszutrocknen. Ein Larvenstadium wie bei den Lurchen ist also nicht mehr notwendig, und die bereits voll entwickelten Tiere schlüpfen aus dem Ei.

Durch diese Eroberung eines neuen Lebensraumes entstanden vor etwa 300 Millionen Jahren unzählige Urformen der heute lebenden Reptilien.

Während viele Entwicklungsformen in Sackgassen geraten oder ausgestorben sind, wie z.B. die Dinosaurier, haben sich einige Formen weiterentwickelt. Aus ihnen entstanden die heute an der Spitze der Evolution stehenden Wirbeltiere, Vögel und Säugetiere.

Reptilien haben noch nicht die Fähigkeit, ihre Körpertemperatur zu regulieren und sind auf die Sonne angewiesen, um die Temperatur zu erhöhen. So sind sie häufig in wärmeren Gebieten anzutreffen.

Schildkröten *(Chelonia)*

Europäische Sumpfschildkröte △

(Emys orbicularis)

Teiche, Sümpfe und langsam fließende Gewässer mit einer reichen Vegetation bilden den Lebensraum der etwa 30 cm langen europäischen Sumpfschildkröte aus der gleichnamigen Familie *(Emydidae)*. Sie ernährt sich von Schnecken, Würmern, Fröschen und kleinen Fischen. Fühlt sich das scheue Tier unbeobachtet, nimmt es gerne ein Sonnenbad am Ufer.

Im Frühjahr findet die Paarung statt, nach der das Weibchen bis zu 20 Eier in einer Sandgrube in Wassernähe ablegt und diese anschließend wieder mit Sand bedeckt. Erst nach etwa 3 Monaten schlüpfen die jungen Sumpfschildkröten mit einer Größe von etwa 2 cm aus. (Verbreitung: südliche Teile Europas, Nordafrika, Westasien)

Maurische Landschildkröte

(Testudo graeca)

◁ Lange Zeit wurde die Maurische Landschildkröte *(Testudinidae)* in größerer Zahl gesammelt, um als Haustier nach ganz Europa verkauft zu werden. Viele Tiere haben jedoch das rauhere Klima nicht vertragen und sind auch wegen der oft nicht artgerechten Haltung langsam eingegangen. In Freiheit lebt die ca. 30 cm lange Schildkröte in buschigem Gelände, wo sie sich von Pflanzen ernährt. Nach dem Winterschlaf kommt das Tier im März aus seinem Versteck, um sich zu paaren. Die etwa drei Eier werden zwischen Mai und Juni in ein selbstgegrabenes Erdloch abgelegt. Nach zwei bis drei Monaten schlüpfen die Jungen. (Verbreitung: Südeuropa, Mittlerer Osten, Nordafrika)

Elefantenschildkröte *(Testudo elephantopus)*

◁ Mit einer Länge von weit über 1 m und einem Gewicht von 220 kg nennt man die Elefantenschildkröte aus der gleichnamigen Familie *(Testudinidae)* auch Riesenschildkröte. Sie lebt nur auf den Galapagosinseln und hat dort durch Isolation der einzelnen Inseln über 13 Unterarten ausgebildet, die in Größe und Form des Panzers voneinander abweichen.

Elefantenschildkröten ernähren sich von verschiedenster pflanzlicher Nahrung. Nach der Paarung wandern die Weibchen in die kahlen Niederungen und graben eine Grube in den Boden. Dort hinein legen sie 10 bis 20 Eier und schließen die Grube wieder. Nach dem Schlüpfen graben sich die Jungen selbständig aus dem Boden.

Seeschildkröten *(Cheloniidae)*

Lederschildkröte *(Dermochelis coriacea)*

Nach der Paarung verläßt die Lederschildkröte *(Dermochelyidae)* das Meer. Am Strand legt das Weibchen ca. 80 bis 100 Eier in eine Nistgrube, die sie mit ihren breiten paddelförmigen Vorderbeinen gegraben hat. Nach etwa 2 Monaten schlüpfen die Jungen aus und flüchten sofort ins Meer. Die bis zu 2 m lange Lederschildkröte ernährt sich von Meerestieren wie z.B. Quallen. ▷

Der für das Leben im Wasser zu schwere Panzer ist völlig zurückgebildet. An seiner Stelle sitzen viele Knochenplättchen in der lederartigen Haut. (Verbreitung: Atlantik, Pazifik, Indischer Ozean, Mittelmeer)

Krokodile *(Crocodylia)*

Leistenkrokodil *(Crocodylus porosus)*

◁ Die meiste Zeit verbringt das Leistenkrokodil aus der Familie der Echten Krokodile *(Crocodylidae)* im Wasser. Da es sowohl Süß- als auch Meerwasser verträgt, konnte es sich ein großes geographisches Areal als Lebensraum schaffen. Aus mehreren Gründen ist dieses Krokodil heute jedoch stark gefährdet. Wegen seiner enormen Größe von bis zu 9 m ist die Jagd nach seiner begehrten Haut äußerst lukrativ. Seit Jahren bestehen strenge Abschußbeschränkungen, die jedoch nicht ausreichend beachtet werden, da Leistenkrokodile vereinzelt Menschen angreifen und als Gefahr angesehen werden. (Verbreitung: asiatische Küsten und Sümpfe von Indien bis China)

Schuppenkriechtiere *(Squamata)*

Grüner Leguan *(Iguana iguana)* △

Obwohl der Grüne Leguan *(Iguanidae)* mit 1-2 m Länge, scharfen Krallen und einem imposanten Rückenkamm einen eher gefährlichen Eindruck macht, fangen die jungen Tiere nur Insekten und kleine Wirbellose, während die Alttiere sogar reine Pflanzenfresser sind. Der geschickte Kletterer ruht oft auf Ästen in Wassernähe, um bei Gefahr direkt ins Wasser zu springen und davonzuschwimmen.

Das Leguanweibchen legt meist im Herbst 20-40 Eier in eine selbstgegrabene Erdhöhle. Die Entwicklung der Jungen dauert ca. 3 Monate. (Verbreitung: Zentralamerika, Südamerika)

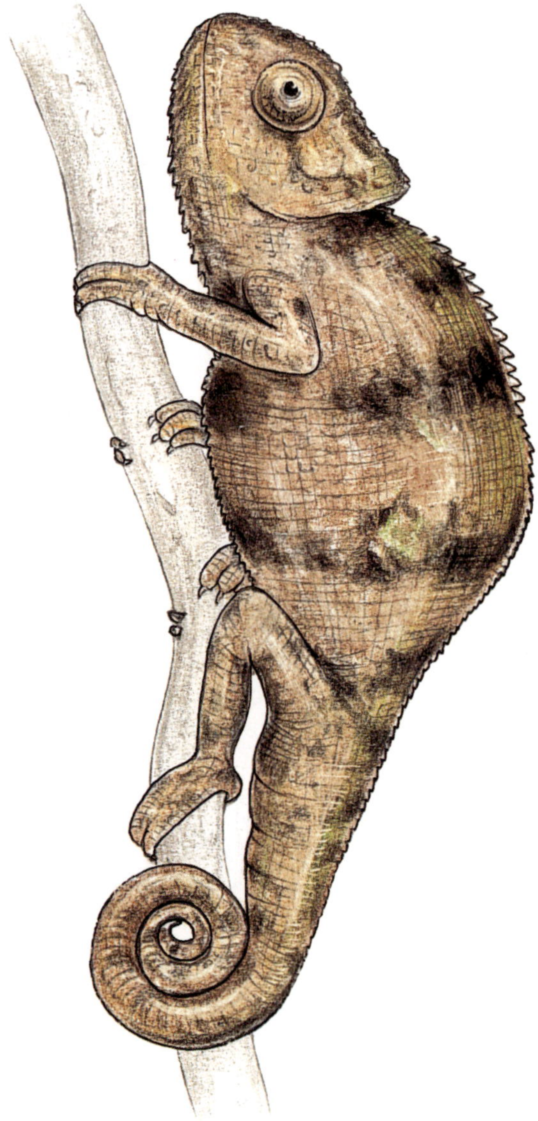

Europäisches Chamäleon

(Chamaeleo chamaeleo)

In der für Chamäleons *(Chamaeleonidae)* typischen, ▷ langsamen Fortbewegungsart klettert das Europäische Chamäleon behutsam durch das Gezweig von Bäumen und Büschen. Je nach Umgebungsfarbe kann es seine normale bräunliche dunkelgebänderte Färbung nach Grün, Beige bis hin zu Schwarz verändern. Da es seine Augen unabhängig voneinander bewegen kann, hält es nach Beute Ausschau, ohne dabei den Körper zu bewegen. Hat es ein Insekt entdeckt, schnellt es seine lange, mit einem klebrigen Polster versehene Zunge heraus, an der das Beutetier hängenbleibt.

Das 25 bis 30 cm lange Chamäleon vergräbt im Herbst seine Eier in den Boden, aus dem im nächsten Sommer die Jungtiere kriechen. (Verbreitung: warme Gebiete Europas, Nordafrikas, Kleinasiens)

Spanischer Walzenskink

(Chalcides bedriagai)

Zur großen Familie der Glattechsen *(Scincidae)* gehört der Spanische Walzenskink. Wie die meisten seiner Verwandten hat er nur kurze Beine, wobei es auch völlig beinlose Arten gibt. Der Walzenskink erreicht eine Länge von etwa 16 cm und lebt am sandigen Boden zwischen Pflanzen und Steinen. Bisweilen gräbt er sich in den Sand ein. Zu seiner Nahrung zählen hauptsächlich Wirbellose.

Die Jungen entwickeln sich bereits im Körper der Mutter und werden lebend geboren. In verschiedenen Gegenden seines Verbreitungsgebietes existieren etliche Unterarten, die sich in Farbe, Größe und Länge der Beine unterscheiden. (Verbreitung: Iberische Halbinsel)

Gewöhnlicher Flossenfuß

(Pygopus lepidopodus)

Der Flossenfuß *(Pygopodidae)* ähnelt wie die anderen Mitglieder dieser kleinen Familie eher den Schlangen als den Echsen, denn sie besitzen keine oder nur noch Überreste von Gliedmaßen. Ihr Körperbau zeigt allerdings, daß sie mit den Geckos nahe verwandt sind und Echte Echsen darstellen.

Der Flossenfuß lebt am Boden im Gras und gräbt sich bei Gefahr schnell in den Sand ein. Die oft weit über einen halben Meter lange Echse ernährt sich vor allem von Insekten, die sie während der Nacht erbeutet. (Verbreitung: Australien)

Mauergecko *(Tarantola mauritanica)*

Vom Bau seines Skelettes her ist der Mauergecko aus der Familie der sogenannten Haftzeher *(Gekkonidae)* ein eher primitives Kriechtier. Seine Augen sowie seine Finger und Zehen sind jedoch hoch entwickelt. Mit Haftpolstern an der Unterseite der verbreiterten Finger und Zehen findet der etwa 15 cm große Gecko auch an senkrechten Flächen noch Halt. Meist nachts kommt er aus seinem Versteck und sucht nach Schnecken, Würmern und Insekten.

Im Frühjahr legt das Weibchen am Boden, geschützt unter Steinen, seine Eier ab, aus denen sich bis zum Hochsommer die Jungtiere entwickeln. (Verbreitung: Südeuropa, Nordafrika)

Smaragdeidechse *(Lacerta viridis)* △

Die schön gefärbte Smaragdeidechse aus der Familie der Halsbandeidechsen *(Lacertidae)* ist mit einer Länge von 40 bis 50 cm die größte Eidechse Mitteleuropas. Gegenden mit dichtem Buschbewuchs von den Niederungen bis in mittlere Lagen bilden ihr Revier. Geschickt klettert sie auf Bäumen und Sträuchern und macht Jagd nach Insekten und Larven, erwischt manchmal auch Eidechsen oder eine kleine Maus.

Wie alle Eidechsen ruht sie gerne an sonnigen Plätzen. Bei Gefahr kann die Smaragdeidechse ihren langen Schwanz abwerfen, um sich zu befreien oder den Angreifer zu irritieren. (Verbreitung: Mittel- und Südeuropa, Kleinasien)

Blindschleiche *(Anguis fragilis)*

Eine schlangenartige Echse ohne Beine ist die Blindschleiche aus der Familie der Schleichen *(Anguidae)*. Mit schlängelnden Bewegungen kriecht sie über den Boden und sucht nach Regenwürmern, Schnecken und Insekten. Obwohl die Blindschleiche im allgemeinen etwas träger ist als andere Echsen, flüchtet sie bei Gefahr in einem erstaunlichen Tempo. Notfalls wirft sie ihren Schwanz ab, wenn sie festgehalten wird.

Die Jungen entwickeln sich im Körper des Weibchens, und oft fällt der Schlüpfvorgang aus den Eiern meist mit der Eiablage zusammen. Nach dem Schlüpfen sind die Jungen 6 bis 10 cm lang. Sie erreichen im Laufe ihres Lebens eine Länge von etwa 1,5 m. (Verbreitung: Europa, außer Irland, Nordskandinavien und Portugal, Kleinasien, Nordwestafrika) ▽

Schlangen *(Serpentes)*

Ringelnatter *(Natrix natrix)* △

Allenfalls einem kleinen Säugetier kann die Ringelnatter aus der Familie der Nattern *(Colubridae)* gefährlich werden, die jedoch meist Lurche und Insekten frißt. Für sie ist das Körpersekret dieser Natter giftig. Der Mensch hat von der selten bis nahe 2 m langen Schlange nichts zu befürchten. Feuchte Wiesen, Sümpfe und verschiedene Gewässer sind der ideale Lebensraum für die Ringelnatter, die sehr gut schwimmen kann.

Vom warmen Frühjahr bis zum Sommer paaren sich die Tiere, wobei sich Männchen und Weibchen umeinander winden. Nach zwei Monaten erfolgt die Eiablage unter Laub oder anderem vermodernden Material. (Verbreitung: Europa, Westasien, Nordwestafrika)

Kreuzotter *(Vipera berus)*

Langsam schlängelt sich die etwa 50 cm lange Kreuzotter aus der Familie der Ottern *(Viperidae)* durch die Bodenvegetation. Obwohl sie es feucht liebt, sucht sie stets nach Plätzen, um sich zu sonnen. Gleichzeitig liegt sie unbeweglich auf der Lauer nach kleinen Nagern, Eidechsen und Lurchen. Blitzschnell stößt sie zu und spritzt mit ihren hervorgeklappten Giftzähnen ein tödliches Gift in das Opfer. Auch die etwa 15 bis 20 cm langen Jungtiere sind bereits beim Schlüpfen mit Giftzähnen ausgestattet. ▷

Die Giftigkeit dieser bekannten Schlange wird zwar oft überschätzt, denn ein Biß endet für den Menschen selten tödlich, bei Kindern ist jedoch schnelle ärztliche Hilfe dringend angeraten. (Verbreitung: Eurasien)

Brillenschlange *(Naja naja)*

◁ Wenn die ca. 2 m lange Brillenschlange aus der Familie der Giftnattern *(Elapidae)* ihren Vorderkörper in Drohhaltung aufrichtet, spreizt sie die beweglichen Halsrippen so weit, daß eine flache Scheibe entsteht, die das charakteristische brillenförmige Zeichenmuster zeigt.

Die gefährliche Giftschlange frißt Nagetiere, Echsen und Frösche, die sie durch einen Biß mit den Giftzähnen tötet. Um sich zu verteidigen, kann sie darüber hinaus ihr Gift bis 2 m weit spritzen, wobei der Angreifer schwere Augenverletzungen davonträgt.

Die Brillenschlage betreibt bis zum Schlüpfen der Jungen Brutpflege und bewacht das Gelege fast ständig. (Verbreitung: Südasien, Südostasien)

Blattgrüne Mamba *(Dendroaspis angusticeps)*

Obwohl die Mamba, die ebenfalls aus der Familie der Giftnattern *(Elapidae)* kommt, den Ruf genießt, besonders gefährlich zu sein, werden Menschen nur sehr selten angegriffen. Meist hat die 2 m lange Giftschlange schon die Flucht ergriffen, bevor man sie zu sehen bekommt.

Die Blattgrüne Mamba verbringt sehr viel Zeit auf Bäumen, wo sie nach Vögeln und Echsen jagt. Während der Paarungszeit werben mehrere Männchen um ein Weibchen, indem sie regelrechte Schaukämpfe abhalten. Nach der Paarung legt das Weibchen 10 bis 15 Eier an geschützten Stellen ab, wo nach etwa 4 Monaten die Jungen ausschlüpfen. (Verbreitung: Ostafrika, Südafrika)

▽

Boa Constrictor / Königsschlange

(Constrictor constrictor)

◁ Eine der größten Schlangen der Welt ist die Boa constrictor aus der Familie der Riesenschlangen *(Boidae)*. Wie die meisten Boaarten lebt die Königsschlange in der Neuen Welt in sehr unterschiedlichen Territorien von der Wüste bis zum Regenwald. Ihre Nahrung besteht aus Vögeln und Säugetieren.

Da die Boas nicht giftig sind, töten sie ihre Beute nicht durch einen Biß, sondern packen nur mit den Zähnen zu, um anschließend ihr Opfer zu umschlingen und es regelrecht zu erwürgen. (Verbreitung: Mittel- und Südamerika)

Tigerpython *(Python molurus)*

In den tropischen Gebieten der Alten Welt lebt die zweite Gruppe der Riesenschlangen, die Pythons. Ein typischer Vertreter ist der Tigerpython *(Boidae)*, der mit einer Länge von nahezu 6 m die Bezeichnung Riesenschlange wahrlich verdient. Im Dickicht des Regenwaldes und in Mangrovensümpfen ruht der Tigerpython in einem Versteck, oder er nimmt ein Sonnenbad.

Sobald es dämmert, wird er aktiv, sucht nach Beute oder liegt an Wasserstellen auf der Lauer. Hat er ein Wildschwein oder ein anderes kleineres Säugetier oder einen Vogel erwischt, umwindet er das Beutetier und drückt es zu Tode. (Verbreitung: Südasien, Südostasien und Indonesien) ▷

Vögel *(AVES)*

Nach den Säugetieren sind Vögel die am weitesten entwickelten Wirbeltiere. Ungefähr 300 Millionen Jahre gibt es auf unserer Erde schon Vögel. Ihre Vorfahren waren Reptilien, aus denen sich der Urvogel gebildet hat. Dieser Urvogel hatte bereits sein Schuppenkleid gegen ein Federkleid getauscht und startete zu ersten Gleitflügen. Gegen diese noch ungeschickten Segler und Flatterer sind die meisten der heute lebenden Vögel wahre Akrobaten, die ideal zum Fliegen ausgerüstet sind.

Es gibt jedoch auch Vögel, die sich im Laufe der Entwicklung auf ganz spezielle Lebensräume spezialisiert haben. Ihr Körper weicht von der charakteristischen Form des wirklich fliegenden Vogels ab. So hat der Strauß für das Laufen in der Steppe lange kräftige Beine. Seine Flügel dagegen sind verkümmert, so daß er flugunfähig ist. Anders ist wiederum der Pinguin gebaut. Seine Körperform gleicht der eines Fisches, denn seine Flügel sind zu einer Art Flossen umgebildet. Er ist ein Tauchvogel, der auf dem Lande nur watschelt, unter Wasser dagegen so geschickt fliegt wie ein Vogel in der Luft.

Jeder Lebensraum bestimmt in starkem Maße die äußere Form, die Farbe und das Aussehen eines Vogels. Der Vogel der tropischen, bunten Wälder voller Blüten ist oft durch schillernde Farben geschmückt. Er verschmilzt mit seiner Umgebung. Der Vogel der Wüste ist nicht bunt, sondern dem sandigen Ton seiner Umgebung angepaßt. Ernährt sich ein Vogel von der Jagd, hat er einen scharfen Schnabel und große Augen. Sucht er im seichten Wasser nach Nahrung, so hat er z.B. lange, dünne Beine und einen langen Schnabel.

Alle etwa 9000 Vogelarten, die über die ganze Erde verbreitet sind, haben einige typische Merkmale gemeinsam. Ihr Körper ist mit einem Federkleid umhüllt, das aus Deck- und Flaumfedern besteht. Die Vordergliedmaßen sind zu Flügeln umgebildet. Anstelle des schweren Gebisses ist ein leichter Hornschnabel getreten. Vögel sind sogenannte gleichwarme Tiere; das heißt, ihre Körpertemperatur schwankt nicht, wie z.B. bei den Reptilien, sondern wird durch das schützende Federkleid und bestimmte Körperfunktionen konstant gehalten. Ihre Jungen schlüpfen aus Eiern, in denen sich ihre ganze Entwicklung vollzieht.

(Abb.: Schematischer Längsschnitt durch Körper und Skelett eines Vogels)

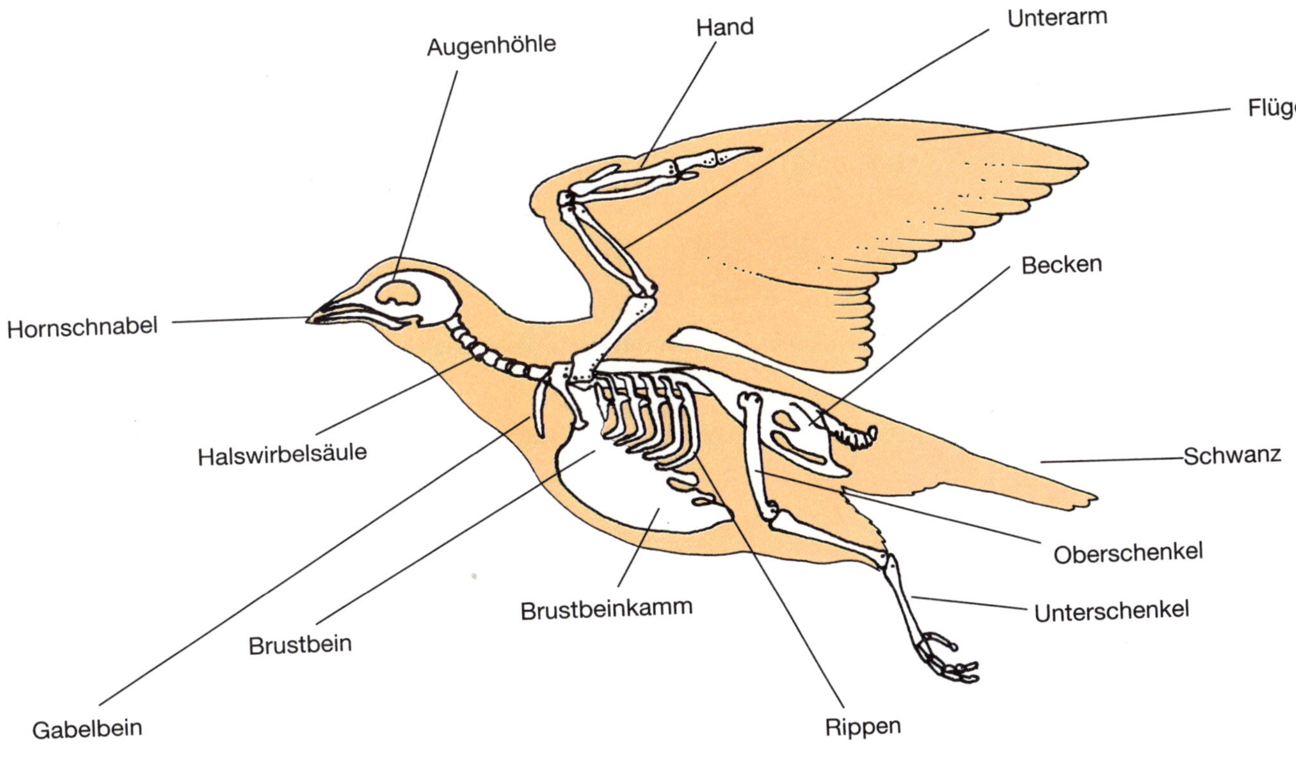

Greifvögel *(Falconiformes)*

Die Ordnung der Greifvögel bezeichnet man als Falconiformes. An ihrem gebogenen, scharfen Schnabel sind sie leicht zu erkennen. Als Raubvögel und Aasfresser sind sie für ein gesundes Gleichgewicht in der Natur sehr wichtig. Man kann sie als Gesundheitspolizei bezeichnen. Durch ihr hochentwickeltes Sehvermögen ist es ihnen möglich, auch aus großer Entfernung Beutetiere oder Kadaver zu erspähen. Hauptsächlich kranke oder schwache Tiere fallen den Greifvögeln zum Opfer. Dadurch wird ein gesunder Bestand sichergestellt.

Der Speisezettel der einzelnen Arten ist sehr unterschiedlich. Es haben sich Spezialisten gebildet, die an die jeweiligen Beutetiere bestens angepaßt sind.

Der Milan folgt dem Lauf der Flüsse, um tote oder kranke Fische auf der Wasseroberfläche zu erbeuten. Schnell wie ein Pfeil schießt der Sperber durch das Gebüsch auf der Jagd nach Kleinvögeln. Nur durch einzelne Flügelschläge unterstützt, segelt der Adler über Bergtäler und hält nach Beute Ausschau. Ausdauernd kreist der Geier über einem verendenden Tier. Sobald es tot ist, verspeist er es bis auf die Knochen.

Mäusebussard *(Buteo buteo)*

Gerne sitzt der Mäusebussard, der zur Familie der Habichtartigen *(Accipitridae)* zählt, auf Pfählen, Masten oder einzelnen Bäumen, von wo er Ausschau hält. In der Luft segelt er in weiten Kreisen und stößt hin und wieder ein schreiendes „läh" aus. Mit einer Flügelspannweite von ca. 130 cm kann er weite Strecken ohne Flügelschlag zurücklegen. Zu seinen Beutetieren zählen vor allem Mäuse, manchmal ein Kaninchen, aber auch Reptilien, Schnecken und Würmer.

Auf hohen Bäumen legen die Alttiere einen Horst an. Die zwei bis drei Jungen werden von beiden Eltern gefüttert. (Verbreitung: Europa, Asien)

▽

Steinadler *(Aquila chrysaetos)*

Das kraftvolle Tier mit einer Länge von 80 cm und einer Spannweite von 2,2 m fliegt über weiten Waldlandschaften, und nur in Mitteleuropa wurde er ins Hochgebirge verdrängt. Mit seinen starken Fängen greift er aus dem Stoßflug sein Beutetier am Boden, nachdem er lange in der Luft gekreist ist. Kleinere Säugetiere sind seine Hauptnahrung, doch auch ein Lamm oder Hirschkalb kann er noch schlagen.

▽

An steilen Felswänden oder in hohen Bäumen errichtet er einen Horst, der häufig mehrmals benutzt wird. Zwei Eier werden vom Weibchen ausgebrütet. Erst nach zwei Jahren sind die Jungvögel erwachsen. (Verbreitung: Europa, Asien, Nordafrika, Nordamerika)

Rotmilan *(Milvus milvus)*

Waldgebiete und weites, offenes Gelände sind die Reviere des 60 bis 66 cm langen Rotmilans aus der Familie der Habichtartigen *(Accipitridae)*. Im Flug fällt sein tief gegabelter Schwanz auf, und auch der Laie kann den hoch oben kreisenden Vogel daran leicht erkennen. Vor allem kleine Wirbeltiere, aber auch Insekten zählen zu seiner Beute, die er oft im Tiefflug geschickt verfolgt. ▷

Die drei bis vier Eier werden größtenteils vom Weibchen bebrütet, während das Männchen für Nahrung sorgt. Die Jungen schlüpfen nach knapp 1 Monat. (Verbreitung: Europa, Vorderasien, Nordafrika)

Wiesenweihe *(Circus pygargus)*

◁ Im offenen Gelände mit Sümpfen, Schilf und Ried, aber auch auf Wiesen mit Bächen lebt die Wiesenweihe aus der Familie der Habichtartigen *(Accipitridae)*. Sie ernährt sich von kleinen Nagetieren, Vögeln, Eidechsen und Fröschen. Zum Ergreifen der Beute stürzt sich die 46 cm lange Wiesenweihe aus der Luft herab, wo sie zuvor in ruhigem Flug gesegelt ist.

Am Boden baut sie ein verstecktes Nest und legt im Mai/Juni vier bis fünf Eier hinein. Die nach vier Wochen geschlüpften Jungen werden noch bis zum Herbst versorgt. (Verbreitung: Europa, mit Ausnahme der Britischen Inseln, dem Balkan und Süditalien, Teile Asiens, Nordwestafrika)

Habicht *(Accipiter gentilis)*

Der etwa 48 bis 61 cm lange Habicht *(Accipitridae)* ist stark an den Wald, vor allem an Nadelwald, gebunden. Gewandt fliegt er zwischen den Bäumen oder über den Wipfeln auf der Suche nach Beute. Hat er einen kleineren Vogel oder ein Säugetier bis zur Größe eines Kaninchens erspäht, schlägt er blitzschnell zu und verschlingt seinen Fang am Boden. ▷

Beide Partner bauen auf hohen Bäumen einen großen Horst, in den meist drei Eier gelegt werden. Während der 35 bis 41 Tage dauernden Brut versorgt das Männchen das Weibchen mit Nahrung. Ein Habichtpaar bleibt gewöhnlich ein Leben lang zusammen. (Verbreitung: Europa, Asien, Nordamerika)

Mönchsgeier *(Aegypius monachus)*

Von weitem wirkt der große, 1,05 m lange Geier mit dem dunkelbraunen Gefieder fast schwarz. Die Halskrause und der helle Flaum am Hinterkopf tragen ebenfalls zur Ähnlichkeit mit einem echten Mönch bei. Die Hauptnahrung des Mönchsgeiers, der wie die vorher genannten Vögel zur Famillie der Habichtartigen *(Accipitridae)* zählt, besteht aus Aas, doch gelegentlich schlägt er auch lebende, kranke oder geschwächte Beutetiere.

Das imposante Tier fliegt über offenen Landschaften und abgelegenen Waldgebieten und brütet in einem großen Horst auf einem Baum im Frühjahr ein einziges Ei aus. (Verbreitung: Südeuropa, südliche Zone Asiens bis China)

Schmutzgeier *(Neophron percnopterus)*

Da der Schmutzgeier *(Accipitridae)* mit einer Länge von etwa 60 cm kleiner ist als andere Geier, hat er an Kadavern oft das Nachsehen. Seinem Namen macht er alle Ehre, denn des öfteren sieht man ihn auf Schuttplätzen, wo er im Müll nach Nahrungsresten wühlt. Zusätzlich frißt er auch Insekten und Eier von Großvögeln wie Straußen, die er mit einer unglaublichen Geschicklichkeit öffnet. Dazu besorgt er sich einen passenden Stein als Werkzeug und läßt ihn so lange auf das Ei fallen, bis dieses zerspringt.

Die ein bis zwei Eier im Horst, der sich meist auf Felsvorsprüngen befindet, werden von den Eltern abwechselnd bebrütet. (Verbreitung: Afrika, südliche Zone Asiens)

Wanderfalke *(Falco peregrinus)*

Durch seine eindrucksvolle Flugkunst, die sich durch Schnelligkeit und Wendigkeit auszeichnet, ist der 40 bis 48 cm lange Wanderfalke *(Falconidae)* in der Lage, Vögel in der Luft zu jagen. Tauben, Lerchen und sogar Möwen oder Enten zählen zu seiner Beute. Sein Lebensraum sind offene Wälder, freies Gelände mit Büschen, aber auch Tundren oder Felslandschaften. ▷

Der Standort seines Horstes liegt je nach Umgebung verschieden. Während das Männchen die Nahrung heranschafft, brütet das Weibchen zwei bis fünf Eier aus. Nach dem Schlüpfen geht auch das Weibchen auf Nahrungssuche. (Verbreitung: beinahe weltweit, aber in Mitteleuropa bedroht)

Turmfalke *(Falco tinnunculus)*

◁ Eine andere Jagdmethode hat der Turmfalke *(Falconidae)*, der hauptsächlich kleinere Säugetiere erbeutet. Mit schnellen, rüttelnden Flügelschlägen steht er gleichsam des öfteren längere Zeit in der Luft, um sich dann blitzschnell auf eine Beute hinunterzustürzen.

Das 34 bis 38 cm lange Tier bewohnt die unterschiedlichsten Lebensräume, wobei es dichte Wälder meidet. Von Felsvorsprüngen bis hin zu hohen Gebäuden baut der Vogel seinen Horst, in dem das Weibchen innerhalb eines Monats vier bis sechs Eier ausbrütet. Das Männchen ist für die Nahrungsbeschaffung zuständig. (Verbreitung: Europa, Asien, Afrika)

Abb.: Flugbilder verschiedener Greifvögel

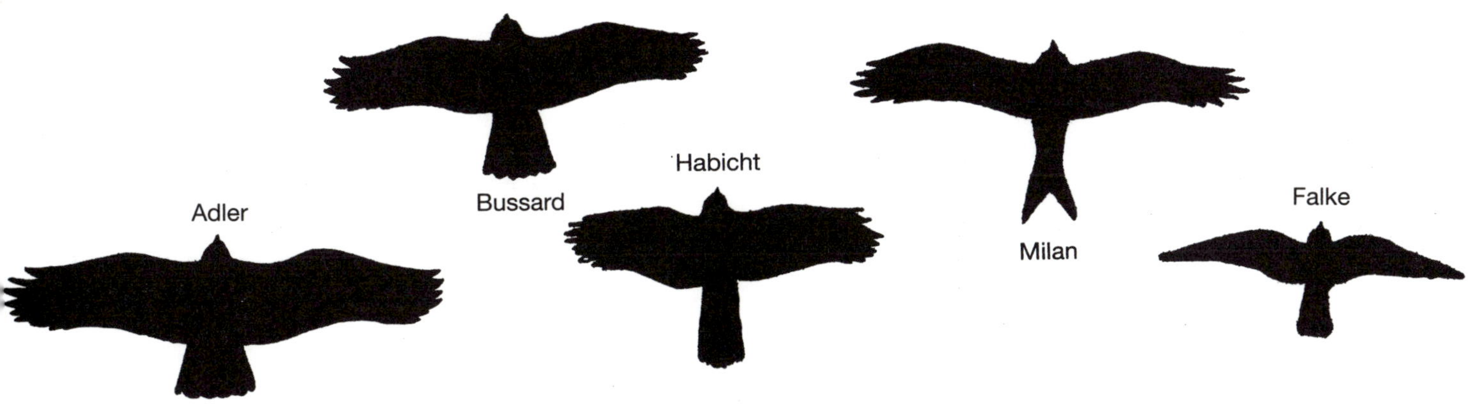

Kalifornischer Kondor

(Gymnogypus californianus)

◁ Mit einem Gewicht von 11 kg und einer Länge von über 1,3 m bedarf es einer gewaltigen Flügelspannweite, damit sich der Kondor in die Luft erheben kann. Noch in große Höhen von mehr als 10 km kann das eindrucksvolle Tier aufsteigen, ohne mit den breiten Schwingen zu schlagen. Allerdings muß die Wetterlage für derartige Segelflüge günstig sein. Bei trübem, windstillem Wetter bleibt der riesige Vogel die meiste Zeit an seinem Horst oder Ruheplatz.

Die Kadaver großer Tiere bilden die Nahrung des Kondors aus der Familie der Neuweltgeier *(Cathartidae)*. Da der Jungvogel mehr als ein Jahr gefüttert wird, wird nur alle zwei Jahre ein Ei ausgebrütet. Leider ist diese Art stark vom Aussterben bedroht. (Verbreitung: Südwesten der USA)

Sekretär *(Sagittarius serpentarius)*

Obwohl der Sekretär aus der gleichnamigen Familie *(Sagittariidae)* gut fliegen kann und er seinen Horst meist in der Krone eines hohen Baumes errichtet, macht er sich beinahe den ganzen Tag am Boden zu schaffen. Wenn er auf ▷ seinen langen Beinen umherstolziert, ähnelt er mit seinen Kopffedern einem Büroangestellten, der mehrere Füllfederhalter hinter sein Ohr gesteckt hat. Auf der Suche nach Beute legt er zu Fuß oft viele Kilometer zurück. Er ist nicht wählerisch und schnappt sich alles, was am Boden kreucht und fleucht. Mit dem kräftigen Schnabel und Fußtritten tötet er seine Beute und vertreibt Eindringlinge aus seinem Revier.

Das Weibchen brütet alleine zwei bis drei Eier aus. (Verbreitung: Afrika)

Laufvögel *(Struthioniformes)*

Strauß *(Struthio camelus)*

Der Strauß aus der gleichnamigen Familie *(Struthionidae)* ist der größte lebende Vogel der Welt. Mit einem Gewicht von bis zu 250 kg ist er zum Fliegen zu schwer. Seine Flügel sind zurückgebildet, Schwungfedern fehlen. Dafür erreicht er im flachen Grasland Laufgeschwindigkeiten von 70 bis 90 km/h und kann einem Angreifer problemlos entkommen. ▷

Vor der Brutzeit paart sich ein Straußenhahn mit mehreren Hennen, die in eine Sandmulde je drei bis acht Eier ablegen. Das Gesamtgelege mit 10 bis 25 Eiern wird von Hennen und Hahn betreut. Mit 1,5 kg entspricht ein Straußenei ungefähr 35 Hühnereiern. (Verbreitung: Afrika)

Emu *(Dromaius novaehollandiae)*

◁ Mit einer Länge von 2 m ist der Emu aus der gleichnamigen Familie *(Dromaiidae)* der zweitgrößte Vogel. Auch er ist ein bodenbewohnender Laufvogel mit verkümmerten Flügeln. Er lebt in Steppen und Waldgebieten und ernährt sich von pflanzlicher Nahrung sowie Insekten.

In einer Bodenmulde legt das Weibchen 7 bis 10 dunkelgrüne Eier mit grober Oberfläche, die dadurch gut getarnt sind. Das Gelege wird vom Männchen bebrütet, das später auch für die Küken sorgt. Da Emus in Anbauflächen von Farmen eindringen, werden sie in großer Zahl abgeschossen, was bisher jedoch ihren Bestand nicht merklich gefährden konnte. (Verbreitung: Australien)

Kasuar *(Casuarius casuarius)* △

Der Kasuar aus der gleichnamigen Familie *(Casuariidae)* ist ein großer, sehr auffälliger Laufvogel. Er hat kürzere Beine als ein Strauß, und die kräftigen Füße sind mit scharfen Krallen ausgestattet. Sein unbehaarter Kopf sowie der Hals sind bunt gefärbt. Über den Kopf zieht sich ein Hornaufsatz, der Ähnlichkeit mit einem Helm hat.

Der Lebensraum des Kasuars ist der dichte Urwald. Seine Nahrung besteht aus Früchten, Beeren und verschiedenen Pflanzen. Die drei bis sechs grünen Eier werden vom ca. 1,5 m langen Männchen in einer gepolsterten Mulde im Boden ausgebrütet. (Verbreitung: Teile Nordaustraliens, Neuguinea, Ostindonesien)

Kiwi *(Apteryx australis)*

Obwohl der Kiwi aus der gleichnamigen Familie *(Apterygidae)* als Nationaltier von Neuseeland dort jedem bekannt ist, haben nur wenige den etwa 50 cm langen Vogel je zu Gesicht bekommen. Das Nachttier lebt im dichten Wald, wo es am Boden nach Insekten, Würmern und Beeren sucht. An der Spitze des langen Schnabels befinden sich die Nasenlöcher. Kiwis haben einen für Vögel ungewöhnlich guten Geruchssinn. ▷

Das Männchen brütet die ein bis zwei Eier in einer Art Bodenhöhle aus, die das Weibchen gegraben hat. (Verbreitung: Neuseeland)

Pinguine *(Sphenisciformes)*

Die ganze Gruppe der flugunfähigen Meeresvögel gehört der Familie der Pinguine *(Spheniscidae)* an. Sie leben auf der südlichen Erdhalbkugel und gehen nur zum Brüten auf das Festland der Antarktis sowie die Südzipfel von Südamerika, Südafrika und Australien. Hier nisten sie in riesigen Brutkolonien auf spärlichen Nestern.

Auf dem Lande wirken die watschelnden Vögel etwas unbeholfen. Im Wasser sind sie jedoch vollendete Schwimmer. Mit Hilfe ihrer verkümmerten, flossenförmigen Flügel und dem stromlinienförmigen Körper erreichen sie unter Wasser beachtliche Geschwindigkeiten.

Kaiserpinguin *(Aptenodytes forsteri)*

Mit einer Länge von ca. 1,2 m ist der Kaiserpinguin der größte Vertreter der Familie *(Sphenescidae)*. Er kommt nur in der Antarktis vor und betritt selbst zum Brüten das Festland nicht. Im Winter legt das Weibchen auf Packeis ein Ei, das vom Männchen ca. 2 Monate bebrütet wird. Unter diesen extremen Klimabedingungen bietet ein Nest keinen Vorteil. Das Ei liegt die ganze Zeit auf den Füßen des Männchens und wird durch eine Hautfalte abgedeckt. ▷

Nachdem das Eis aufbricht, kehrt das Weibchen aus dem Meer zurück und übernimmt die Brutpflege, damit das Männchen wieder zu Kräften kommt. (Verbreitung: Antarktis)

Zwergpinguin *(Eudiptula minor)*

◁ Der kleinste Vertreter der Familie *(Sphenescidae)* ist der Zwergpinguin. Er erreicht nur eine Länge von 30-40 cm. Neben der geringen Größe sind auch der schmale Schnabel sowie das blau schimmernde Rückengefieder Erkennungsmerkmale dieser Art. In Sandlöchern und Felsspalten brütet das Eltenpaar zwei Eier aus.

Zwergpinguine gehen nur während der Brutzeit oder um zu schlafen an Land und verbringen die übrige Zeit in den Küstengewässern. (Verbreitung: Küsten von Südaustralien, Tasmanien und der Südinsel Neuseelands)

Galapagospinguin *(Spheniscus mendiculus)*

Im Gegensatz zu allen anderen Pinguinarten wagt sich der Galapagospinguin *(Sphenescidae)* in die Nähe des Äquators. Für die kälteliebenden Pinguine wird dieser Ortswechsel durch das kalte Wasser des Humboldtstromes ermöglicht, der darüber hinaus auch reichlich Nahrung bietet. Die etwa einen halben Meter großen Vögel bilden aufgrund des eingegrenzten Lebensraumes der Galapagos-Inselgruppe die zahlenmäßig geringste Pinguinart.

Zwischen Mai und Juli brüten die Altvögel in einem Nest aus Steinchen in einer geschützten Felsspalte ◁ zwei Eier aus.

Eselspinguin *(Pygoscelis papua)*

Rund um den Südpol und die antarktischen Inseln brütet ▷ der etwa 80 cm lange Eselspinguin *(Sphenescidae)* in großen Kolonien entlang der Küste. Vor dem Nestbau übergibt das Männchen in einer Art Balzritual kleine Steine als Nistmaterial an das Weibchen, dabei sind auch die typischen Rufe des Pinguins zu hören, die an lautes Eselsgeschrei erinnern.

Nach dem 1-2 Monate dauernden Brutgeschäft ziehen die Altvögel gemeinsam die beiden Jungen auf. Als Nahrung dienen ihnen kleine Krebse und Tintenfische. (Verbreitung: Antarktis)

Lappentaucher *(Podicipediformes)*

Haubentaucher *(Podiceps cristatus)*

Wenn der Haubentaucher *(Podicipedidae)* nach dem ▷ Winter sein Brutkleid trägt, bietet er ein eindrucksvolles Bild. Stolz führt er den zweiteiligen schwarzen Schopf und Backenbart vor und ist durch die Größe von 50 cm auf dem Wasser leicht zu erkennen. Sein Lebensraum umfaßt Seen, Teiche und Flüsse mit Schilfzonen.

Vor der Begattung vollführen die Partner einen mehrphasigen Balztanz mit Rüttelbewegungen des Kopfes, Pinguinhaltung und gegenseitigem Anbieten von Nistmaterial. Im schwimmenden Nest werden 4 bis 5 Eier ausgebrütet.

Haubentaucher ernähren sich von Fischen, Insekten und Krebstieren. (Verbreitung: Europa, Asien, Afrika, Australien, Neuseeland)

Abb. unten: Balz des Haubentauchers

Seetaucher *(Gaviiformes)*

Prachttaucher *(Gavia arctica)*

Alle fünf Arten von Seetauchern *(Gaviidae)* leben im ▷ Norden auf großen, klaren Seen. Sie tauchen mit Hilfe von Ruderbewegungen der Füße nach Fischen, Krebsen und Insekten. Ihr Nest bauen die 55 bis 70 cm langen Vögel direkt am Ufer und brüten gemeinsam meist zwei Eier aus. In dieser Zeit tragen beide Geschlechter ein schwarzweißes Brutkleid, das sich vom bräunlichen Ruhekleid des Winters durch die starke Kontrastwirkung unterscheidet.

Als Teilzieher verbringt der Prachttaucher die kalte Jahreszeit in südlichen Gegenden. (Verbreitung: Nordeuropa, Asien, Nordamerika)

Röhrennasen *(Procellariiformes)*

Atlantischer Eissturmvogel

(Fulmarus glacialis)

Oft fliegt der Eissturmvogel aus der Familie der Sturmvögel *(Procellariidae)* weit aufs offene Meer hinaus, um Schiffen zu folgen und deren Küchen- und Fischereiabfälle zu fressen. Dabei unterbricht er seinen Gleitflug nur selten mit einzelnen Flügelschlägen. ▷

Ausschließlich während der Brutzeit oder wenn er verletzt ist, sieht man den 40 bis 50 cm langen Hochseevogel an Land. Sein Nest baut er in Kolonien auf Felsklippen oder am Boden. Das rauhschalige Ei wird von beiden Partnern bebrütet und notfalls gegen Angreifer verteidigt. In der Brutkolonie herrscht meist ein höllischer Lärm.

Die Nahrung dieser Vögel besteht ferner aus Fischen und Krebstieren. (Verbreitung: Nordatlantik, Nordpazifik)

Buntfüßige Sturmschwalbe

(Oceanites oceanicus)

◁ Mit ihren langen Beinen und kurzen Zehen ist die Buntfüßige Sturmschwalbe aus der Familie der Sturmschwalben *(Hydrobatidae)* in der Lage, bei ausgespreizten Flügeln auf dem Wasser zu laufen. Dabei fischt sie blitzschnell ihre Planktonnahrung aus dem Wasser. Auch die kleinen, 15-20 cm langen Sturmschwalben verbringen die meiste Zeit in der Luft auf hoher See. Nur zum Brüten bilden sie an Felsküsten der Inseln vor der Südspitze Südamerikas Kolonien und bauen in Spalten und Höhlen ihr Nest. Hier wird ein einziges Küken aufgezogen.

Den Winter verbringen die Vögel weiter nördlich bis zum Äquator. (Verbreitung: Antarktis, Indischer Ozean, Atlantik)

Ruderfüßer *(Pelecaniformes)*

Kormoran *(Phalacrocorax carbo)*

◁ Bevor sich der Kormoran aus der gleichnamigen Familie *(Phalacrocoracidae)* auf seinen Unterwasserbeutezug begibt, hält er den Kopf unter Wasser, um nach Beute Ausschau zu halten. Mit Hilfe der Ruderfüße und des Schwanzes taucht er 20-30 Sekunden bis über 5 m tief ab, bringt seine Beute nach oben und schüttelt sie kräftig, bevor er sie verspeist. Hauptsächlich Fische, aber auch Weichtiere und Amphibien bilden seine Nahrung.

Kormorane nisten in Kolonien, oft zusammen mit Graureihern an Küsten, salzigen Sümpfen und fischreichen Binnengewässern. In ihrem Nest aus Zweigen und Ästen brüten sie 2-3 Eier aus. (Verbreitung: Europa, Afrika, Asien, Australien, Nordamerika)

Baßtölpel *(Sula bassana)*

In der Luft ist der Baßtölpel aus der Familie der Tölpel *(Sulidae)* ganz und gar kein Tölpel, denn er ist ein ausgezeichneter Flieger. Hat er einen Fisch oder Tintenfisch erspäht, stürzt er sich auch aus größerer Höhe ins Meer und packt seine Beute. Ein spezielles Luftpolster unter der Haut dämpft dabei die Wucht des Aufpralls. ▷

Die geselligen Meeresvögel brüten dicht gedrängt auf Felsen, so daß sich die Gelege teilweise berühren. Beide Elternteile wechseln sich bei Brut und Aufzucht des einzigen Nachkömmlings ab. Oft bleiben die Partner ein Leben lang zusammen. (Verbreitung: Atlantikküsten bis Island)

Rosapelikan *(Pelecanus onocrotalus)*

Der große, bis 1,7 m lange Vogel *(Pelecanidae)* ist in mehrfacher Hinsicht an das Leben auf dem Wasser angepaßt. Neben den kurzen Beinen mit Schwimmhäuten zwischen den Zehen, hat er am Unterschnabel einen großen Kehlsack, der sich unter Wasser beim Schöpfen aufbläht und mit Fischbeute füllt. Anschließend wird das Wasser wieder herausgepreßt.

In den Nistkolonien übernehmen hauptsächlich die Weibchen auf großen Nestern aus Schilf, Gras oder Zweigen das Brutgeschäft. Die zwei bis drei Jungen werden während des Tages nur wenige Male gefüttert. (Verbreitung: Europa, Asien, Afrika)

Rotschwanz-Tropikvogel

(Phaethon rubricauda)

Die mittleren Schwanzfedern des Tropikvogels aus der gleichnamigen Familie *(Phaethontidae)* sind stark verlängert und leuchten dunkelrot. Auf dem Land wirkt der 40 cm lange, weiße Vogel ebenso unbeholfen wie beim Schwimmen. So verbringt er die meiste Zeit in der Luft, um beim Flug über die Wasseroberfläche nur kurz unterzutauchen und Beute zu schnappen.

Während der Brut versammeln sich an geeigneten Start- und Landeplätzen auf Klippen die Vögel zu Kolonien. Die Eier werden meist ohne Nest am Boden abgelegt. Die Brutpartner haben nur ein Junges, das über drei Monate versorgt wird, bis es vollkommen selbständig ist. (Verbreitung: tropische Breiten des Pazifik, Indischer Ozean)

Schreitvögel *(Ciconiiformes)*

Silberreiher *(Casmerodius albus)*

Bewegungslos stehend oder vorsichtig schreitend hält der Silberreiher aus der Familie der Reiher *(Ardeidae)* in flachem Wasser Ausschau nach Beute. Fische, Weichtiere, Insekten, aber auch Kleinvögel, Säugetiere und sogar Pflanzen stehen auf seinem Speisezettel.

Während der Brutzeit färbt sich der gelbe Schnabel des ca. 1 m langen Tieres fast schwarz, und über dem Rücken hängen lange Schmuckfedern. Die Brutkolonie in großen Schilfbeständen ist vom lauten, krächzenden „Rhää" übertönt. In den Nestern auf Bäumen, Büschen oder direkt im Schilf werden drei bis fünf Eier von beiden Partnern 25-26 Tage lang ausgebrütet. (Verbreitung: Kosmopolit, wobei er in Europa seltener zu finden ist.)

▽

Weißstorch *(Ciconia ciconia)* △

Obwohl der etwa 1 m lange Weißstorch *(Ciconiidae)* in Mittel- und Westeuropa sehr selten geworden ist, hat er einen hohen Bekanntheitsgrad. Für die Nahrungssuche und Brut benötigt er weite, offene Feuchtgebiete, Wiesen- und Flußtäler mit einzelnen Bäumen. Hier fängt er mit seinem langen Schnabel Frösche, Mäuse, Würmer und Insekten.

Sein großes Nest aus Reisig baut er auf Bäumen oder auch höheren Gebäuden und alten Kaminen. Die 3 bis 5 Eier werden von beiden Eltern bebrütet. Nach einer Brutzeit von 33 bis 34 Tagen bleiben die Jungen weitere 55 Tage im Nest. Im Winter ziehen die Vögel nach Süden, meist ins tropische Afrika. (Verbreitung: Europa, Afrika, Teile Asiens)

Löffler *(Platalea leucorodia)*

Mit seinem typischen und unverwechselbaren Schnabel sucht der 80 bis 90 cm lange Löffler aus der Familie der Ibisse *(Threskiornithidae)* im seichten Wasser wie mit einem Suppenlöffel nach Kleingetier.

In ausgedehnten Sumpfgebieten findet sich die Brutkolonie oft zusammen mit Reiherkolonien, wobei die Nester meist im Schilf liegen. Innerhalb von 21 Tagen werden 4 bis 5 Eier ausgebrütet und nach einem weiteren Monat verlassen die Jungen das Nest.

In Europa finden sich nur noch in den Niederlanden und im Burgenland (Neusiedler See) Brutkolonien. Auch in den Tropen gehen die Bestände aufgrund von Umweltgiften zurück. (Verbreitung: Südeuropa, Teile Asiens, Afrika)

Flamingo *(Phoenicopterus ruber)*

Das auffallendste Merkmal des 1,2 m langen Flamingos *(Phoenicopteridae)* ist der merkwürdig ab der Mitte nach unten gebogene Schnabel. Wenn der prachtvolle Vogel auf den langen Beinen durchs seichte Wasser von brackigen Flachseen und Lagunen stelzt, kann er den Schnabel, dank des langen Halses, verkehrt herum ins Wasser halten. So filtriert er Nahrungsteilchen wie Krebstiere, Insekten, Weichtiere und Würmer heraus.

Zur Brutzeit legt das Weibchen ein Ei in das mit dem Schnabel aufgetürmte Schlammnest. Eine Flamingokolonie kann manchmal aus mehreren tausend Tieren bestehen. In der Luft vereinigen sich die Tiere zu regelrechten Flugtrupps, die in Keilform oder Ketten dahinziehen. (Verbreitung: Afrika, Westindien, Südamerika, Teile Südeuropas)

Gänsevögel *(Anseriformes)*

Graugans *(Anser anser)*

Die Wildform, aus der die Hausgans entstand, ist die Graugans *(Anatidae)*. Mit 75-90 cm Länge ist sie eine der größten Arten der Familie der Entenvögel. An ausgedehnten Gewässern und Moorgebieten mit dichtem Schilf und angrenzenden Wiesen sucht die Graugans ihre rein pflanzliche Nahrung, die aus meist jungen Pflanzen besteht. ▷

Innerhalb von knapp 1 Monat werden in einem Schilf- oder Strauchnest 4 bis 6 Eier ausgebrütet. Aufgrund umfangreicher Beobachtungen an Graugänsen konnte der Verhaltensforscher Konrad Lorenz wichtige Erkenntnisse zum biologischen Wissen beitragen. (Verbreitung: Europa, Asien)

Löffelente *(Anas clypeata)*

◁ Etwa 50 cm lang ist die Löffelente *(Anatidae)*, die etwas gedrungen wirkt, was durch den kurzen Hals noch verstärkt wird. Mit dem langen löffelförmigen Schnabel filtert sie Plankton aus dem Wasser. Nährstoffreiche Binnengewässer mit dichter Ufervegetation bilden den Lebensraum dieser Ente.

Während das Männchen mit seinem flaschengrünen Kopf und der schwarzen Rückenmitte auffällig gefärbt ist, trägt das Weibchen ein rotbraunes, unauffälliges Kleid. So ist es beim Brüten der 8 bis 10 Eier im Schilfnest gut getarnt. Wenn nach 22-24 Tagen die Küken schlüpfen, ist der Löffelschnabel noch nicht ausgebildet. Er formt sich erst im Laufe der Zeit. (Verbreitung: Europa, Asien, Afrika, Amerika)

Brandgans *(Tadorna tadorna)*

An den Meeresküsten lebt die 60 cm große, gänseähnliche Ente. Sie frißt neben Pflanzen wie z.B. Algen vor allem kleine Weichtiere, Fische, Laich und Insekten. ▷

Nach Möglichkeit baut die Brandgans *(Anatidae)* ihr Nest geschützt in einer Erdhöhle, unter Steinen oder zwischen dichter Vegetation. 8 bis 10 Eier werden einen Monat lang vom Weibchen bebrütet, während das Männchen seinen Brutbezirk bewacht und gegen Eindringlinge verteidigt. Mit 8 Wochen sind die Jungvögel flügge, doch schließen sich schon vorher zahlreiche Küken zu einer Art Kinderhort zusammen, der von einzelnen Altvögeln beaufsichtigt wird. (Verbreitung: Europa, Asien)

Zwergschwan *(Zygnus columbianus)*

An Meeresbuchten und großen Binnengewässern kann man den 120-140 cm langen Zwergschwan, der ebenfalls zu den Entenvögeln *(Anatidae)* gehört, antreffen, wenn er im flachen Wasser nach Nahrung gründelt (siehe obige Abbildung). Sie besteht aus Wasserpflanzen und jungen Wurzeltrieben, an Land aus Gras, Saatgut und jungen Blättern.

Im Norden seines Verbreitungsgebietes, der Tundra und Arktis, brütet das Weibchen in einem mit Dunen ausgekleideten Nest 4-5 Eier aus. Schon mit 3 Monaten folgen die Jungschwäne den Eltern, die gewöhnlich in lebenslanger Bindung leben, in die Winterquartiere im Süden. (Verbreitung: gemäßigte und kalte Zonen Eurasiens und Nordamerikas)

▽

Spaltfußgans *(Anseranas semipalmata)* △

Obwohl die Spaltfußgans eindeutig zur Familie der Entenvögel *(Anatidae)* zählt, weichen einige Körpermerkmale vom Bild der übrigen Entenvögel ab. So bildet die Spaltfußgans mit nur einer Art die Unterfamilie *(Anseranatinae)*. Sie besitzt nur kleine Schwimmhäute zwischen den Zehen, worauf ihr Name bereits hindeutet. Die lange, gerade Schnabeloberseite ist bis zu den Augen ungefiedert. Als echter Wasservogel lebt sie in unterschiedlichen Feuchtgebieten. Die 75-85 cm lange Gans ernährt sich von Pflanzen.

Auf einem Nest aus zertretenem Gras brütet sie zwischen 5 und manchmal bis zu 14 Eier aus. (Verbreitung: Australien, Tasmanien, Teile Neuguineas)

Regenpfeiferartige *(Charadriiformes)*

Kibitz *(Vanellus vanellus)*

Es klingt, als wolle der 30 cm lange Vogel seinen eigenen Namen rufen, wenn das typische „Kii-Witt" ertönt. Durch einen gebogenen Federschopf am Hinterkopf und ein überwiegend schwarzweißes Federkleid ist der Kibitz aus der Familie der Regenpfeifer *(Charadriidae)* von unverwechselbarer Gestalt. Im Licht schimmert seine Oberseite in metallischem Glanz. Er ernährt sich von Kleingetier, das er in Mooren, Wiesen oder Ackerland fängt. ▷

Bei der Balz versucht das Männchen mit waghalsigen Kunststücken, die Weibchen zu beeindrucken. Im flatternden Imponierflug mit Sturzflug, Purzelbäumen am Boden usw. regt er das Weibchen zur Paarung an. (Verbreitung: Europa, Teile Afrikas, Asien)

Austernfischer *(Haematopus ostralegus)*

◁ Mit seinem langen roten Schnabel kann der Austernfischer aus der gleichnamigen Familie *(Haematopodidae)* Muscheln vom Untergrund abbrechen und öffnen. Neben Muscheln ernährt sich der 43-46 cm lange Vogel auch von Krebsen, Schnecken, Würmern und Insekten. Man sieht ihn vor allem in Küstennähe, schlammigen Buchten und an Salzseen, mitunter auch landeinwärts auf Äckern.

Zur Brutzeit legt das Weibchen in eine Bodenmulde ca. 4 Eier, die in 24-27 Tagen zusammen mit dem Männchen ausgebrütet werden. Während dieser Zeit bildet der auch sonst recht gesellige Vogel große Kolonien. (Verbreitung: Kosmopolit)

Sandregenpfeifer *(Charadrius hiaticula)*

Der etwa 19 cm große Sandregenpfeifer *(Charadriidae)* ist ein Strandvogel, der an flachen Meeresküsten und schlickigen Ufern von Binnengewässern lebt. Hier sucht er im Schlamm oder Sand nach Kleingetier. Wird während der Brutzeit das Nest mit seinen 3 bis 4 Eiern angegriffen, benutzt das Weibchen ein listiges Ablenkungsmanöver, um ihre Jungen zu retten. Mit einem scheinbar lahmen Flügel flattert es ungeschickt vom Nest weg und lenkt so die Aufmerksamkeit auf sich. In einiger Entfernung fliegt es dann schnell davon und kehrt in weitem Bogen zum Nest zurück. (Verbreitung: Nordeuropa, Asien, Nordamerika, Grönland) ▷

Säbelschnäbler *(Recurvirostra avosetta)*

In Uferzonen, sowohl am Meer als auch an brackigen Salzseen kommt der elegante Säbelschnäbler *(Recurvirostridae)* vor. Lange Beine und ein nach oben gebogener Schnabel sind seine Kennzeichen. Mit diesem Spezialschnabel durchkämmt er in pendelnden Bewegungen die Schlamm- und Wasseroberfläche nach Kleinkrebsen, Würmern und Insekten.

Das Nest des immerhin 43 cm langen Wattvogels besteht meist nur aus einer Bodenmulde, in der beide Partner die 4 Eier ausbrüten. Die im Norden brütenden Vögel ziehen im Winter nach Afrika oder Südasien. (Verbreitung: Europa, Asien, Afrika)

▽

Stelzenläufer *(Himantopus himantopus)* △

Der wohl grazilste Wattvogel ist der 38 cm lange Stelzenläufer aus der Familie der Säbelschnäbler *(Recurvirostridae)*. Er macht seinem Namen alle Ehre, denn seine Stelzenbeine sind im Verhältnis zum Körper mit die längsten im ganzen Vogelreich. Er watet durch das flache Wasser von Buchten und Sümpfen und pickt Kleinlebewesen auf.

Während der Brutzeit bilden sich Kolonien in Wassernähe. Die Gelege bestehen entweder aus einfachen Bodenmulden oder aus gut ausgepolsterten Nestern mit jeweils 3 bis 5 Eiern. Die Eltern teilen sich das Brutgeschäft. Die Küken sind Nestflüchter und können bereits unmittelbar nach dem Schlüpfen das Nest verlassen. (Verbreitung: Europa, Asien, Afrika bis zum 50. nördlichen Breitengrad)

Uferschnepfe *(Limosa limosa)*

Auf Wiesen in Wassernähe, Überschwemmungsgebieten und Verlandungszonen sucht die Uferschnepfe nach Nahrung. Ihre Speisekarte umfaßt Weichtiere, Würmer und Insekten. Gelegentlich pickt sie auch Sämereien. Ist sie gerade im schlammigen Flachwasser auf Futtersuche, kommt ihr der lange Schnabel zugute. Der ungefähr 40 cm lange Wattvogel aus der Familie der Schnepfenvögel *(Scolopacidae)* ist trotz seiner langen Beine nicht wasserscheu und steht oft bis zum Bauch im Wasser. ▷

Das Nest besteht aus einer Mulde im Boden, in der beide Eltern gemeinsam vier olivgrünbraun gefleckte Eier ausbrüten. Als Zugvogel verbringt die Uferschnepfe den Winter im Süden. (Verbreitung: in einzelnen Teilen Europas, Asien)

Möwen *(Lariformes)*

Silbermöwe *(Larus argentatus)*

◁ Die 55-65 cm lange Silbermöwe *(Laridae)* ist ein typischer Bewohner der Küste und kommt überall häufig vor. Dies hängt nicht zuletzt mit ihrer recht flexiblen Ernährungsweise zusammen. Neben Meerestieren nimmt sie auch Eier, Aas, alle möglichen Wirbeltiere und Essensabfälle zu sich. In Scharen bevölkert sie Fischereihäfen und Müllhalden im nahen Binnenland.

Zur Brutzeit belagern die Möwen Felsen, Dünen, Gras und Schilf, wo sie im gepolsterten Nest drei Eier ausbrüten.

Während die Vögel der nördlichen Küsten im Herbst nach Süden ziehen, bleiben die Tiere der südlichen Küsten standorttreu. (Verbreitung: Europa, Nordafrika, Asien, Nordamerika)

Triel *(Burhinus oedicnemus)*

Am Tag läßt sich der über 40 cm lange Triel *(Burhinidae)* so gut wie nicht sehen. Nur wenn er aufgescheucht wird, verläßt er sein Versteck. Erst in der Nacht geht er auf Suche nach allerlei Kleingetier. Neben Würmern, Schnecken und Insekten erwischt er manchmal auch ein Kriechtier oder einen kleinen Säuger. Als Brutgebiet bevorzugt er sandige und lehmige Freiflächen mit spärlicher Vegetation. Hier legt das Weibchen in einer Mulde zwei Eier, die unter Mithilfe des Männchens bebrütet werden. ▷

Den Winter verbringen die Vögel im Süden. (Verbreitung: gemäßigte Zonen Europas und Asiens)

Lachmöwe *(Larus ridibundus)*

Wie alle Möwenarten ist auch die Lachmöwe *(Laridae)* ein geselliger Vogel. Der mit 37 cm Länge kleinste mitteleuropäische Vertreter der Familie fliegt in Gruppen oft zusammen mit anderen Arten entlang der Küste oder an Müllhalden. Im Binnenland ist die Lachmöwe vor allem im Winter an unterschiedlichen Gewässern anzutreffen. Ihre auffallende dunkelbraune Maske trägt die Möwe nur im Sommerkleid.

In großen Kolonien brüten die Lachmöwen auf Nestern, die aus Pflanzenmaterial errichtet sind. Innerhalb von 20 bis 25 Tagen schlüpfen 3 Junge, die nach etwa ◁ 28 Tagen flugfähig sind. (Verbreitung: Eurasien, Island)

Heringsmöwe *(Larus fuscus)*

◁ Obwohl man es aufgrund des Namens annehmen könnte, frißt die 52 bis 56 cm lange Heringsmöwe *(Laridae)* keineswegs nur Heringe, sondern auch Krebstiere, Insekten, kleine Säuger, Abfälle und Vogeleier. Ihr Äußeres ähnelt der Silbermöwe, jedoch sind Rücken und Oberflügel deutlich dunkler. An der Meeresküste, auf dem offenen Meer und an großen Binnengewässern ist die Heringsmöwe anzutreffen.

Während der Brut sucht sie sandige und steinige Strände, Grasland und Moore in Küstennähe auf, um in einem derben Bodennest 3 Eier auszubrüten. (Verbreitung: gemäßigte Zonen Eurasiens)

Flußseeschwalbe *(Sterna hirundo)*

Im aufmerksamen Flug sucht die 35 cm lange Flußseeschwalbe aus der gleichnamigen Familie *(Sternidae)* die Wasseroberfläche ab, bis sie eine Beute entdeckt. Mit halb angelegten Flügeln stürzt sie sich steil nach unten und verschwindet für Momente ganz im Wasser. Dort erbeutet sie kleine Fische, Krebse und Insekten.

Als Nest benutzt sie eine flache Mulde, die mit trockenem Pflanzenmaterial ausgekleidet wird. In der Regel werden drei Eier ausgebrütet. Im Herbst zieht die Flußseeschwalbe über weite Strecken in ihr Winterquartier auf der südlichen Erdhalbkugel. (Verbreitung: Eurasien, Nordamerika)

▽

Alkenvögel *(Alciformes)*

Trottellumme *(Uria aalge)*

Als echter Meeresvogel verbringt die Trottellumme die ▷ meiste Zeit auf See. Der etwa 42 cm lange Vogel schwimmt und taucht sehr gut und fängt seine Nahrung unter Wasser. Sie besteht aus Fischen, Krebsen und Weichtieren. An Land sitzt die Trottellumme *(Alcidae)* aufrecht und erinnert etwas an einen Pinguin. Obwohl sie nicht näher mit ihnen verwandt ist, hat sie sich wie die übrigen Alken an das Wasserleben angepaßt. Darin ähnelt sie den Pinguinen.

Eigentlich kommt die Trottellumme nur an Land, um zu brüten. Dann sitzt sie dicht gedrängt mit ihren Artgenossen auf Felssimsen oder Klippen und brütet nur ein einziges Ei direkt auf dem Boden aus. (Verbreitung: Nordatlantik, Nordpazifik)

Tordalk *(Alca torda)*

◁ Auf den ersten Blick ähnelt der 41 cm lange Tordalk aus der Familie der Alken *(Alcidae)* der Trottellumme, er ist jedoch gedrungener und hat einen hohen, seitlich zusammengedrückten Schnabel. Mit schnellem Flügelschlag schwirrt er durch die Luft, läßt sich auf dem Wasser nieder, um sich treiben zu lassen oder im nächsten Augenblick einen seiner häufigen Tauchgänge zu unternehmen. Die schmalen, halb geöffneten Flügel benutzt er dabei wie Flossen.

In einem Bodenloch oder einer Felsspalte brütet der Tordalk in 25 Tagen inmitten von Lummenkolonien auf Felssimsen ein einziges Ei aus. (Verbreitung: Nordatlantik, Nordostpazifik)

Papageitaucher *(Fratercula arctica)*

Dank seines hohen, auffallend schwarz-rot-gelb gestreiften Schnabels ist der 32 cm lange Papageitaucher *(Alcidae)* der imposanteste Alk. Obgleich der Schnabel während der Balz eine gewisse Schmuckfunktion hat, ist er vor allem ein praktisches Werkzeug, um Beute im Wasser zu greifen.

Bei der Fütterung des meist einzigen Jungen kann der Papageitaucher gleich mehrere Beutetiere im Schnabel zum Nest transportieren. Er nistet auf bemoosten und grasbewachsenen Klippen, wo er eine Erdhöhle gräbt oder eine vorhandene Höhlung belegt. (Verbreitung: Nordatlantik, Arktische Küsten von Westeurasien ◁ bis Nordamerika)

Gryllteiste *(Cepphus grylle)*

Bis auf einen weißen Flügelfleck ist die 33 cm lange ▷ Gryllteiste *(Alcidae)* schwarz. Die Beine sind leuchtend rot, ebenso wie der Rachen, der bei geöffnetem Schnabel sichtbar wird. Wie die meisten Alken ernährt sich die Gryllteiste von Fischchen, Krebstieren und grundbewohnenden Meerestieren, die sie ertaucht.

Koloniebildung und Geselligkeit während der Brut sind nicht sehr stark ausgeprägt. Der Vogel nistet in kleinen Gruppen oder allein an zerklüfteten Felsküsten und Inseln zwischen Steinen, in Felsritzen oder Höhlen. Dabei wird von zwei gelegten Eiern meist nur eines ausgebrütet und dieses Junge aufgezogen. (Verbreitung: nördliche Meere und Küsten)

Hühnervögel *(Galliformes)*

Alpenschneehuhn *(Lagopus mutus)*

Wenn im Herbst die Temperatur sinkt, wechselt das Alpenschneehuhn aus der Familie der Rauhfußhühner *(Tetraonidae)* vollständig seine Farbe, um auch im Schnee gut getarnt zu sein. Das schwarz-braun gebänderte Sommerkleid wird gegen das vollkommen weiße Winterkleid ausgetauscht, das dem 40 cm großen Tier in seinem extremen Lebensraum von Tundra und Hochgebirge das Überleben sichert. Auch die Füße sind dicht befiedert und erlauben ihm, sich auf Schnee wie mit Schneeschuhen fortzubewegen.

Im Sommer ernährt sich der Vogel von allerlei Blüten, Früchten und jungen Trieben. Im Winter muß der karge Bewuchs von schneefreien Stellen ausreichen. Im Frühsommer legt die Henne 6-9 Eier in eine Bodenmulde. (Verbreitung: Alpen, Island, Skandinavien, Sibirien, Nordamerika, Grönland)

Bankivahuhn *(Gallus gallus)*

Der bunt gefärbte, mit Schmuckfedern und Kamm gezierte Hahn des Bankivahuhns aus der Familie der Fasanartigen *(Phasianidae)* zieht mit einer Schar von weit weniger auffälligen Hennen umher und ernährt sich von Sämereien, jungen Trieben, Insekten, Larven und Würmern. An der typischen Gestalt des Hahns erkennt man leicht, daß es sich um die Stammform unserer Haushühner handelt.

Im Frühjahr legt das Weibchen an einem geschützten Platz eine Nestmulde an, die sie mit Blättern auspolstert. Das Gelege besteht aus 5-6 Eiern, aus denen nach 19 bis 21 Tagen die Küken schlüpfen. (Verbreitung: südliches Asien bis China, Südostasien, Sumatra, Java)

Hokko *(Crax rubra)*

In den tropischen Wäldern der Neuen Welt lebt der Hokko aus der gleichnamigen Familie *(Cracidae)*. Wie die meisten Mitglieder der Familie trägt er auf dem Kopf eine Haube aus gekräuselten Federn. Trotz seiner stolzen Größe von beinahe 1 m Länge verbringt er viel Zeit auf Bäumen, wo er schläft und auch brütet.

Der Hahn gibt besonders während der Balz kraftvolle, tiefe Laute von sich, um Weibchen anzulocken und zu imponieren. In einem einfachen Nest aus Zweigen brütet das Weibchen zwei Eier aus. Die Küken werden von den Altvögeln gemeinsam versorgt.

Die Nahrung des Hokkos besteht aus Früchten, Beeren und Blättern. (Verbreitung: Mittel- und Südamerika, von Mexiko bis Ecuador)

Pfau *(Pavo cristatus)*

Im überwiegenden Teil der Welt ist der überaus prachtvoll gefiederte Pfau, der ebenfalls zur Familie der Fasane *(Phasianidae)* gehört, als Schmuckvogel in Zoos, Parks und Landgütern bekannt und geschätzt. In Indien wird er gar als heiliges Tier verehrt. Mit Muskelkraft kann der bis zu 2,3 m lange Vogel die schillernden Schwanzfedern zum Rad aufrichten, was während der Balz seine Wirkung auf das Weibchen nicht verfehlt. Im dichten Unterholz am Waldrand baut das Weibchen ein Nest. Das Gelege besteht dann aus 4-6 Eiern, die 28 Tage lang bebrütet werden.

Der Speisezettel dieses Hühnervogels reicht von Samen, Trieben, Beeren und Früchten bis zu kleinen Wirbellosen und in seinem Stammgebiet kleinen Kobras. Die Nacht verbringt das Tier auf hohen Bäumen. (Verbreitung: Indien, Sri Lanka)

Fasan *(Phasanius colchicus)*

Aus den offenen Landschaften, lichten Wäldern und Sümpfen Mittel- und Ostasiens stammt der Fasan *(Phasianidae)*. Durch seine extrem langen Schwanzfedern ist er eine unverwechselbare Erscheinung. Er ernährt sich von Insekten und deren Larven, Würmern, Sämereien, Früchten und anderen Pflanzenteilen.

Als Jagdvogel wurde der Fasan in anderen Gebieten eingebürgert. Oft werden in Mengen gezüchtete Tiere im Sommer ausgesetzt, um sie im Herbst als Jagdwild zur Strecke zu bringen. (Verbreitung: gemäßigte Zonen Europas über Asien bis China, Korea, Japan, Nordamerika, Neuseeland)

Kranichvögel *(Gruiformes)*

Kranich *(Grus grus)*

Mit 1,2 m ist der Kranich *(Gruiidae)* ein sehr großer ▷ Vogel und am Boden wie in der Luft eine auffällige Erscheinung. So beobachtet der langbeinige Stelzvogel stets aufmerksam seine Umgebung und ist sehr scheu. Er lebt in ausgedehnten Sumpfwäldern und anderen Feuchtgebieten. Seine Nahrung besteht überwiegend aus Pflanzen, aber auch aus Schnecken, Würmern und kleinen Wirbeltieren.

Nach der Balz mit eindrucksvollen Tänzen legt das Weibchen in ein großes Nest auf weniger feuchtem Boden zwei Eier und brütet zusammen mit dem Männchen etwa 1 Monat.

Im Herbst ziehen Kraniche in ihre Winterquartiere im warmen Süden. (Verbreitung: Nord- und Osteuropa, Asien bis Ostsibirien)

Teichhuhn *(Gallinula chloropus)*

Ein Meister der Anpassung an verschiedene Lebensräume ist das 30 cm große Teichhuhn aus der Familie der Rallen *(Rallidae)*. Überall wo Gewässer mit Süßwasser vorkommen, fühlt sich das Teichhuhn schnell heimisch, und zwar sowohl am kleinsten Tümpel oder Parkteich als auch an Seen und Sümpfen. Seine Nahrung besteht neben Kleingetier hauptsächlich aus Pflanzen und Wasserpflanzen.

Hat sich nach aufwendigen Balzritualen ein Paar gefunden, baut es am Ufer ein Nest für 5 bis 10 Eier und brütet drei Wochen lang. Oft entsteht während des Jahres eine zweite Brut.

Nördliche Populationen ziehen im Herbst in wärmere Gebiete. (Verbreitung: mit Ausnahme Australiens weltweit)

▽

Taubenvögel *(Columbiformes)*

Türkentaube *(Streptopelia decaocto)*

Das Federkleid der etwa 30 cm großen Türkentaube ▷ *(Columbidae)* ist recht einheitlich gefärbt. Altvögel tragen am Nacken einen schmalen schwarzen Streifen, wodurch sie vom Laien fälschlicherweise oft als Ringeltauben angesehen werden. Die Türkentaube lebt in menschlichen Siedlungen, Gärten und Parks, trockener Buschvegetation und Wäldern. Sämereien, Beeren und anderes Pflanzenmaterial bilden ihre Nahrung.

Das Nest liegt gut versteckt in hohen Bäumen, auf Mauervorsprüngen und Dachrinnen. Je nach Witterung werden 2-3mal jährlich zwei Eier ausgebrütet. (Verbreitung: Europa, Indien, Sri Lanka, Vorderasien, China, Japan)

Turteltaube *(Streptopelia turtur)*

◁ Die kleinste Taube Mitteleuropas ist mit 27 cm die Turteltaube *(Columbidae)*. Durch die hellbraun gesäumten schwarzen Federn der Flügeldecken ist sie leicht von anderen Taubenarten zu unterscheiden. Lichte Wälder, Parklandschaften und Feldgehölze mit sonnigem, mildem Klima sind der bevorzugte Lebensraum der schlanken Taube. Hier sucht sie nach Sämereien und verschiedenen Pflanzenteilen.

Ein höchst einfach gebautes Nest aus Reisig liegt gut versteckt auf Bäumen oder Büschen. Darin werden im Laufe des Jahres zweimal 2 Eier ausgebrütet. Als Zugvogel überwintert die Turteltaube im Mittelmeerraum und in Nordafrika. (Verbreitung: Europa, Teile Asiens, Nordafrika)

Ringeltauben *(Columba palumbus)*

In Wäldern, Parkanlagen und Feldgehölzen lebt die ▷ größte mitteleuropäische Wildtaube (40 cm). An den Halsseiten trägt die Ringeltaube *(Columbidae)* je einen weißen Fleck, der von einem grünlich schillernden Ring begrenzt wird. Wenn sich auf Feldern Scharen von Ringeltauben zur Futtersuche versammeln, ist ihr dumpfes Gurren unüberhörbar. Neben Sämereien, Beeren und Pflanzenteilen picken sie auch Kleingetier am Boden. Beim Auffliegen hört man pfeifende Luftgeräusche und Flügelklatschen.

Im unordentlichen Nest auf Bäumen und Büschen entwickeln sich zwei Bruten pro Jahr. (Verbreitung: Mitteleuropa, Teile Asiens, Nordwestafrika)

Papageien *(Psittaciformes)*

Hellroter Ara *(Ara macao)*

Innerhalb der über 300 Papageienarten, die größtenteils in den tropischen Gebieten Südamerikas, Australiens und Afrikas vorkommen, zählt der Hellrote Ara *(Psittacidae)* mit 85 cm zu den größten Arten. Wie seine Verwandten ist er leicht am kurzen, gebogenen Schnabel zu erkennen, den er beim Klettern als Greifwerkzeug benutzt.

Der Ara ist ein sehr geselliger Vogel, der in Gruppen durch den Regenwald zieht, um vor allem in den Baumwipfeln nach Früchten und anderer Nahrung zu suchen. Leider nimmt aufgrund des Tierfangs und der Zerstörung des Regenwaldes die Zahl der herrlichen Papageien ab. (Verbreitung: Mittel- und Südamerika) ▷

Kuckucksvögel *(Cuculiformes)*

Kuckuck *(Cuculus canorus)*

Sicherlich hat jeder schon den typischen Ruf des 30 cm langen Kuckucks *(Cuculidae)* gehört, der seinen Namen zu rufen scheint und im Frühling oft zu hören ist. Doch in seinem abwechslungsreichen Lebensraum, der von Waldlandschaften bis hin zu Schilfgebieten reicht, ist der graubraune Vogel so gut wie unsichtbar. Seine Nahrung besteht aus Insekten und Larven.

Äußerst interessant ist das Brutschmarotzerverhalten des Vogels. Das Weibchen legt sein Ei in das Nest von Singvögeln und nimmt dafür ein Wirtsvogelei heraus. Nachdem das Kuckucksjunge geschlüpft ist, wirft es die übrigen Eier und Jungen der Wirtsvögel aus dem Nest. Oft haben die kleinen Pflegeeltern alle Mühe, das viel größere „Stiefkind" satt zu bekommen. (Verbreitung: Europa, Nordafrika, Teile Asiens)

▽

Eulenvögel *(Strigiformes)*

Schnee-Eule *(Nyctea scandiaca)*

Durch ihr weißes Federkleid und die stolze Größe von ▷ 55 bis 66 cm ist die Schnee-Eule *(Strigidae)* eine recht auffällige Erscheinung. Das Weibchen hat oft eine dunkelbraune Querbänderung und ist etwas größer als das Männchen. Ihr Lebensraum umfaßt die arktische Tundra, Sümpfe und Küstengebiete, wo sie Kleinnager, Lemminge und Schneehasen sowie Vögel jagt. Im Gegensatz zu den meisten Eulenarten ist sie vor allem tag- und dämmerungsaktiv.

Mitte Mai baut die Schnee-Eule am Boden ein moosgepolstertes Nest in einer selbstgescharrten Mulde und legt 4-10 Eier hinein. Während der etwa einen Monat dauernden Brut wird das Weibchen vom Männchen mit Nahrung versorgt. (Verbreitung: arktische Gebiete Nordamerikas, Grönland, Nordeuropa, Nordasien)

Schleiereule *(Tyto alba)*

◁ Der herzförmige, weißliche Gesichtsschleier dieser ca. 34 cm langen Eule aus der gleichnamigen Familie *(Tytonidae)* gibt der Schleiereule ihren Namen. Sie geht in offenem Kulturland und bewaldeten Gebieten nachts auf Jagd nach Kleinsäugern und Vögeln. Den Tag verschläft sie gerne in alten Bäumen, Ruinen, Grotten, Kirchtürmen und Scheunen. Hier legt sie auch auf den nackten Untergrund 4-7 Eier und brütet 30-35 Tage. Anschließend werden die Nestlinge von beiden Eltern versorgt.

Durch moderne Bauweise werden die Brutmöglichkeiten immer weiter eingeschränkt. Der Einsatz von Umweltgiften sowie die Zerstörung von Jagdgebieten gefährden diese Art in zunehmendem Maße. (Verbreitung: beinahe weltweit)

Trogons *(Trogoniformes)*

Quetzal *(Pharomachrus mocino)* ▷

In dichten Wäldern der Tropen lebt der farbenfrohe, ca. 30 cm große Quetzal *(Trogonidae)*, einer der imposantesten Trogons. Neben seinem prächtigen Federkleid besitzt er Schwanzfedern, die bis zu 80 cm lang werden können. Obwohl der Quetzal vom Aussterben bedroht ist und unter Naturschutz steht, wird er immer noch wegen dieser Federn gejagt. Seine Nahrung aus Früchten, Insekten und kleinen Wirbeltieren sucht der Baumvogel fliegend und kletternd im Unterholz des Regenwaldes.

In einer Baumhöhle brüten beide Eltern 2-3 Eier aus. Der hierbei oft beschädigte lange Schwanz fällt nach der Brutzeit ab und wächst wieder nach. (Verbreitung: Mexiko, Mittelamerika)

Nachtschwalben *(Caprimulgiformes)*

Ziegenmelker *(Caprimulgus europaeus)*

In uralten Sagen wird beschrieben, daß diese Nachtschwalbe *(Caprimulgidae)* Ziegen melkt, um deren Milch zu trinken. Die Nahrung des 26 cm langen Ziegenmelkers besteht in Wahrheit jedoch ausschließlich aus Nachtschmetterlingen und anderen Insekten, die er auf seinen nächtlichen Beuteflügen in der Luft fängt. Tagsüber wird man den nachtaktiven Vogel kaum zu Gesicht bekommen, denn er ruht in perfekter Tarnung am Boden.

Im warmen, offenen Gelände, wie es Heiden, Moore und Waldränder bieten, legt das Weibchen im Frühsommer zwei Eier in eine Bodenmulde und nistet 18 Tage lang. Im Herbst ziehen Ziegenmelker über weite Strekken in die afrikanischen Tropen. (Verbreitung: Europa, Nordafrika, West- und Zentralasien)

▽

Seglervögel *(Apodiformes)*

Mauersegler *(Apus apus)* △

Wie alle Arten aus der Familie der Segler *(Apodidae)* verbringt der 16 cm lange Mauersegler die meiste Zeit in der Luft. Nur zum Schlafen und Nisten fliegt er senkrechte Mauern an und hält sich mit seinen Klammerfüßen fest.

Sein Nest baut er mit in der Luft erhaschten Federn und Pflanzenteilen, die er mit Speichel verklebt. Meist liegt es unter Dachvorsprüngen in Mauerritzen und Löchern. Nach der Brutzeit von 18-20 Tagen werden die drei Nestlinge mit Insekten und Spinnen gefüttert. Trotz ihrer Ähnlichkeit mit Schwalben sind Segler nicht näher mit diesen verwandt. (Verbreitung: Eurasien, Nordafrika)

Kolibris *(Trochilidae)*

Nur zwei Gramm wiegt die kleinste der über 300 Kolibriarten dieser Familie. Viele sind mit buntem Gefieder und Zierfedern geschmückt. Die kleinen Kunstflieger schwirren mit bis zu 200 Flügelschlägen in der Sekunde durch die Luft. Kein anderer Vogel bringt es fertig, so schnell mit den Flügeln zu schlagen, daß diese durchsichtig erscheinen. Kolibris saugen mit ihrer langen Zunge Nektar aus Blüten oder fangen winzige Fliegen.

Brauner Kolibri *(Selasphorus rufus)*

Der kleine Vogel wird ungefähr 8 cm lang. Er ist im Westen Nordamerikas von Alaska bis Mexiko anzutreffen. ▷

Abb. unten: Schema des Schwirrfluges: Beim Vorwärtsschlagen der Flügel wird Luft nach unten weggedrückt. Die Rückwärtsbewegung geschieht mit sehr wenig Luftwiderstand bei leicht gedrehten Flügeln.

Flaggensylphe *(Ocreatus underwoodi)*

◁ Zwei elegante Schwanzfedern zieren die Flaggensylphe, die ebenfalls zur Familie der Kolibris *(Trochilidae)* zählt. Die Männchen sind sehr zänkische Gesellen und dulden keine Eindringlinge in ihrem Revier.

Vor den Weibchen ihrer Wahl stehen sie im Schwirrflug und stellen ihr prachtvolles Gefieder zur Schau. Am anschließenden Brutgeschäft beteiligen sie sich nicht.

Rackenvögel *(Coraciiformes)*

Wiedehopf *(Upupa epops)*

Obwohl der 28 cm große Wiedehopf aus der Familie der Hopfe *(Upupidae)* durch die lange Kopffederhaube und die schwarzweiße Flügelbänderung sehr auffällig erscheint, hat er doch ein perfektes Tarnkleid. Sitzt er mit ausgebreiteten Schwingen auf dem Boden, ist er von seiner Umgebung beinahe nicht mehr zu unterscheiden.

Wird sein Nest in Baumhöhlen, Spalten oder Erdlöchern von einem Angreifer entdeckt, spritzt er ihm dünnflüssigen Kot entgegen, um seine 5 bis 8 Eier zu schützen. Brüten ist die alleinige Aufgabe des Weibchens, während das Männchen nach Kleingetier jagt und das Weibchen während des Brutgeschäfts füttert. (Verbreitung: Europa, Asien, Afrika)

▽

Eisvogel *(Alcedo atthis)* △

Wie ein fliegender Edelstein wirkt der 16 cm kleine Eisvogel aus der gleichnamigen Familie *(Alcedinidae)*, wenn die Sonne seine Oberseite türkis- und kobaltblau leuchten läßt. Gerne sitzt der gedrungene Vogel auf Pfählen und Ästen, die über das Wasser ragen, um blitzschnell im Sturzflug kleine Fische und Insekten zu ertauchen.

Der Eisvogel braucht klare Bäche, Flüsse und Seen mit lehmiger Uferböschung. Hierin gräbt das Paar zur Brutzeit eine bis zu 90 cm lange Nisthöhle in der es 4-8 Eier ausbrütet.

Die Begradigung der Flüsse und Umweltgifte lassen den Eisvogelbestand in Mitteleuropa stark zurückgehen. (Verbreitung: weite Teile Europas und Asiens, Nordafrika)

Spechtvögel *(Piciformes)*

Buntspecht *(Picoides major)*

Der in Europa verbreitetste Specht ist der etwa 23 cm große Buntspecht *(Picidae)*. Hört man in Wäldern, Parks oder Gärten sein typisches Hackgeräusch, lohnt sich der Blick nach oben, um den kontrastreich schwarz-weiß-rot gefärbten Vogel zu entdecken. Meist hängt er an einem Stamm und pickt mit seinem Schnabel Insekten und deren Larven aus der morschen Rinde. Bei knapper Nahrung im Winter frißt der Specht auch Nüsse und Zapfensamen, die er vorher in eine Astgabel klemmt, um sie bearbeiten zu können.

Für die Brut aus 5-6 Eiern hacken die Eltern eine Nesthöhle in einen Baum. (Verbreitung: Europa, Asien, Nordafrika)

Riesentukan *(Ramphastus toco)*

Zur Familie der Tukane *(Ramphastidae)* gehören neben dem 60 cm langen Riesentukan noch 36 andere Arten. Ihr gemeinsames Merkmal ist der riesige, leuchtendfarbige Schnabel. Der Tukan packt mit der Schnabelspitze seine Nahrung aus Paprikaschoten, Beeren und Früchten, wirft den Kopf nach hinten und läßt sie mit Hilfe der langen Zunge in den Schnabel fallen. Der entwicklungsgeschichtliche Nutzen des auf den ersten Blick eher hinderlichen Schnabels ist nicht vollständig geklärt. Wichtig ist er sicher als Balzschmuck und Waffe.

In einer Baumhöhle schlüpfen 2-4 Küken, die zunächst blind und ungefiedert sind. (Verbreitung: Regenwälder, Wälder, Plantagen des östlichen Südamerikas)

Sperlingsvögel *(Passeriformes)*

Rauchschwalbe *(Hirundo rustica)*

Meist sieht man die 18 cm lange Rauchschwalbe aus der Familie der Schwalben *(Hirundinidae)* gruppenweise im schnellen und geschickten Flug durch die Luft gleiten und nach Insekten schnappen. ▷

In Höhlen, Felsspalten und an Außenwänden von Gebäuden baut das Schwalbenpaar ein napfförmiges Nest aus Schlamm und Stroh. In das mit Federn gepolsterte Nest legt das Weibchen 3-6 Eier. Aufgrund der kurzen Entwicklungszeit der Jungen sind zwei bis drei Jahresbruten möglich.

Die Rauchschwalbe ist ein typischer Zugvogel, der den Winter im Süden verbringt. (Verbreitung: Europa, mit Ausnahme des hohen Nordens, Asien, Nordafrika, Nordamerika)

Seidenschwanz *(Bombycilla garrulus)*

In den Wäldern des Nordens, vor allem mit Lerchen- und Birkenbestand, lebt der Seidenschwanz aus der gleichnamigen Familie *(Bombycillidae)*. Das seidige rotbraune Federkleid des Körpers setzt sich von den bunten Flügeln kontrastreich ab. Den Kopf ziert eine Federhaube. Der etwa 18 cm lange Vogel ernährt sich von Früchten und Beeren und fängt Insekten im Flug. Um Nest und Brut kümmert sich ausschließlich das Weibchen.

In manchen Jahren tauchen Seidenschwänze invasionsartig auf, was im Mittelalter als Anzeichen einer kommenden Pest gewertet wurde und ihm den Namen Pestvogel eintrug. (Verbreitung: Europa, Asien, Nordamerika)

▽

Schafstelze *(Motacilla flava)*

Auf feuchten Wiesen, Mooren, Heiden und Tundra trifft ▷ man die 16 cm lange Schafstelze aus der Familie der Stelzen *(Motacillidae)* öfter am Boden an. Mit wippendem Schwanz läuft sie rasch dahin, immer auf der Suche nach Kleingetier. Auch das Nest der Schafstelze liegt am Boden, gut versteckt zwischen Pflanzen. Bevor das Weibchen 5-6 Eier hineinlegt, wird es sorgsam mit Wolle und Haaren ausgepolstert. Innerhalb eines Jahres finden zwei Bruten statt.

Im Herbst zieht der Vogel in die tropischen Gebiete Asiens und Afrikas. (Verbreitung: Europa, Asien und Alaska)

Mönchsgrasmücke *(Sylvia atricapilla)*

◁ Die 14 cm lange Mönchsgrasmücke aus der Familie der Grasmücken *(Sylviidae)* ist eine recht unauffällige Erscheinung, die nur einen tiefschwarzen Oberkopf als Besonderheit aufzuweisen hat. Um so mehr beeindruckt der schöne Gesang, der mit zwitschernden Tönen beginnt und mit einer flötenden Strophe ausklingt.

Die Mönchsgrasmücke lebt in Wäldern und an Waldrändern mit Gebüsch, in Parks und Gärten. Ihre Nahrung besteht aus Insekten, Spinnen und vielen Beerenarten. Zweimal pro Jahr brüten die Eltern 4-6 Eier gemeinsam aus.

Im Winter zieht die Grasmücke nach Süden bis zum Äquator. (Verbreitung: Europa, Vorderasien, Nordwestafrika, Atlantikinseln)

Raubwürger *(Lanius excubitor)*

Mit sehr viel Glück kann man den 24 cm langen Raubwürger aus der Familie der Würger *(Laniidae)* beobachten, wie er Insekten, kleine Säuger, Frösche und Reptilien als Futtervorrat auf Dornen oder spitze Zweige spießt. Während er mit den scharfen Krallen seine Beute festhält, reißt der gekrümmte Schnabel Stücke heraus. Der Raubwürger sitzt gerne auf Baumwipfeln, um sein Revier zu überblicken und nach Beute Ausschau zu halten. ▷

In Dornenstäuchern und Bäumen brütet das Weibchen im gut getarnten Nest 4-6 Eier aus. (Verbreitung: Europa, Asien, Nordafrika, Nordamerika)

Wintergoldhähnchen *(Regulus regulus)*

In Fichtenwäldern, zum Teil auch Mischwäldern und ▷ Parks lebt der kleinste Vogel Mitteleuropas. Bei einer Länge von 9 cm wiegt er nur ganze 5 g. Zur Nahrung des Wintergoldhähnchens aus der Familie der Goldhähnchen *(Regulidae)* zählen vor allem kleine Insekten und Spinnen, nach denen es mit seinem Schnäbelchen schnappt.

Zweimal pro Jahr nistet das Goldhähnchen in einem napfförmigen, weit geschlossenen Nest zwischen Astgabeln. Hier brütet das Weibchen immerhin 8 bis 10 Eier aus. Bei der Fütterung wird es vom Männchen unterstützt. Oft schließen sich Wintergoldhähnchen gemischten Meisengruppen an. (Verbreitung: Europa, Teile Asiens, Nordamerika)

Haussperling *(Passer domesticus)*

◁ In Stadt und Land lebt oft in nächster Nähe des Menschen der 15 cm große Haussperling *(Passeridae)*. Von anderen Sperlingsarten unterscheidet ihn der graue Scheitel am Kopf. Der gesellige Vogel hält sich in Gruppen auf Büschen, Bäumen und Gebäuden auf und fliegt zur Nahrungssuche an den Boden. Hier hüpft er auf beiden Beinen gleichzeitig umher und sucht nach Samen, Früchten, Insekten, Würmern und Nahrungsabfällen.

In Höhlungen von Häusern und Mauern brütet der Spatz in losen Kolonien 5-6 Eier aus. Es können bis zu drei Bruten im Jahr entstehen. (Verbreitung: weltweit)

Kohlmeise *(Parus major)*

Über die gelbe Unterseite der Kohlmeise *(Paridae)* zieht ▷ sich ein schwarzer Längsstreifen, der sie leicht von anderen Meisenarten unterscheiden läßt. Wenn die Meise geschickt an dünnen Zweigen turnt, kommt er oft deutlich zum Vorschein. Mit 14 cm Länge ist die Kohlmeise die größte europäische Meisenart. Sie besiedelt oft in ganzen Familientrupps Wälder, Parks und Gärten auf der Suche nach Kleingetier und Sämereien.

Zur Brutzeit baut das Meisenpaar aus Moos und trockenem Gras in einer Höhlung ein Nest, in das 8-12 Eier gelegt werden. (Verbreitung: Europa, Asien, mit Ausnahme des Nordens, bis Südostasien)

Blaukehlchen *(Luscinia svecica)*

In Feuchtgebieten mit Schilf und Weiden sowie in Zonen, die häufig überschwemmt werden, brütet das seltene Blaukehlchen aus der Familie der Sänger *(Muscicapidae)*. In Büschen nahe dem Boden baut der 14 cm große Vogel mit der blauen Kehle ein Nest für 5-6 Eier. Als Nahrung dienen ihm Insekten, Spinnen und Beeren. Neben der abgebildeten mitteleuropäischen Rasse mit einem weißen Kehlfleck, der auch als Stern bezeichnet wird, existiert eine nördliche Rasse mit rostrotem Stern *(Luscinia svecica svecica)*. ▷

Da der Lebensraum des Blaukehlchens für den Menschen ohne wirtschaftliche Bedeutung ist und immer mehr zerstört wird, wird auch der hübsche Vogel zunehmend seltener. (Verbreitung: Europa, Asien)

Stieglitz / Distelfink *(Carduelis carduelis)*

◁ Der 12 cm große Stieglitz aus der Familie der Finken *(Fringillidae)* hat ein auffallend buntes Gefieder. Er bewohnt offene Landschaften mit Streuobstwiesen, Feldgehölzen, Gärten, verwilderten Fluren und Bahndämme. Geschickt klettert der Vogel auf Pflanzen herum und sucht Sämereien und Insekten. Seine Vorliebe für Distel- und Klettensamen hat ihm den Namen Distelfink eingebracht.

Auf Bäumen baut er ein kompaktes Nest aus Gras und Moos und brütet zweimal jährlich 5-6 Eier aus. Die Jungen schlüpfen nach 13 Tagen und werden mit Insekten gefüttert. (Verbreitung: Europa, westliches Asien, Nordafrika)

Pirol *(Oriolus oriolus)*

△

Obwohl das Männchen mit seinem leuchtend gelben Gefieder sehr auffällig ist, wird man den 24 cm langen Pirol aus der gleichnamigen Familie *(Oriolidae)* kaum zu Gesicht bekommen. Er lebt in den Baumwipfeln von Auwäldern, Laub- und Kiefernwäldern sowie in Parks mit altem Baumbestand. Hier oben sucht er nach Insekten und Früchten. Auf den Boden kommt der schnelle Flieger so gut wie nie.

Zwischen dünnen Ästen flechtet der Pirol zur Brutzeit ein kunstvolles Hängenest, in das 3-5 Eier gelegt werden. Beide Partner brüten abwechselnd 14 bis 15 Tage lang.

Im Herbst tritt der Zugvogel einen langen Flug nach Zentral- und Südafrika an. (Verbreitung: Europa, Teile Asiens, Nordafrika)

Elster *(Pica pica)*

Wegen ihrer Vorliebe für glänzende Gegenstände, mit ▷ denen sie ihr Nest schmückt, wird die 46 cm große Elster aus der Familie der Rabenvögel *(Corvidae)* im Volksmund als diebische Elster bezeichnet. Von weitem wirkt der langschwänzige Rabenvogel schwarzweiß gefiedert. Erst aus der Nähe erkennt man den herrlichen Metallglanz von Blauschillernd an den Oberflügeln bis zu Grünschillernd am Schwanz. Offene Kulturlandschaften mit Gehölzen sind der Lebensraum der Elster. Ihr Speisezettel reicht von Insekten über Beeren und Samen bis zu Jungvögeln und Kleinsäugern.

In Bäumen und Büschen liegt das große, überdachte Reisignest, in dem 5-7 Eier ausgebrütet werden. (Verbreitung: Europa, Asien, Nordafrika, Nordamerika)

Königsparadiesvogel *(Cicinnurus regius)*

Die Bezeichnung Paradiesvogel *(Paradisaeidae)* ist bei allen 40 Arten außerordentlich treffend. Wie seine Verwandten hat der 30 cm lange Königsparadiesvogel ein prachtvoll gefärbtes Federkleid. Der Schwanz endet in zwei langen, lyraförmigen Schwanzfäden mit metallisch glänzenden Wimpeln. Jede Schulter wird durch einen aufstellbaren Fächer geziert.

Der Balztanz dieses kleinsten Paradiesvogels ist sehr eindrucksvoll. Mit gespreizten Schwanzfedern und abgestellten Schulterfächern hängt er oft kopfunter am Ast und wackelt mit den Flügeln. In einer Baumhöhle brütet das Weibchen 2 Eier aus. (Verbreitung: Neuguinea und Inselgruppen)

▽

Eichelhäher *(Garrulus glandarius)* △

Außerhalb der Brutzeit frißt der 34 cm große Eichelhäher, der ebenfalls zur Familie der Rabenvögel *(Corvidae)* zählt, gerne Eicheln, die er auch für den Winter an verschiedenen Stellen am Boden versteckt. Trotz seines Namens frißt der hübsch gefiederte Rabenvogel auch andere Früchte sowie Insekten, Würmer, Eidechsen, Mäuse, Vogeleier und Jungvögel.

Die 5-6 Jungvögel werden mit der ganzen Palette tierischer Nahrung gefüttert. Nach 18 bis 20 Tagen verlassen die Nestlinge den Baumhorst.

Je nach Verbreitungsgebiet gibt es verschiedene Variationen in Farbe und Zeichnung des Gefieders. (Verbreitung: Europa, Asien, Nordafrika)

Säugetiere *(MAMMALIA)*

Das entwicklungsgeschichtlich vorerst letzte Glied in der systematischen Kette des Tierreichs bilden die Säugetiere, zu denen auch der Mensch zählt. Säugetiere sind die von allen Wirbeltieren am weitesten entwickelte Tierklasse mit dem größten Formenreichtum. Im erdgeschichtlich äußerst kurzen Zeitraum von ca. 70 Millionen Jahren fand die Entwicklung von ihren direkten Vorfahren, den Reptilien, zur derzeit auf der Welt dominierenden Tierklasse statt.

Säugetiere haben im Laufe dieser Entwicklung alle Lebensräume der Erde erobert und sich an unterschiedlichste Umweltbedingungen angepaßt. Sie leben sowohl unter als auch auf der Erdoberfläche, in der Luft sowie im Süß- und Salzwasser. Mit einigen Ausnahmen lassen sich für das typische Säugetier wesentliche Merkmale aufzeigen, die sich aber je nach Lebensbedingung entsprechend verändert haben. Alle Säuger besitzen ein knöchernes Innenskelett. Die meisten Arten tragen ein mehr oder weniger entwickeltes Haarkleid. Säugetiere haben vier Extremitäten (teilweise zurückgebildet). Die Körpertemperatur wird unabhängig von der Umgebungstemperatur konstant gehalten. Die weiblichen Tiere besitzen Milchdrüsen, mit deren Milch die Jungtiere ernährt werden. Das Gehirn ist hoch entwickelt. Sie bringen lebende Junge zur Welt (Ausnahme: *Monotremata*, zu denen das Schnabeltier gehört)

Kloakentiere *(Monotremata)*

Schnabeltier

(Ornithorhynchus anatinus)

Obwohl das 46 cm lange Schnabeltier aus der gleichnamigen Familie *(Ornithorhynchidae)* einige Körpermerkmale der Reptilien aufweist und darüber hinaus Eier legt, finden sich auch typische Merkmale der Säugetiere.

So besitzt das Schnabeltier ein Fell und säugt seine Jungen. Es lebt im Süßwasser und jagt nach Kleinkrebsen, Insekten, Fröschen und anderen Kleintieren.

Im Ufer gräbt das Schnabeltier Höhlen, die in einer gepolsterten Nestmulde enden. Hier brütet das Weibchen in zwei Wochen 2-3 gummiartige Eier aus und säugt die geschlüpften Jungen. Etwa 5 Monate lecken sie vom Fell der Mutter Milch, die aus sogenannten Milchleisten tropft. (Verbreitung: Australien, Tasmanien)

▽

Beuteltiere *(Marsupialia)*

Bevor sich die jungen Beuteltiere vollständig entwickelt haben, werden sie geboren und wandern instinktiv im Fell der Mutter zu einem Beutel, in dem sie sich an die Zitzen anheften, bis ihre Entwicklung abgeschlossen ist. Beuteltiere haben sich in weiten Gebieten der Erde neben den übrigen Säugetiergruppen entwickelt, konnten sich bis heute aber nur in Australien sowie Nord- und Südamerika behaupten.

Virginisches Opossum *(Didelphis virginiana)*

Das manchmal fast 0,5 m lange Tier trägt einen ebenso ▷ langen Schwanz, der beim Klettern als Greifwerkzeug dient. Auf Müllhalden und in der Nähe von menschlichen Behausungen sucht das Virginische Opossum aus der Familie der Beutelratten *(Didelphidae)* nach allerlei Eßbarem.

In den nördlichen Verbreitungsgebieten bringt das Opossum einmal pro Jahr 8-16 Junge zur Welt, im südlichen Teil dreimal pro Jahr. Interessant ist die Verteidigungsstrategie dieser Beutelratte, die sich bei Gefahr totstellt, so daß die meisten Angreifer von ihr ablassen. (Verbreitung: Kanada, USA, Mittelamerika)

Nacktnasenwombat *(Vombatus ursinus)*

Mit seinen langen kräftigen Krallen gräbt der Nacktnasenwombat aus der Familie der Plumpbeutler *(Vombatidae)* weit verzweigte Höhlensysteme in die Erde. Dabei gräbt er auch nach Wurzeln und Knollen, die er außerhalb des Stollens verspeist. Bei den Bauern seines Verbreitungsgebietes ist der pflanzenfressende Wombat nicht sehr beliebt, denn mancherorts plündert er in Gruppen ganze Felder.

Ihr normaler Lebensraum sind die Küstenwälder bis in höhere Regionen. Im Herbst kommt das unvollständig entwickelte Jungtier zur Welt und kriecht durch die nach hinten zeigende Beutelöffnung in den Beutel der Mutter. (Verbreitung: Südostaustralien, Tasmanien)

▽

Koala *(Phascolarctos cinereus)*

◁ Wie ein lebendes Plüschtier sitzt der 60 bis 85 cm lange Koala aus der Familie der Kletterbeutler *(Phalangeroidae)* auf einem Ast bestimmter Eukalyptusbäume. Die Blätter dieser Arten bilden den Hauptbestandteil seiner Nahrung. Aus diesem Grund steigt er auch nur vom Baum herab, um sich einen neuen Futterbaum zu suchen. Er ist hauptsächlich nachts aktiv.

Die Mutter trägt etwa ein halbes Jahr das Jungtier in ihrem Beutel, der nach hinten geöffnet ist. Erst wenn der kleine Koala keine Milch mehr trinkt, verläßt er den Beutel und klammert sich noch längere Zeit auf dem Rücken der Mutter fest, die ihn mit vorgekauten Blättern füttert. (Verbreitung: Teile Australiens)

Beutelteufel *(Sarcophilus harrisi)*

In abgelegenen Waldgebieten lebt der 50 bis 80 cm lange Beutelteufel, der zur Familie der Raubbeutler *(Dasyuridae)* zählt. Er ist ein reiner Fleischfresser, der sich vor allem von Aas ernährt. Mit seinen kräftigen Kiefern kann er selbst größere Knochen durchbeißen. Hauptsächlich in der Nacht macht sich der Beutelteufel auf Nahrungssuche. Tagsüber kommt er höchstens zu einem Sonnenbad aus seinem Versteck in Höhlen und Spalten.

Die etwa 4 Jungen kriechen nach der Geburt in den Beutel der Mutter, wo sie sich nicht ganz 4 Monate von Muttermilch ernähren. (Verbreitung: Tasmanien)

▽

Matschie-Baumkänguruh

(Dendrolagus matschiei)

In den Regenwäldern des Berglandes, die den Lebensraum des Matschie-Baumkänguruhs *(Macropodidae)* darstellen, hat dieses so gut wie keine Feinde aus der Luft zu fürchten. So kann es ungestört und gemächlich im Geäst der Bäume nach Blattnahrung suchen. ▷

Alle Baumkänguruhs sind eher ungeschickte Kletterer, die sich mit ihren langen Krallen und dem Greifschwanz an den Ästen festhalten. Im Vergleich zu anderen Klettertieren sind sie relativ wenig an diesen speziellen Lebensraum angepaßt. Das bis zu 80 cm lange Baumkänguruh lebt meist in einer kleinen Gruppe zusammen, die auch gemeinsam auf einem Baum schläft. (Verbreitung: Neuguinea)

Rotes Riesenkänguruh *(Macropus rufus)*

◁ Das größte Beuteltier überhaupt ist mit einer Länge von 1,60 m und einem Gewicht von 70 kg das Rote Riesenkänguruh *(Macropodidae)*. Es lebt in Trockengebieten mit Grassteppe, wo es in kleineren Gruppen gegen Abend nach Nahrung sucht. Den heißen Tag verbringt es an schattigen Stellen. Das Rote Riesenkänguruh hat eine enorme Sprungkraft und kann Weiten von 13 m und eine Höhe von 3 m erreichen.

Mit einem Gewicht von weniger als 1 g kriecht das Neugeborene instinktiv in den Beutel der Mutter, um sich an der Milchzitze festzusaugen. Nach 240 Tagen verläßt es den nach vorne offenen Beutel. (Verbreitung: Australien)

Zahnlose *(Edentata)*

Großer Ameisenbär *(Myrmecophaga tridactyla)*

Eines der wichtigsten Merkmale der Säugetiere fehlt ▷ dem bis zu 1,2 m langen Großen Ameisenbären *(Myrmecophagidae)*, denn er hat keine Zähne. Als Freßwerkzeug benutzt er seine wurmförmige Zunge, die er bis zu 60 cm weit herausstrecken kann. Daran kleben Ameisen und Termiten, von denen er sich ernährt. Mit seinen scharfen Klauen an den Vorderpfoten bricht er die Nester der Insekten auf, um die Zunge hineinstrekken zu können.

Im Gegensatz zu anderen Arten klettert der Große Ameisenbär nicht auf Bäume, sondern streift vorwiegend nachts durch Wälder und Savannen. (Verbreitung: Mittel- und Südamerika)

Schuppentiere *(Pholidota)*

Riesenschuppentier *(Manis gigantea)*

◁ Der Körper des 70 bis 90 cm langen Riesenschuppentiers aus der gleichnamigen Familie *(Manidae)* ist mit Schuppen bedeckt. Fühlt sich das Tier bedroht, rollt es sich zusammen und schützt sich so vor seinen Angreifern. Im geruhsamen Gang sucht es nachts nach Ameisen- und Termitenhügeln, die es mit den Krallen öffnet, um mit der langen Zunge an seine Beute zu gelangen.

In einer Höhle kommt ein einzelnes Jungtier zur Welt, das nach einiger Zeit seine Mutter bei der Nahrungssuche begleitet. Es sitzt dabei auf dem hinteren Teil des Rückens der Mutter. (Verbreitung: westlicher Teil Afrikas)

Röhrenzähner *(Tubulidentata)*

Erdferkel *(Orycteropus afer)*

Die einzige Art der Ordnung Röhrenzähner ist das aus ▷ der gleichnamigen Familie stammende 1-1,6 m lange Erdferkel *(Orycteropidae)*. Es hat eigentümliche Röhrenzähne, die mit Zahnmark gefüllt sind. Das Erdferkel streift nachts meist einzeln durch unterschiedliche Biotope, um nach Nahrung, Termiten und Ameisen zu suchen. Da sein Geruchs- und Tastsinn hervorragend ausgebildet ist, hat es nur eine schwache Sehkraft. Hat es seine Beute gerochen, gräbt es mit den Vorderbeinen eine Höhle, streckt den Rüssel hinein und leckt mit der langen klebrigen Zunge die Insekten auf.

Der Nachwuchs besteht aus einem Jungtier, das nach einer Tragzeit von 7 Monaten zur Welt kommt. (Verbreitung: Afrika)

Insektenfresser *(Insectivora)*

Europäischer Igel *(Erinaceus europaeus)*

Der 15 bis 25 cm lange Igel *(Erinaceidae)* ist das einzige mitteleuropäische Säugetier mit einem Stachelkleid. Rollt es sich bei Gefahr ein, ist es gut geschützt. Geleitet von seinem feinen Gehör und Geschmackssinn sucht der Igel während der Nacht nach allerlei Kleingetier wie Insekten, Schnecken, Würmern, Fröschen und Kröten. So vertilgt er viele Schädlinge des Gartens und macht sich dadurch auch für uns Menschen nützlich. Er steht unter Naturschutz. ▷

Das Igelweibchen bringt fünf Junge zur Welt, die über einen Monat gesäugt werden. In den nördlichen Gebieten fällt der Igel im Spätherbst in einen tiefen Winterschlaf. (Verbreitung: Europa)

Europäischer Maulwurf *(Talpa europaea)*

◁ 13-17 cm mißt der Europäische Maulwurf *(Talpidae)*. Er lebt unter der Erde und gräbt weite Gangsysteme. Die überschüssige Erde türmt er als Maulwurfshaufen an die Oberfläche. Hände und Unterarme des Maulwurfs sind für diesen Zweck zu kräftigen Grabschaufeln ausgebildet. Als Nahrung dienen ihm hauptsächlich Würmer und andere wirbellose Tiere. Die Augen sind klein und mit einem Häutchen bedeckt, da er sie im Dunkel der Gänge nicht braucht.

Einmal pro Jahr wirft das Weibchen 3 bis 4 Junge. Wie die Spitzmäuse hält der Maulwurf keinen Winterschlaf. (Verbreitung: Europa, mit Ausnahme von Teilen Skandinaviens, Spaniens, Italiens und Griechenlands, Teile Asiens)

Waldspitzmaus *(Sorex araneus)*

An feuchten Stellen, in Bruchwäldern und Sumpfwiesen lebt die 6 bis 8 cm lange Waldspitzmaus aus der Familie der Spitzmäuse *(Soricidae)*. Entgegen ihres Namens hat sie mit echten Mäusen nichts zu tun. Sie hat ein Insektenfressergebiß, das vom Nagetiergebiß einer Maus deutlich abweicht. Zudem ist sie ein stets hungriger Räuber und kann an einem Tag knapp ihr eigenes Körpergewicht in Form von Insekten, Würmern, Schnekken und sogar kleineren Wirbeltieren verschlingen. ▷

In Höhlen kommen 3-4mal pro Jahr 4-10 Junge zur Welt. Bei Gefahr führt die Mutter ihre Kinder, indem diese sich hintereinander einreihen und dem Vordermann in den Schwanz beißen. (Verbreitung: beinahe ganz Europa und Asien)

Fledertiere *(Chiroptera)*

Kleine Hufeisennase *(Rhinolophus hipposiderus)*

Am Tag ruht die kleine Hufeisennase *(Rhinolophidae)* in Gruppen von oft mehreren Hundert in Kirchtürmen, Scheunen, Höhlen oder auf hohen Bäumen. Mit der Dämmerung fliegt sie aus, um in der Luft und seltener auch am Boden nach Insekten zu jagen. Durch ihre Nase kann die 7-10 cm kleine Fledermaus Ultraschallwellen in jede gewünschte Richtung aussenden und sich so durch das Echo orientieren oder Beutetiere orten.

Im Frühsommer kommen 1-2 Junge zur Welt. Die Hufeisennase verbringt den Winter kopfunterhängend schlafend in Gebäuden oder Höhlen. (Verbreitung: Europa, Asien, Nordafrika)

▽

Indischer Flughund *(Pteroptus giganteus)* △

Mit einer Flügelspannweite von knapp 1,5 m ist der Indische Flughund *(Pteropidae)* eines der größten Fledertiere. Wie alle Arten besitzt er Flügel aus einer elastischen Membran, die zwischen den verlängerten Fingern bis zu den Fußgelenken verwachsen sind. Fledertiere sind die einzigen Säugetiere, die wirklich fliegen können.

Den Tag verbringt der Flughund zu mehreren Tausend in Bäumen hängend. In der Dämmerung sucht er nach Früchten, deren Saft er trinkt.

Nach einer Tragzeit von 6 Monaten bringt das Flughundweibchen ein Junges zur Welt, das es später auf dem Rücken trägt. (Verbreitung: Südasien, Südostasien)

Hasentiere *(Lagomorpha)*

Schneehase *(Lepus timidus)*

Der 45-60 cm lange Schneehase *(Leporidae)* ist vorwiegend in den nördlichen Breitengraden beheimatet, kommt jedoch auch in südlichen Gebirgsregionen vereinzelt vor. Im Winter wechselt er sein graubraunes Sommerfell gegen ein weißes Winterfell und ist somit zu jeder Zeit bestens getarnt. Seine Pfoten sind schneeschuhartig verbreitert und verhindern ein Einsinken im Schnee. Die Lebensweise ähnelt der des Europäischen Feldhasen *(Lepus europaeus)*.

Das Weibchen wirft 3-4mal im Jahr 2 bis 4 Junge, die ein vollständiges Fell haben und bereits sehen können. (Verbreitung: Nordeuropa, Nordasien, Nordamerika)

Altai-Pfeifhase *(Ochotona alpina)*

Auf felsigen Berghängen gräbt der 20 bis 25 cm lange Altai-Pfeifhase aus der Familie der Pfeifhasen *(Ochotonidae)* seinen Bau unter Wurzeln und Felsblöcken. Er ist kein guter Läufer wie die Hasenartigen, sondern bewegt sich in kurzen Sprüngen vorwärts. So bleibt er meist in der Nähe seines Baus, um bei Gefahr Schutz zu finden. Während des Sommers legt er Heuvorräte an, die im Winter als Nahrungsreserven dienen.

2-3mal jährlich wirft das Weibchen 2-5 Junge. Der Pfeifhase stößt hell klingende Rufe aus, die ihm seinen Namen gaben. (Verbreitung: Sibirien, Mittel- bis Ostasien, Westen Nordamerikas)

Europäisches Wildkaninchen

(Oryctolagus cuniculus)

Alle Zuchtkaninchenrassen stammen von diesem Wildkaninchen aus der Familie der Hasentiere *(Leporidae)* ab. Das 35-45 cm lange Tier stammt ursprünglich aus dem Mittelmeerraum. Es wurde an verschiedenen Stellen ausgesetzt und hat sich überaus erfolgreich behauptet. Auch heute noch breitet es sich weiter aus.

In Australien und Neuseeland ist es vielerorts als Futterkonkurrent heimischer Tiere zur Plage geworden. Das gesellige Wildkaninchen besiedelt Gebiete mit sandigem Boden, in den es Höhlen graben kann. Hierin kommen 5-6mal jährlich 5-12 Junge zur Welt. Sie sind zunächst nackt, zahnlos und blind. (Verbreitung: Europa, eingeführt in Neuseeland, Australien, Chile)

Nagetiere *(Rodentia)*

Mit über 2000 Arten bildet die Ordnung *Rodentia* die umfangreichste Gruppe der Säugetiere. Ihr auffallendstes Merkmal sind die Schneidezähne, die nicht aufhören zu wachsen. Diese meißelförmigen Nagezähne erlauben es, auch längere Zeit an festen Materialien zu nagen, denn die vordere Schicht besteht aus hartem Zahnschmelz und die hintere aus weicherem Zahnbein. Durch die unterschiedliche Abnutzung schärfen sich diese Zähne von selbst und bleiben bei andauerndem Wachstum in der richtigen Länge. Die nebenstehende Abbildung zeigt einen Nagetierschädel.

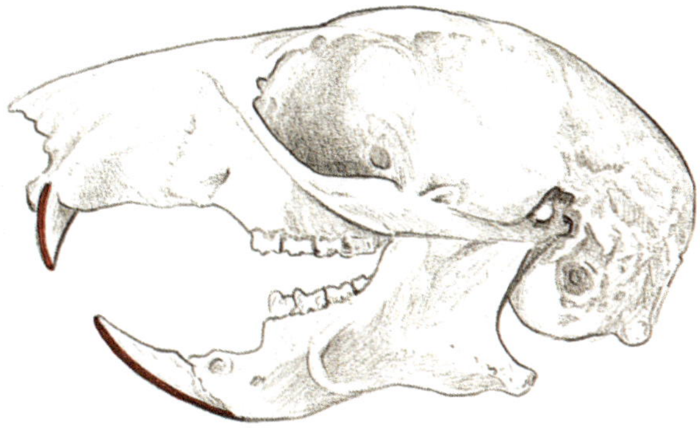

Haselmaus *(Muscardinus avellanarius)*

◁ Die 7,5-8,5 cm lange Haselmaus aus der Familie der Bilche *(Gliridae)* ähnelt einer Feldmaus, hat jedoch einen buschigen Schwanz. Sie lebt in kleinen Kolonien in verschiedenen Waldtypen und ernährt sich von Haselnüssen, Samen, Früchten und Beeren.

Den Winter verbringt die Haselmaus in einem Winternest am Boden zwischen Wurzeln oder in Spalten. In solch einem Bodennest bringt das Weibchen im Sommer 3-4 hilflose, blinde Junge zur Welt. Für den Sommer baut der kleine Nager in geringer Höhe im Geäst ein Kugelnest, in dem ein zweiter Wurf zur Welt kommen kann. (Verbreitung: Europa, Kleinasien)

Eichhörnchen *(Sciurus vulgaris)*

In Wäldern, Parks und Gärten lebt das baumbewohnende, flinke Nagetier mit dem buschigen Schwanz. Es sieht possierlich aus, wenn das 20 bis 24 cm lange Eichhörnchen aus der Familie der Hörnchen *(Sciuridae)* mit aufgestelltem Schwanz auf einem Ast hockt und mit den Vorderpfoten eine Nuß festhält. Außer Nüssen frißt es Zapfen, Eckern und Eicheln, Obst, Knospen und Pilze. Es kann hervorragend klettern und von Baum zu Baum springen. Unentwegt ist es auf Nahrungssuche, und für den Winter legt es an verschiedenen Plätzen Vorräte an. ▷

Je nach Witterung verbringt es den Winter schlafend (Winterruhe) oder wach. Im kugeligen Baumnest aus Zweigen und Moos kommen zweimal jährlich 3-5 Junge zur Welt. (Verbreitung: Europa, Asien bis China und Japan)

Biber *(Castor fiber)* △

Der bis zu 1 m lange Biber aus der gleichnamigen Familie *(Castoridae)* gilt als der Nager schlechthin, denn er fällt mit Hilfe seiner scharfen Zähne ganze Bäume, aus denen er Staudämme errichtet, um den Wasserspiegel von Flüssen, Bächen und Seen anzuheben. Hier baut das Biberpärchen seine Biberburg in Form einer Höhle im Ufer oder unter Stämmen und Geäst. Der Eingang ist dabei immer unter Wasser, während der Wohnkessel trocken liegt. Die Nahrung des Bibers besteht aus Rinde und grünen Pflanzenteilen. Für den Winter legt er Vorräte unter Wasser an. Biber sind sehr nützliche Tiere, da sie durch ihre Staudämme das Land bewässern und somit einen neuen Lebensraum für viele andere Tiere schaffen.

Im Frühjahr kommen 2-4 gut entwickelte Junge zur Welt. (Verbreitung: Eurasien, Nordamerika)

Hamster *(Cricetus cricetus)*

Im Gras- und Ackerland mit lehmigen Böden baut der etwa 30 cm lange Hamster aus der Familie der Wühler *(Cricetidae)* unter der Erde ein Röhrensystem mit einer Vorrats- und Nistkammer. Das nachtaktive Nagetier ernährt sich von Getreide, grünen Pflanzenteilen und kleinen Wirbellosen.

2-3mal jährlich trägt das Weibchen in 20 Tagen 4-12 Junge aus. Schon nach zwei Monaten sind die Jungen fortpflanzungsfähig. In manchen Jahren kann es zu Massenvermehrung und Hamsterwanderungen kommen.

Den Winter überdauert der Hamster in echtem Winterschlaf, aus dem er gelegentlich erwacht, um von den Wintervorräten zu fressen. (Verbreitung: Westeuropa, Teile Asiens)

▽

Schermaus / Wasserratte *(Arvicola terrestris)*

Die Schermaus, ebenfalls aus der Familie der Wühler *(Cricetidae)*, wird zwischen 12 und 21 cm, manchmal sogar 27 lang und ist damit eine der größten europäischen Wühlmausarten. Ähnlich wie der Maulwurf gräbt sie unterirdische Gänge und nagt dabei Wurzeln und Pflanzenteile an. Bei Gartenbesitzern ist sie deshalb nicht sehr beliebt.

Obwohl die Schermaus gut schwimmt und oft ihre Gänge in Ufern von Gewässern gräbt, ist der Name Wasserratte nicht ganz treffend, denn sie kann durchaus auch ohne Gewässer leben.

In einem unterirdischen Kugelnest kommen 3-4mal jährlich 2-8 nackte blinde Junge zur Welt. (Verbreitung: ▷ Europa, Teile Asiens)

Hausmaus *(Mus musculus)*

◁ Überall in menschlichen Siedlungen ist auch die 7 bis 10 cm lange Hausmaus aus der Familie der Langschwanzmäuse *(Muridae)* anzutreffen. Sie ist ein typischer Kulturfolger, der gut klettern und springen kann und so leicht Zugang in Häuser und Scheunen findet. Das dämmerungs- und nachtaktive Tier kommt nur zum Fressen aus seinen unterirdischen Löchern und Verstecken. Als Allesfresser ist es nicht wählerisch und nagt sowohl Körner als auch alle möglichen Abfälle an.

Aus den unterschiedlichsten Materialien baut die gesellige und äußerst fruchtbare Hausmaus ein Nest, in dem 4-8mal pro Jahr 6-13 nackte Junge geboren werden. (Verbreitung: weltweit)

Westblindmaus *(Spalax leucodon)*

Die etwa 15 bis 30 cm große Westblindmaus aus der ▷ Familie der Blindmäuse *(Spalacidae)* ist tatsächlich vollkommen blind. Ihre Augen sind verkümmert und mit einer Haut überwachsen. Da sie im Dunkeln in Bodentunneln lebt, die sie mit Kopf und Zähnen gegraben hat, braucht sie nicht zu sehen. Wurzeln und Knollen bilden ihre Hauptnahrung, manchmal frißt sie aber auch nachts an der Oberfläche Samen und Pflanzenteile.

Einmal pro Jahr kommen in einer der zahlreichen Kammern im Boden 1-4 Junge zur Welt. (Verbreitung: Südosteuropa, Kleinasien)

Wanderratte *(Rattus norvegicus)* △

Auch die 25 bis 30 cm lange Wanderratte, ebenfalls aus der Familie der Langschwanzmäuse *(Muridae)* ist ein typischer Kulturfolger, der sich in Kellern, Ställen, Lagern, Abwasserkanälen und Gebäuden am Wasser wohl fühlt. Die kluge und lernfähige Ratte lebt in Rudeln mit einer hoch entwickelten sozialen Ordnung. Die Jungen werden nach einer Tragzeit von etwa 3 Wochen gemeinsam mit anderen Jungen aufgezogen. Schon nach 2-3 Monaten sind sie fortpflanzungsfähig.

Vorwiegend in der Dämmerung geht die Wanderratte auf Nahrungssuche. Sie ist kein Kostverächter und frißt beinahe alles, von Pflanzen bis zu Fleischkost. Als Krankheitsüberträger kann sie dem Menschen zur bedrohlichen Plage werden. (Verbreitung: ursprünglich Ostasien, heute weltweit)

Wasserschwein / Capybara

(Hydrochoerus hydrochaeris)

In dichten Wäldern am Wasser lebt das größte Nagetier mit einer Länge von 1-1,3 m und einem Gewicht von ca. 50 kg. Die meiste Zeit verbringt der schweineähnliche Nager schwimmend und tauchend im Wasser. Pflanzen im und am Wasser bilden seine Nahrung. Aufgrund seiner gewaltigen Nagezähne braucht die Capybara aus der Familie der Riesennager *(Hydrochoeridae)* außer Riesenschlangen und Jaguaren nur noch den Menschen zu fürchten. So kommt die Familiengruppe hauptsächlich in der Dämmerung oder nachts hervor, um nach Nahrung zu suchen.

Nach einer für Nagetiere recht langen Tragzeit von 4 bis 5 Monaten bringt das Weibchen 2 gut entwickelte Junge zur Welt. (Verbreitung: Südamerika von Panama bis Argentinien)

▽

Raubtiere *(Carnivara)*

Wolf *(Canis lupus)* △

Der 1 bis 1,5 m lange Wolf aus der Familie der Hundeartigen *(Canidae)* lebt in Familienverbänden und Rudeln, die sich durch ein hoch entwickeltes Sozialverhalten auszeichnen. Das stärkste Männchen ist das Leittier, und auch innerhalb der Gruppe besteht eine Rangordnung. Bei der gemeinsamen Jagd größerer Beutetiere ist diese Rangordnung ebenfalls von Bedeutung, denn ein Teil der Gruppe treibt einem anderen die Beute zu. In den Sommermonaten jagen die Tiere mitunter auch nach Mäusen, Fröschen und Fischen.

In einer Erdgrube kommen 3-8 Junge zur Welt, die später im Familienverband gemeinsam betreut werden.

Wegen ihrer vermeintlichen Gefährlichkeit sind Wölfe heute in vielen Gebieten ausgerottet. (Verbreitung: Nord- und Osteuropa, Asien, Nordamerika)

Rotfuchs *(Vulpes vulpes)*

Seiner sprichwörtlichen Schlauheit hat es der Fuchs zu verdanken, daß er sich ohne Probleme unterschiedlichen Lebensbedingungen anpassen kann. Bei der Jagd benutzt er geschickt seine gut entwickelten Sinne. Leise pirscht er sich an seine Beute heran, wartet auf eine Bewegung und springt sie an. Neben verschiedenen Wirbeltieren nimmt er auch Würmer, Insekten und Weichtiere. Vor allem in der Nacht durchstreift er sein Revier in Wäldern und Strauchlandschaften, oder er ist auf Feldern zu finden, die noch mit Gebüsch umrandet sind. Den Tag verschläft er in seinem unterirdischen Bau.

Im Frühjahr wirft das Weibchen 4 Welpen, die es liebevoll versorgt. (Verbreitung: Europa, Asien, Nordamerika, in Australien eingeführt)

▽

Braunbär *(Ursus arctos)* △

Mit seinem braunen, zottigen Fell und seiner scheinbar gemütlichen Art ist der bis zu 2,5 m lange Braunbär aus der Familie der Großbären *(Ursidae)* der Inbegriff des Bären. So putzig auch eine Bärenmutter mit ihren 1 bis 2 Jungen wirkt, so gefährlich kann sie werden, wenn sie Junge führt.

Der Braunbär lebt meist einzeln in Wäldern und sucht nach Nahrung, die neben Fleischkost stets auch pflanzliche Bestandteile enthält. Im Winter hält er Winterruhe und zehrt von den angefressenen Fettreserven. Während dieser Zeit kommen die Jungen zur Welt, die zunächst blind sind und weniger als 1 kg wiegen.

Es gibt einige geographische Unterarten zu denen der Grizzly- und der Kodiakbär gehören. Beide sind in Nordamerika beheimatet, wobei der Kodiakbär, der vornehmlich in Alaska und Britisch-Kolumbien lebt, der größte seiner Art ist. (Verbreitung: Europa, Asien, Nordamerika)

Eisbär *(Thalarctos maritimus)*

Durch sein weißliches Fell und den schlanken Körper ist der riesige, manchmal über 2,4 m lange Eisbär, der ebenfalls zur Familie der Großbären *(Ursidae)* zählt, eine unverwechselbare Gestalt. Er bewohnt die Küsten und Treibeisfelder der Nordpolargebiete und ernährt sich von Seehunden, Fischen, Vögeln, Rentieren und anderen. Er legt zu Fuß oft enorme Strecken zurück und ist ein ausgezeichneter Schwimmer. Sein Geruchssinn ist bestens entwickelt und erlaubt ihm, beispielsweise Aas über 20 km Entfernung zu riechen.

Den Winter verbringt er in einer Schneehöhle, deren Wände durch seinen Atem innen vereisen und so gut isolieren. In dieser Zeit kommen alle zwei Jahre 1-4 Junge zur Welt. (Verbreitung: nördliche Eismeere)

▽

Waschbär *(Procyon lotor)*

△

In Waldgebieten in Wassernähe lebt der 40 bis 65 cm lange Waschbär, der zur Familie der Kleinbären *(Procyonidae)* zählt. Er trägt einen graumelierten, dichten Pelz, einen buschigen Schwanz mit schwarzen Ringen sowie eine schwarze Gesichtsmaske. Als kluges und anpassungsfähiges Tier kommt er mit den zivilisatorischen Veränderungen gut zurecht. So geht er nachts auch in unmittelbarer Nähe des Menschen auf Nahrungssuche. Er frißt Kleingetier, Früchte und Samen. Oft durchstöbert er auch Mülltonnen.

Im Frühjahr kommen 1-6 Junge zur Welt, die anfangs hilflos und blind sind. Nach 2 Monaten folgen sie der Mutter um für ihre Selbständigkeit zu lernen. (Verbreitung: Kanada bis Mittelamerika, in Europa stellenweise ausgesetzt)

Großer Panda *(Ailuropoda melanoleuca)*

Das Wappentier des Welttierschutzbundes (WWF) zählt ▷ zu den interessantesten und zugleich am stärksten bedrohten Tieren der Erde. Obwohl sich der 1,5 m lange Panda aus der Familie der Katzenbären *(Ailuridae)* fast ausschließlich von Bambussprossen ernährt, zählt er zu den Raubtieren. An den Vorderfüßen besitzt er eine zusätzliche sechste Kralle, die zum Festhalten von Bambus dient. Als Einzelgänger lebt er in schwer zugänglichen Hängen feuchter Bambuswälder und wird erst seit diesem Jahrhundert wissenschaftlich erforscht. Über seine Lebensweise ist relativ wenig bekannt.

Das Weibchen bringt im Schnitt nur ein Junges zur Welt, das anfangs blind und hilflos ist und nur ein Gewicht von 150 g hat. (Verbreitung: Gebirgsregionen Zentralchinas und nahe der tibetanischen Grenze)

Dachs *(Meles meles)*

◁ In Familiengruppen bewohnt der Dachs aus der Familie der Marder *(Mustelidae)* weitläufige unterirdische Bauten, deren Wohnkessel bis zu 5 m tief liegen können. Hier verschläft er auf Moospolstern den Tag. Abends verläßt der 50 bis 80 cm lange Allesfresser den Bau, um auf Beutesuche zu gehen. Er ernährt sich sowohl von Tieren als auch von Pflanzen.

Im Frühjahr kommen 2-5 Junge zur Welt. Sowohl die Jungdachse als auch die Alttiere sind immer zu Spielen aufgelegt und tollen vor dem Bau herum. Dabei wird die soziale Beziehung der Gruppe gefestigt.

Der Dachs hält keinen Winterschlaf, er ist ein Winterruher. (Verbreitung Europa, große Teile Asiens)

Seeotter *(Enhydra lutris)*

Der 1-1,2 m lange Seeotter, ebenfalls aus der Familie ▷ der Marder *(Mustelidae)* ist hervorragend an seinen Lebensraum, das Meer, angepaßt. Mit seinem stromlinienförmigen Körper und den Schwimmhäuten zwischen den Zehen der Hinterbeine ist er ein ausgezeichneter Schwimmer. Den größten Teil seines Lebens verbringt er im Wasser, wo er auch schläft. Er ernährt sich von Muscheln, Seeigeln und anderen Meeresbewohnern. Um die Schalentiere zu öffnen, nimmt er vom Meeresboden einen Stein mit nach oben, legt sich auf den Rücken, hält den Stein mit den Vorderpfoten und schlägt so lange auf die Schale ein, bis sie aufbricht.

Auch das Junge, das nach 8-9 Monaten gut entwikkelt zur Welt kommt, trägt und säugt die Mutter auf dem Rücken schwimmend. (Verbreitung: Felsküsten des Nordpazifiks)

Kleinfleck-Ginsterkatze / Genett △

(Geneta genetta)

Flach an den Boden angeschmiegt schleicht diese elegante 50-60 cm lange Ginsterkatze aus der Familie der Schleichkatzen *(Viverridae)* in der Dunkelheit an ihre Beute heran und schlägt dann blitzschnell zu. Vögel, Säugetiere und Reptilien sind ihre häufigsten Beutetiere. Bevor sie sie tötet, hält die Schleichkatze gerne ihr Opfer mit den Vorderpfoten fest, um damit zu spielen. Hierbei, wie auch beim Klettern, wird die geschmeidige Anmut ihrer Bewegungen deutlich.

Die auch Genett genannte Ginsterkatze wird man selten zu Gesicht bekommen, da sie den Tag in Höhlen und Spalten oder in Bäumen verschläft. In einer Höhle kommen auch 2-3 Junge zur Welt, die zunächst 1-2 Wochen lang hilflos und blind sind. Sie werden von der Mutter etwa 3 Monate lang gesäugt und danach noch längere Zeit geführt. (Verbreitung: Afrika, Südwesteuropa, Mittlerer Osten)

Tüpfelhyäne *(Crocuta crocuta)*

Drei Merkmale fallen bei der 1-1,8 m langen Tüpfelhyäne *(Hyaenidae)* besonders auf: Das mit unregelmäßigen Flecken bedeckte Fell, die nach hinten abfallende Rückenlinie und der große Kopf mit starken Kiefern. Obwohl die Tüpfelhyäne häufig Aas frißt, ist sie auch ein listiger und erfolgreicher Jäger. In Rudeln verfolgt sie größere Säugetiere wie Antilopen und Zebras, kreist sie ein und streckt sie nieder. Dabei gibt sie gelächterartige Laute von sich und zankt sich um jeden Bissen Fleisch mit ihren Artgenossen. Selbst dickste Knochen kann das Tier mit seinem mächtigen Gebiß zerbeißen. Das Rudel aus etwa 30 Tieren verschläft die Hitze des Tages meist in selbstgegrabenen Erdlöchern zwischen Steinen und anderen Unterschlupfen.

1-2 Junge kommen schon gut entwickelt in einer Erdhöhle zur Welt und gehen nach etwa 1 Jahr mit auf die Jagd. (Verbreitung: Afrika)

▽

Puma *(Puma concolor)*

△

Der 1-1,6 m lange Puma aus der Familie der Katzen *(Felidae)* bewohnt offene Landschaften ebenso wie Wälder und Gebirge. Die Farbschattierungen seines Fells reichen von Rötlich bis Grau. Als Einzelgänger durchstreift er sein Revier und beschleicht verschiedene Wildarten, Nager, manchmal Schafe und Rinder. Mit einem geschmeidigen Sprung stürzt er sich auf sie und tötet durch einen Biß in den Nacken. Dem Menschen wird er im allgemeinen nicht gefährlich.

Nach der Paarung trägt das Weibchen in 90-96 Tagen 4-6 Junge aus, die in einer Felshöhle oder einem ähnlichen Versteck blind geboren werden. Bereits nach knapp 2 Monaten fressen sie Fleischstücke, die ihnen das Muttertier bringt. (Verbreitung: Westen Nordamerikas, Mittel- und Südamerika)

Gepard *(Acinonyx jubatus)*

Die schnellste aller Katzen ist der 1-1,4 m lange Gepard *(Felidae)*. Sein schlanker Körper mit den langen Beinen ist ganz auf Geschwindigkeit ausgelegt. Bei einer Hetzjagd erreicht er Geschwindigkeiten von über 100 km/h. Seine Beute ist vielseitig und reicht von Antilopen über Hasen bis zu Vögeln.

Die 2-4 Jungen werden von beiden Eltern aufgezogen und lernen fast 2 Jahre für ihre Selbständigkeit.

Schon in der Antike nutzten Herrscher die dressierbare Großkatze als Jagdtier und schmückten sich mit deren eleganter Anmut. Heute ist die Art in ihrem Bestand bedroht und kann fast nur noch in Schutzgebieten überleben. (Verbreitung: Afrika, mittlerer Osten)

▽

Löwe *(Panthera leo)* △

Nicht nur in der Fabel ist der fast 2 m große Löwe *(Felidae)* der König der Tiere. Auch in der Wirklichkeit nimmt er diese Stellung ein, denn er hat außer dem Menschen so gut wie keine Feinde. Dieser hat es jedoch geschafft, das stolze Tier in weiten Gebieten seiner einstigen Verbreitung auszurotten. Der Löwe ist eine sehr gesellige Großkatze, die in Rudeln zusammenlebt und auch gemeinsam Jagd macht. Selbst große Tiere wie Giraffen und Büffel sind vor ihm nicht sicher. Ist das Rudel satt, liegt es meist schläfrig im Schatten und läßt Beutetiere unbehelligt grasen. Männliche Löwen sind von den Weibchen leicht durch ihre zottige Nacken- und Schultermähne zu unterscheiden. 2-3 Junge wachsen geschützt im sozialen Familienverbund auf. Nach 1 1/2 Jahren sind sie geschlechtsreif, und die männlichen Tiere müssen das Rudel verlassen. (Verbreitung: Afrika, Nordwestindien)

Tiger *(Panthera tigris)*

Mit 2,8 m ist der Tiger *(Felidae)* die größte Raubkatze. ▷ Der mächtige, muskulöse Körper ist mit vertikal verlaufenden schwarzen Fellstreifen gezeichnet, die im Unterholz und Gras des Waldes eine ausgezeichnete Tarnung bilden. Der Tiger ist ein nächtlicher Einzelgänger und jagt Hirsche, Schweine, Büffel und sogar große Wassertiere. Sein Revier umspannt oft mehr als 50 km^2. Ein Tigerpaar bleibt nur zur Paarung zusammen. Die Aufzucht der 2-3 Jungen ist alleinige Aufgabe der Mutter. Es existieren mehrere Unterarten wie Sumatra-, Java-, Bengal- und Sibirischer Tiger, die zum Teil schon ausgerottet sind oder im Bestand stark abnehmen. Gründe dafür sind die Zerstörung großer Waldgebiete, aber auch die Jagd infolge der größtenteils unbegründeten Angst vor dem angeblich menschenfressenden Tiger. (Verbreitung: Sibirien bis Südasien)

Wasserraubtiere *(Pinnipedia)*

Seehund *(Phoca vitulina)*

△

Der 1,5 bis 2 m lange Seehund aus der Familie der Hundsrobben *(Phocidae)* hat wie die anderen Wasserraubtiere einen vollkommen an das Wasser angepaßten Körper. Sein torpedoförmiger Leib trägt außen eine dicke Fettschicht, und die Gliedmaßen sind zu Flossen umgebildet. So kann sich der Seehund im Wasser hervorragend bewegen und leicht Beute machen. Fische, Muscheln, Krebse, Tintenfische und andere Meeresbewohner fängt er während seiner oft längeren Tauchgänge, für die sein Organismus speziell ausgebildet ist. So verringert sich sein Herzschlag, und nur die wichtigsten Organe werden mit Sauerstoff versorgt.

Der junge Seehund kann sofort nach der Geburt schwimmen. Er wird etwa 4-6 Wochen von der Mutter geführt. (Verbreitung: Küstengewässer des Nordatlantiks und Nordpazifiks)

Walroß *(Odobenus rosmarus)*

Bei einem Gewicht von 1000 kg und einer Länge von 3-4 m kann sich das männliche Walroß aus der gleichnamigen Familie *(Odobenidae)* auf dem Land nur sehr mühsam fortbewegen. Dem 2-3 m langen Weibchen geht es nicht viel besser. Das Walroß kann seine hinteren Flossenfüße nach vorn drehen, was ihm bei der Bewegung seines massigen Körpers hilfreich ist. In großen Verbänden hält sich das Tier an den Küsten der Polarmeere auf und ernährt sich von Weichtieren des Meeresbodens, Krebsen, Fischen und hin und wieder jungen Seehunden.

Zur Paarung versammeln sich die Tiere an festen Plätzen. Nur jedes zweite Jahr bringt das Weibchen ein Junges zur Welt, das 2 Jahre lang gesäugt wird. (Verbreitung: arktische Meere)

▽

Seekühe oder Sirenen *(Sirenia)*

Dugong *(Dugong dugong)* △

Im seichten Küstengewässer lebt der 3 m lange Dugong aus der Familie der Gabelschwanzseekühe *(Dugongidae)*. Wie alle Seekühe ist er ein reiner Pflanzenfresser, der sich von Seegras und Algen ernährt. Mit dem stromlinienförmigen Körper, den flossenförmigen Vordergliedmaßen und den zum Flossenschwanz umgebildeten hinteren Gliedmaßen ist er mit eines der am besten an das Wasser angepaßten Säugetiere. Das scheue Tier grast die meiste Zeit in aller Ruhe am Meeresboden und kommt nur zwischendurch an die Oberfläche, um zu atmen.

Nach einer Tragzeit von 9-11 Monaten bringt das Weibchen im Wasser ein Junges zur Welt, das liebevoll betreut und verteidigt wird.

Leider werden die standorttreuen und harmlosen Tiere oft leichte Beute von Jägern, denn ihr schmackhaftes Fleisch wird vielerorts geschätzt. Der Bestand aller Sirenen ist stark zurückgegangen. (Verbreitung: Ostküste Afrikas, Rotes Meer, Indischer Ozean, Küste Australiens und Neuguineas)

Schliefer *(Hyracoidea)*

Kap-Klippschliefer *(Procavia capensis)*

Betrachtet man den 40 bis 50 cm langen Klippschliefer aus der Familie der Schliefer *(Procaviidae)*, so mag man eine Ähnlichkeit mit Nagetieren feststellen, die jedoch rein äußerlich ist. Überraschend ist die Tatsache, daß die Schliefer eng mit den Seekühen und Elefanten verwandt sind. Der Kap-Klippschiefer lebt in Gruppen auf felsigem Gelände, von dessen dürftigem Bewuchs er sich ernährt. Mit seinen weichen, gefurchten Sohlen, die wie Saugnäpfe wirken, kann er ausgezeichnet klettern und sich bei Gefahr schnell in Felsspalten verkriechen. Katzen, Schleichkatzen und Greifvögel versuchen immer wieder, einen Schliefer zu erwischen, doch die bereitstehenden Wachen warnen das sich sonnende Rudel, und der Feind geht oft leer aus.

Nach 7-9 Monaten Tragzeit kommen 2-4 Junge zur Welt, die voll entwickelt sind und bereits laufen können. (Verbreitung: Arabien, große Teile Afrikas)

▽

Rüsseltiere *(Proboscidea)*

Afrikanischer Elefant *(Loxodonta africana)*

Der afrikanische Elefant *(Elephantidae)* ist das größte ▷ Landsäugetier der Erde. Er wird länger als 7 m und erreicht ein Gewicht von fast 7 Tonnen. Entsprechend ist die Menge der Nahrung, die er am Tag benötigt. Oft sind es mehr als 200 kg Blätter, Zweige, Sprossen, Wurzeln und Früchte. Aufgrund des hohen Futterbedarfs durchwandern Elefantenherden ständig riesige Gebiete und können dabei in besiedelten Gegenden große Schäden in Pflanzungen anrichten. Der lange Rüssel, der sich aus der Oberlippe und Nase gebildet hat, dient als vielseitiges Werkzeug, und zwar zum Greifen von Nahrung, Einsaugen von Wasser und zum Spritzen.

Nur ca. alle 8 Jahre bringt die Elefantenkuh nach einer Tragzeit von 2 Jahren ein etwa 100 kg schweres Junges zur Welt, das sehr lange bei der Mutter bleibt und von der ganzen Gruppe beschützt wird.

Allein wegen seiner Elfenbein-Stoßzähne wurden Elefanten seit langem abgeschlachtet und sind in ihrem Bestand bedroht. Weltweite Handelsverbote für Elfenbein sollen helfen, das großartige Rüsseltier der Nachwelt zu erhalten. (Verbreitung: Afrika, südlich der Sahara)

Asiatischer Elefant *(Elephas maximus)*

Auch der asiatische Elefant *(Elephantidae)* ist eine eindrucksvolle Erscheinung, obgleich er mit einer Länge von 5 bis 6,5 m kleiner ist als sein afrikanischer Verwandter. Auch seine Ohren sind erheblich kleiner, was wohl das auffälligste Unterscheidungsmerkmal darstellt.

Der soziale Verband, die Herde, wird von einem erfahrenen älteren Tier geführt. Bei Gefahr bieten die starken Tiere den jungen und schwachen Tieren Sicherheit. Verwundete Tiere werden beispielsweise auf der Flucht seitlich von zwei Tieren gestützt. Überhaupt sind die Hirnleistungen des Elefanten enorm, so daß er mit Menschenaffen und Delphinen zu den intelligentesten Säugetieren neben den Menschen zählt. Seine Fähigkeiten nutzt der Mensch schon seit dem Altertum, indem er junge Elefanten fängt und sie zu Arbeitselefanten ausbildet. In unzugänglichen Urwaldgebieten verrichten sie Baumfäll- und Transportarbeiten, wo der Einsatz von Traktoren unmöglich ist.

Die Tragzeit beim asiatischen Elefanten beträgt 21 Monate, und meist wird nur ein einziges Elefantenbaby geboren. Es wird lange von der Mutter gesäugt und auch von anderen Elefantenkühen mitbetreut.

Da die natürlichen Lebensräume des asiatischen Elefanten noch drastischer abnehmen als beim afrikanischen, ist die Zahl wildlebender Tiere bedrohlich gesunken. Hauptaufgabe der Naturschützer muß es sein, die Umwelt des Elefanten zu erhalten. (Verbreitung: ◁ Indien, Südostasien, Sri Lanka, Sumatra)

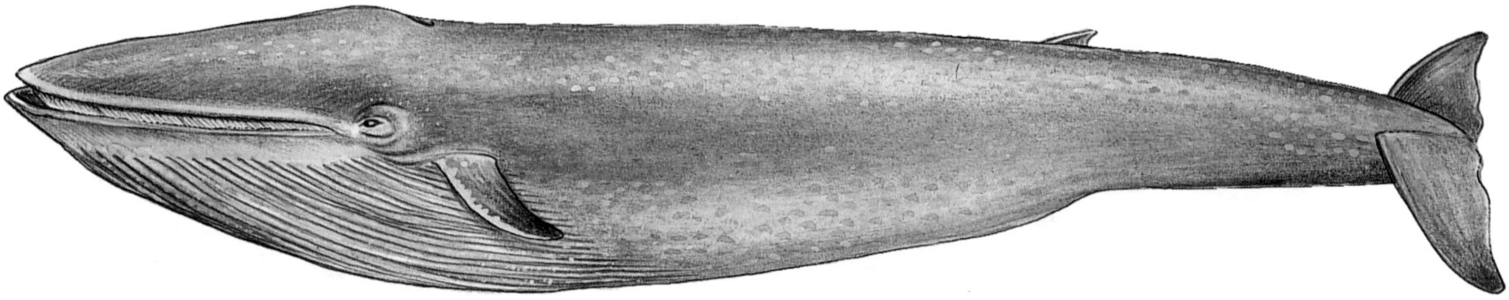

Wale *(Cetacea)*

Blauwal *(Balaenoptera musculus)* △

Es scheint verwunderlich, daß das größte Säugetier der Erde sich ausgerechnet von sehr kleinen Lebewesen ernährt, nämlich von Planktonkrebsen (Krill). Doch für diese spezielle Nahrung hat das riesige, oft 30 m lange Tier ein sehr zweckmäßiges Werkzeug, mit dem er das Wasser filtriert. Statt Zähne sitzen am Oberkiefer bürstenartig aneinandergereihte Bartenfasern, an denen die Nahrung hängenbleibt. Im Sommer filtern sie pro Tag bis zu 4 Tonnen Garnelen aus dem Wasser.

Der Blauwal aus der Familie der Furchenwale *(Balaenopteridae)* trägt an der Kehle zahlreiche Furchen (Name), wodurch sich der Mundraum stark erweitert und er große Mengen von Krill auf einmal aufnehmen kann.

Zur Paarungszeit im Herbst verläßt der Blauwal die kalten Polarmeere und zieht in Richtung Äquator. Hier bringt das Weibchen im darauffolgenden Jahr ein Junges zur Welt. (Verbreitung: Weltmeere)

Pottwal *(Physeter catodon)*

Der bis zu 20 m lange Pottwal aus der gleichnamigen Familie *(Physeteridae)* ist von sonderbarer Gestalt. Sein riesiger Kopf trägt an der Unterseite einen schmalen, zurückgesetzten Unterkiefer mit Zähnen. Der hornige Oberkiefer ist zahnlos. In einem Hohlraum im Vorderkopf sitzt ein mit farblosem Öl (Sperm / Walrat) gefülltes Organ, das zur Regulierung des Auftriebs beim Tauchen dient. Dieses Öl ist ein begehrtes technisches Schmiermittel und somit einer der Hauptgründe für die erbarmungslose Jagd nach dem interessanten Meeressäuger. Als Tiefseetaucher ernährt sich der Pottwal von großen Tintenfischen, Fischen und Krebsen, die er mit weit aufgerissenem Rachen erbeutet. Das Männchen sammelt eine Gruppe von fruchtbaren Weibchen um sich, sobald es im Herbst die Polarmeere in Richtung Äquator verlassen hat. Die Tragzeit der Pottwale beträgt zwischen 14-16 Monate. Wie bei den meisten Walen wird gewöhnlich nur ein Junges geboren, das etwa 2 Jahre gesäugt wird. Während des Geburtsvorgangs scharen sich mehrere Weibchen um das Muttertier. Sie geleiten das Kalb nach der Geburt an die Wasseroberfläche, wo es zum erstenmal Luft holt. (Verbreitung: Weltmeere) ▽

Schwertwal *(Orcinus orca)*

△

Der 7-9 m lange Schwertwal oder Orka aus der Familie der Delphine *(Delphinidae)* ist durch seine schwarzweiße Zeichnung und die lange aufrecht stehende Rükkenflosse mit keinem anderen Wal zu verwechseln. Seine etwa 45 spitzen, kegelförmigen Zähne entlang der stumpfen Schnauze sind gefährliche Werkzeuge, mit denen dieser große Delphin Fische und Tintenfische, andere Meeressäuger und Vögel erbeutet. Mitunter wagt er sogar einen Sprung an den Strand, um Seelöwen oder Robben zu erwischen. Seine Gefährlichkeit und Angriffslust wird jedoch oft übertrieben. In Gefangenschaft erweist er sich als gelehriger und harmloser Geselle.

Der Schwertwal zieht in Familienverbänden durch Küstengewässer, wo er in geringer Wassertiefe nach Nahrung sucht. Er kommt häufig zum Atmen an die Oberfläche. (Verbreitung: Weltmeere)

Großer Tümmler *(Tursiops troncatus)*

Eines der intelligentesten Säugetiere ist der 3-4 m lange Große Tümmler *(Delphinidae)*, der Superstar in Delphinarien. So schön seine Kunststücke im Becken anzusehen sind, so qualvoll ist für das sensible Tier die Enge. Darüber kann auch sein charakteristisches Lächeln nicht hinwegtäuschen. In Freiheit zieht er in streng gegliederten sozialen Gruppen durch die Meere und jagt nach Fischen und Krebsen. Dabei spürt er seine Nahrung mit Hilfe der Ultraschallpeilung auf.

Bei der Geburt wird die Mutter von zwei Weibchen gestützt, die anschließend auch das Neugeborene zum Atmen an die Oberfläche leiten. Das Junge wird ca. 12 Monate gesäugt. Die nächste Geburt hat das Weibchen bei einer Tragzeit von ebenfalls 12 Monaten, frühestens nach 2 Jahren. (Verbreitung: Weltmeere)

▽

Paarhufer *(Artyodactyla)*

Wildschwein *(Sus scrofa)* △

Auch in den europäischen Wäldern gibt es ein relativ großes Säugetier, das man nur selten sieht. Nur in der Dämmerung kommt das scheue Wildschwein *(Suidae)* aus seinem Versteck, um im Boden nach Eßbarem zu wühlen. Als Allesfresser verzehrt es Knollen, Wurzeln, Feldfrüchte, Baumsamen, Insekten und, falls vorhanden, auch Aas.

Meist leben die weiblichen und männlichen Tiere getrennt in kleineren Gruppen (Rotten) zusammen. Tagsüber liegen sie dicht beieinander im Dickicht oder Schlamm. Das 1 bis 1,3 m lange Männchen (Keiler) trägt stoßzahnartige Eckzähne zur Verteidigung. Ca. 115 Tage nach der Paarung wirft das Weibchen (Bache) an einem versteckten Platz bis zu 10 längsgestreifte Junge (Frischlinge) auf einem gut gepolsterten Lager. (Verbreitung: Europa, Asien, Nordafrika, in Nordamerika eingeführt)

Flußpferd *(Hippopotamus amphibius)*

Das 3 bis 4 m lange, massige Flußpferd aus der gleichnamigen Familie *(Hippopotamidae)* bewohnt Flüsse und Seen sowie Grassteppen mit Bademöglichkeit. In der Regel werden soziale Gruppen mit 5 bis 20 Tieren von einem erfahrenen Männchen geführt. Im Wasser bewegt sich das 2-3 Tonnen schwere Tier geschickt, taucht und schwimmt gut. Der Kopf ist so gebaut, daß nur noch Ohren, Augen und Nasenlöcher über die Wasseroberfläche herausragen, während das Flußpferd sich sonst vollständig unter Wasser befindet. Nur zur Futtersuche verläßt der Pflanzenfresser am Abend das Wasser.

Nach der Paarung im Wasser bringt das Weibchen dort in 8 Monaten ein Junges zur Welt, das etwa ein Jahr lang meist unter Wasser gesäugt wird. Der Leitbulle trägt bei Gefahr mit weit aufgerissenem Maul zur Verteidigung der Jungen in der Herde bei. (Verbreitung: Afrika)

▽

Kamel *(Camelus bactrianus ferus)*

Wichtigstes Kennzeichen des etwa 3 m langen Kamels ▷ *(Camelidae)* sind 2 Rückenhöcker, die als Nahrungsreserven dienen. Große Teile des Körpers sind im Winter mit einem zottigen Haarkleid bedeckt, das im Sommer ausfällt. Das langbeinige genügsame Tier frißt Blätter, Gras, ja sogar Disteln, wenn es nichts anderes gibt. Durch seinen unterteilten Magen kann es die aufgenommene Nahrung nach einiger Zeit aufstoßen und nochmals durchkauen, denn Kamele sind Wiederkäuer.

Nach der Paarung im Liegen folgt eine Tragzeit von 390-410 Tagen. Das Jungtier kann schon nach kurzer Zeit stehen und in der Herde mitziehen. Es wird 1 Jahr lang gesäugt.

Kamele werden seit langer Zeit als Haustiere zum Tragen von Lasten und zum Reiten gehalten. Sie liefern zudem Milch und Wolle. (Verbreitung: China, Mongolei)

Guanako *(Lama guanicoe)*

◁ Das schlanke, 1,2-1,7 m lange Tier gehört zu den südamerikanischen Verwandten des Kamels und bewohnt Halbwüsten und Gebirgsmatten bis in eine Höhe von 5000 m. Es ist die Wildform des Lamas *(Lama guanicoe glama)*, das als Last- und Nutztier gezüchtet wird. Bei Gefahr bespuckt das Guanako seinen Angreifer zielsicher.

Ein starkes männliches Tier führt in der Regel eine Gruppe von 5-10 Weibchen und Jungtieren und verteidigt sie gegen Eindringlinge. Männchen ohne Harem schließen sich ebenfalls zu Herden zusammen.

Alle zwei Jahre trägt das Weibchen ein Junges aus, das bereits kurz nach der Geburt sicher stehen kann und der Mutter zur Herde folgt. (Verbreitung: südliches Südamerika)

Rothirsch *(Cervus elaphus)*

▷ Nur das männliche Tier (Hirsch) trägt ein eindrucksvolles Geweih, das in der Regel jedes Jahr abgeworfen wird und im Frühjahr nachwächst. Der 1,6-2,5 m lange Rothirsch *(Cervidae)* bewohnt Wälder der Niederungen und Gebirge, in denen sich Freiflächen wie Lichtungen befinden. Mit Ausnahme männlicher Einzelgänger lebt er in Familienverbänden und Rudeln. Seine Nahrung besteht aus unterschiedlichen Pflanzen, Früchten, Beeren, Samen und Rinde. Neben dem Menschen sind Bär und Wolf die natürlichen Feinde des majestätischen Tieres.

Während der Brunft im Herbst finden erbitterte Rivalenkämpfe der Männchen um ein Rudel Weibchen statt. Nach der Paarung wird im Mai / Juni meist nur ein Kalb geboren, das bereits gut entwickelt ist und 4 Monate gesäugt wird. (Verbreitung: Europa, Asien, Nordafrika, Nordamerika, in Neuseeland eingeführt)

Reh *(Capreolus capreolus)*

◁ Die kleinste bodenständige Hirschart Europas ist das zwischen 90 und 30 cm lange Reh aus der Familie der Hirsche *(Cervidae)*. Das Geweih des männlichen Rehs (Bock) ist nur eine Stange mit höchstens 3 Enden. Sein Lebensraum umfaßt unterschiedliche Wälder, aber auch offene Feldlandschaften mit Gehölzen. Die Nahrungs- und Lebensgewohnheiten ähneln denen des Rothirsches.

Im Mai / Juni bringt das Weibchen (Ricke) ein Junges (Kitz) zur Welt, das bereits stehen kann und 2-3 Monate gesäugt wird. Bei Gefahr verläßt die Mutter ihr durch helle Felltupfen getarntes Kitz, das unbeweglich auf der Stelle bleibt, und kehrt später zu ihm zurück. Weniger gefährliche Feinde vertreibt die Ricke mit Huftritten. Ein scheinbar verlassenes Rehkitz darf nicht berührt oder mitgenommen werden, denn mit dem ihm anhaftenden Menschengeruch nimmt die Ricke ihr Junges nicht mehr an! (Verbreitung: fast ganz Europa, Asien bis China)

Rentier / Karibu *(Rangifer tarandus)*

Das 1,3 bis 2,2 m lange Rentier, ▷ ebenfalls aus der Familie der Hirsche *(Cervidae)*, ist die einzige Hirschart, bei der sowohl männliche als auch weibliche Tiere ein Geweih tragen. Es existieren verschiedene Unterarten, zu denen auch die domestizierten Formen zählen, die für den Menschen des Nordens als Jagd-, Reit- und Zugtier sowie als Milchlieferant lebenswichtig sind. Zudem haben Rentiere ein warmes Fell, das zu Kleidung verarbeitet wird.

Ihr Lebensraum sind die Wälder und Tundren des Nordens. Im Sommer frißt das Rentier hauptsächlich Gras, Kräuter, junge Triebe und Blätter, doch im Winter begnügt es sich oft für längere Zeit mit Flechten und Moos. Meist bilden sich große Herden aus Weibchen und halbwüchsigen Männchen, die von einem alten Weibchen geführt werden. Im Herbst finden Rivalenkämpfe der Männchen um einen Harem statt.

Nach der Paarung kommt nach 7-8 Monaten zwischen Mai und Juni ein Junges zur Welt, das kurz nach der Geburt laufen kann. (Verbreitung: Nordeuropa, Nordasien, Nordamerika)

Elch *(Alces alces)*

Der größte Vertreter der Familie der Hirsche *(Cervidae)* ist der 2,5-3 m lange Elch. Sein mächtiges Geweih ist schaufelförmig verbreitert und kann 20 kg schwer werden. Er bewohnt polare Tundren und Wälder in Gewässernähe und ernährt sich von Blättern, Zweigen, Rinden und Flechten. Wie viele andere Hirscharten ist der Elch ein ausgezeichneter Schwimmer, der auch bis zu 5 m tief tauchen kann. Während die Weibchen den Sommer im Familienverbund verbringen, schließen sie sich nach ▽ der herbstlichen Brunft zu Rudeln zusammen. Im Mai oder Juni kommen dann 1-2 Kälber zur Welt, die mit 1 Jahr selbständig werden.

Stellenweise wird der Versuch unternommen, Elche wegen ihres Fleisches, ihrer Milch und als Zugtier zu domestizieren, was schon in frühgeschichtlicher Zeit in Sibirien üblich war. (Verbreitung: Nordosteuropa, Skandinavien, Nordasien, Kanada, Alaska)

Giraffe *(Giraffa camelopardalis)*

Mit Sicherheit ist die 3-4 m lange Giraffe *(Giraffidae)* das ▷ außergewöhnlichste wiederkäuende Huftier. Aufgerichtet mißt es beinahe 6 Meter. Der lange Hals hat eine doppelte Funktion. Zum einen ermöglicht er dem Tier, seine Blattnahrung hoch in Akazienbäumen und anderen Dornbäumen zu suchen, wohin andere Pflanzenfresser nicht gelangen, zum anderen sieht es von hoher Warte aus früh eine herannahende Gefahr und hat meist noch genügend Zeit zur Flucht.

Die Giraffe lebt in kleineren Gruppen unter Führung eines erfahrenen Leittiers. Während der Paarungszeit liefern sich die Männchen heftige Ringkämpfe um die Weibchen, indem sie mit den langen Hälsen den Gegner wegdrücken und mit den knöchernen Hörnern am Kopf zustoßen. Will die Giraffe zum Äsen oder Saufen den Boden erreichen, muß sie die Vorderbeine weit auseinanderspreizen.

Ein Giraffenweibchen bringt bei Tagesanbruch ein Junges zur Welt, das bis zu 1 Jahr gesäugt wird. (Verbreitung: Afrika, vorwiegend im Senegal und in Gambia bis zum Tschad)

Okapi *(Okapia johnstoni)*

◁ Im dichten Urwald lebt das Okapi, das ebenfalls aus der Familie der Giraffen *(Giraffidae)* ist. Es ist eine kurzhalsige, etwa 2 m lange Waldgiraffe, die erst Anfang des 20. Jahrhunderts wissenschaftlich entdeckt wurde. Im Gegensatz zu den Giraffen der Steppe ist das Okapi nachts aktiv und sucht nach vielseitiger Pflanzennahrung, die es mit seiner langen Zunge greift und abreißt.

Als Einzelgänger durchstreift das Okapi ein Revier von ca. 1 km^2, wobei es immer feste Pfade (Wechsel) benutzt. Auf diese Weise wird es in Fallgruben oft leichte Beute der heimischen Pygmäen, die Fleisch und Fell des Tieres verwerten.

Zur Brunftzeit schließen sich Okapis paarweise zusammen. Nach 14-15 Monaten bringt das Weibchen ein unbeholfenes Junges zur Welt, das ca. 6 Monate gesäugt wird. (Verbreitung: Zentralafrika)

Yak *(Bos mutus)*

△

Ursprünglich lebte der etwa 3 m lange Yak aus der Familie der sogenannten Hornträger *(Bovidae)* über das ganze Himalaiagebiet verstreut. Heute kommt er leider nur noch in abgelegenen Gebieten bis in Höhen von 6000 m vor. Sein Aussehen läßt erkennen, daß er bestens für die extremen Bedingungen seines Lebensraumes ausgerüstet ist. Das dichte Haarkleid bietet Schutz gegen Kälte, und der niedrige Körperschwerpunkt ermöglicht in steilem Gelände einen sicheren Tritt. Der Yak zieht in Herden umher, die von einem Leitbullen geführt werden. Er grast die spärliche Bodenvegetation ab und steht meist wiederkäuend an geschützten Stellen. Bei Gefahr stellen sich die erwachsenen Tiere in einem Kreis auf, wobei sie ihre Köpfe nach unten und ihre mächtigen Hörner nach vorne richten. Interessanterweise tragen sowohl die Männchen als auch die Weibchen Hörner. Die Tragzeit bei den Yaks beträgt zwischen 9 und 10 Monaten. (Verbreitung: Westchina, Tibet)

Kaffernbüffel *(Synceros caffer)*

Beim 2-3 m langen Kaffernbüffel aus der Familie der Hornträger *(Bovidae)* unterscheidet man 3 Unterarten, die in der Farbe von Hellrötlich bis Schwarz variieren. Neben dem kräftigen, muskulösen Körperbau fallen vor allem die geschwungenen Hörner auf, die sich an Stirn und Hirnhaupt berühren und den sogenannten Helm bilden. Das angriffslustige und wehrhafte Tier bewohnt unterschiedliche Lebensräume in Wassernähe, wo es gerne Schlammbäder nimmt. Oft ziehen Herden von ca. 10 bis einigen hundert Tieren umher, grasen während der Nacht und ruhen am Tag an geschützten Stellen. Kräftige Fußtritte und gefährliche Hornstöße machen selbst einem angreifenden Löwen das Leben schwer. Ist der Kaffernbüffel verletzt, zieht er sich ins Dickicht zurück und greift von hier notfalls erneut an.

Das Weibchen bringt 11 Monate nach der Paarung ein Kalb zur Welt, das anfangs ein dichtes Haarkleid trägt. (Verbreitung: Afrika)

▽

Bison *(Bison bison)*

Noch im letzten Jahrhundert zog der 2-3,5 m lange Bison *(Bovidae)* in riesigen Herden über die Prärie Nordamerikas. Für die Ureinwohner dieser Landschaft und der Steppen bildete er die einzige Lebensgrundlage. Mit der Kolonialisierung wurden die friedlich grasenden Tiere von Einwanderern beinahe bis zur vollständigen Ausrottung abgeschlachtet. Bis heute konnte der Bestand in Reservaten auf etwa 20000 Tiere angehoben werden.

Wie andere Hornträger kämpfen die Bullen während der Brunft um paarungswillige Weibchen. Diese bringen nach 9 Monaten ein Junges zur Welt, das bald stehen kann und der Mutter in der Herde folgt. Es wird 1 Jahr lang gesäugt und bleibt 2-3 Jahre in der Obhut der Mutter.

Die europäische Art des Bisons ist der Wisent *(Bison bison bonasus)*, der etwas schlanker ist und längere Hörner hat. Nur in Osteuropa existieren noch einzelne halbwilde Herden. (Verbreitung: Nordamerika)

▽

Impala / Schwarzfersenantilope △

(Aepyceros melampus)

Einer der schnellsten und graziösesten Hornträger ist die 1,2 bis 1,6 m lange Impala *(Bovidae)*. Sie lebt in Gruppen am Rand von Steppen und in offenen Waldgebieten und ernährt sich von Gras, Blättern und Früchten. Das äußerst scheue Tier ist stets bereit, in unglaublicher Flinkheit mit bis zu 10 m langen Sprüngen die Flucht zu ergreifen. Meist bleibt die Herde zudem in der Nähe des schützenden Walddickichts und begibt sich nie in die weite offene Steppe hinaus.

Während der Paarungszeit versammelt das Männchen einen Harem um sich. Im Schutz eines Versteckes kommt nach etwa 7 Monaten ein Junges zur Welt. Sobald es stehen kann, folgt es der Mutter zur Herde. (Verbreitung: Südwest- bis Ostafrika)

Springbock *(Antidorcas marsupialis)* △

Zu Recht trägt der 1,2-1,4 m lange Springbock *(Bovidae)* seinen Namen, denn er ist in der Lage, mehrere weite Sprünge hintereinander zu vollführen, die höher als 3 m sind. Als typischer Bewohner des Graslandes Südafrikas ziert er das Wappen des Landes. Er zieht in großen Herden aus mehreren Familienverbänden umher und kann dabei auch Ackerland und Weidegründe der Siedler zerstören, die aus diesem Grund in der Vergangenheit ganze Herden abgeschossen haben. Heute werden Springböcke erfolgreich wieder eingebürgert.

Zur Paarungszeit bilden sich kleinere Harems, die aus 10-20 Weibchen und einem starken Bock bestehen. (Verbreitung: Südafrika)

Steinbock *(Capra ibex)*

◁ Nach fast völliger Ausrottung des prachtvollen 1,5 m langen Alpensteinbocks leben heute wieder einige kleine Herden in Reservaten der Alpen. Das Männchen ist leicht an den mächtigen, nach hinten geschwungenen Hörnern zu erkennen, die manchmal 1 m lang sind. Männchen (Böcke) und Weibchen (Geißen) schließen sich nur während der Brunftzeit im Winter zur Paarung zusammen.

Nach 150-180 Tagen kommt im Mai / Juni das Junge (Kitz) zur Welt. Der Steinbock lebt in luftigen Höhen bis zu 3000 m immer oberhalb der Baumgrenze. Nur im Winter sucht er steile, schneefreie Südhänge auf. (Verbreitung: Alpen)

Unpaarhufer *(Perissodactyla)*

Przewalski-Pferd *(Equus przewalskii)*

Sucht man heute nach der Urform des Hauspferdes, so stößt man auf das 2 m lange Przewalski-Pferd *(Equidae)*, das noch in wenigen Exemplaren in Freiheit und in Zoos existiert. Es ist jedoch fraglich, ob es als direkter Stammvater anzusehen ist. Fossile Funde zeigen, daß zumindest eine starke Ähnlichkeit zwischen Urwildpferd und Przewalski-Pferd besteht. Noch in der Römerzeit lebten in Europa große Herden. Durch den Einfluß des Menschen wurden die freilebenden Tiere immer mehr verdrängt. Die Herden zogen über Grassteppen, wo sie genug Futter vorfanden. Sie wurden von einem starken Leithengst geführt. (Heutige Verbreitung: Mongolei, Westchina)

▽

Grévyzebra *(Equus grevyi)*

△

Über die weiten Savannen Afrikas ziehen schon seit Urzeiten Herden von Zebras. Die nahe Verwandtschaft dieser Einhufer mit den Pferden ist daran zu erkennen, daß Kreuzungen zwischen den Arten möglich sind. Das Grévyzebra, das ebenfalls zur Familie der Pferde *(Equidae)* gehört, ist mit einer Länge von 2,6 m der größte Vertreter von insgesamt 3 Zebraarten. Es hat einen relativ langen Kopf, tütenförmige Ohren sowie eine schmale Streifenzeichnung, an der sich die einzelnen Tiere auch erkennen. Die Männchen (Hengste) leben oft allein, während die Weibchen (Stuten) und die Jungtiere sich zu Gruppen zusammenschließen.

Nach der Paarung trägt das Weibchen ein Jahr lang das Fohlen aus. Es wird nach der Geburt 6 Monate gesäugt. (Verbreitung: Nordostafrika, vor allem Kenia und Äthiopien)

Breitmaulnashorn *(Ceratotherium simum)*

Trotz seines recht plump wirkenden Körpers und der dicken kurzen Gliedmaßen kann das Breitmaulnashorn *(Rhinocerotidae)* schnell, fast leichtfüßig laufen. Jeder Fuß hat 3 Zehen, wovon 2 schwächer entwickelt sind. Mit einer Länge von 4-5 m ist es nach den Elefanten das zweitgrößte lebende Landsäugetier. Von den anderen 4 Arten unterscheidet es sich durch einen Nasenhöcker sowie die lange breite Schnauze. Das Breitmaulnashorn lebt einzeln oder in Trupps von einigen Tieren in der Gras- und Buschsteppe mit nahen Wasserlöchern, wo es sich suhlen kann. Seine Nahrung besteht ausschließlich aus Gras.

Nur während das Nashornweibchen ein Junges führt, ist das ansonsten friedvolle Tier unberechenbar, weil sie es vehement verteidigt. Das Kalb wird über ein Jahr gesäugt und bleibt bis zur Geburt des nächsten Jungen bei der Mutter. (Verbreitung: Afrika)

▽

Tapir *(Tapirus terrestris)* △

Der wohl primitivste Vertreter aus der Ordnung Unpaarhufer *(Perissodactyla)* ist der Tapir aus der gleichnamigen Familie *(Tapiridae)*, denn er hat seit vielen Millionen Jahren sein Aussehen nicht verändert. Von den 4 heute lebenden Arten kommt eine in Südostasien, der Rest in Mittel- und Südamerika vor. Die gedrungene Gestalt weist den 2 m langen Tapir als Waldbewohner aus. Er zieht meist als Einzelgänger in der Dämmerung durch dichten Regenwald. Sein Speisezettel reicht von Blättern, Sprößlingen, Zweigen bis zu Wasserpflanzen. Im Wasser fühlt sich der Tapir wohl. Er ist ein guter Schwimmer und nutzt jede Gelegenheit, sich zum Schutz vor Parasiten im Schlamm zu suhlen.

Ungefähr 400 Tage lang trägt das Weibchen ein Junges aus, das nach der Geburt ein Streifenmuster trägt. (Verbreitung: Südamerika)

Primaten *(Primates)*

Streng zoologisch gesehen, stehen die Primaten in der Systematik den einfachen Säugetieren wie z.B. den Insektenfressern *(Insectivora)* sehr nahe. Die von den Vorfahren geerbte, relativ unspezialisierte Körperform sowie die fünffingrigen Gliedmaßen sind in der progressiven stammesgeschichtlichen Entwicklung weniger fortschrittlich als beispielsweise der Körperbau der Wale, Raubtiere oder Huftiere. Primaten sind also nicht so extrem spezialisiert und genaugenommen keineswegs die am höchsten entwickelten Säugetiere.

Andererseits sind aber bei keinem anderen Lebewesen die Hände und das Gehirn so hoch entwickelt wie bei den Primaten. Stellt man nun diese Errungenschaften mit den hochspezialisierten Fähigkeiten anderer Säugetiere auf eine Stufe, so kommt man eigentlich zu dem Ergebnis, daß ein systematisches Einordnen innerhalb der Klasse in vielen Fällen unmöglich ist, da die Kriterien zu vielfältig sind. Betrachten wir es also als Sympathie mit unseren nächsten Verwandten, daß die Primaten das letzte Kapitel dieses Buches bilden.

Die Ordnung Primates gliedert sich in die Unterordnungen Halbaffen *(Prosimiae)* und Affen *(Simiae)*.

Halbaffen *(Prosimiae)*

Katta *(Lemur catta)*

Ein ausgezeichneter Kletterer ist der 40-50 cm lange Katta aus der Familie der Lemuren *(Lemuridae)*. Sein auffälligstes Merkmal ist der schwarz-weiß geringelte Schwanz, der länger als der Körper ist und den der Halbaffe meist weit in die Höhe streckt. Er ernährt sich von Blättern, Früchten, Gras und Baumsäften.

In trockenen Gegenden mit vereinzeltem Baumwuchs markiert der Katta mit Hilfe von Duftdrüsen ein festes Revier. Hier leben etwa 20-30 Tiere in Familienverbänden. Der Katta beherrscht ein größeres Repertoir an Lauten, die auch der Verständigung in der Gruppe dienen.

Nach einer kurzen Tragzeit von 136 Tagen kommen 1-2 Junge zur Welt, die bereits nach einem halben Jahr selbständig werden. (Verbreitung: Madagaskar)

▽

Fingertier *(Daubentonia madagascariensis)*

◁ Das 40-50 cm lange Fingertier aus der gleichnamigen Familie *(Daubentoniidae)* bewohnt Bäume des Regenwaldes und Bambusdickichte. Seine großen, orangefarbenen Augen weisen es als nachtaktives Tier aus. Geschickt klettert es mit Hilfe der extrem langfingrigen Hände durch das Geäst, auf der Suche nach Insektenlarven, Früchten und Eiern. Mit dem langen Mittelfinger klopft es den Stamm ab und horcht nach jeder Bewegung im Inneren. Hat es eine Larve ausgemacht, weitet es den Fraßgang und streckt den dünnen Skelettfinger weit hinein, um die Larve zu erreichen. Meist lebt das Fingertier allein oder paarweise.

Nur alle 2-3 Jahre wirft das Weibchen ein Junges. Das Fingertier ist eines der seltensten Säugetiere und kommt heute nur noch in bestimmten Reservaten vor. (Verbreitung: Madagaskar)

Affen *(Simiae)*

Totenkopfäffchen *(Saimiri sciureus)*

◁ Von vorne betrachtet, erinnert der Kopf des 25-30 cm langen Totenkopfäffchens aus der Familie der Kapuzineraffen *(Cebidae)* durch seine weiße Gesichtsmaske tatsächlich an einen Totenkopf. In Gruppen von 10-200 Tieren turnt es in Bäumen auf der Suche nach Nahrung. Seine Kost ist reichhaltig und beinhaltet Spinnen, Insekten, Frösche, kleine Vögel und deren Eier ebenso wie Früchte und Beeren. Der bis zu 40 cm lange Schwanz dient der Balance, kann jedoch nicht zum Greifen benutzt werden. Das Totenkopfäffchen ist recht neugierig, zeitweise streitsüchtig, weist aber gegenüber seinen Artgenossen bereits soziale Verhaltensweisen auf.

Ein Neugeborenes kann bald nach der Geburt klettern und wird von der Mutter außer zum Säugen nur sporadisch geführt. (Verbreitung: Mittelamerika bis zum Amazonasbecken)

Senegalgalago *(Galago senegalensis)*

Ein recht aktiver und sehr geschickter Geselle ist der ▷ 15-20 cm lange Senegalgalago aus der Familie der Loris *(Lorisidae)*. In weiten Sätzen springt er durch das Geäst von Büschen und Bäumen lichter Wälder. Der 20-30 cm lange Schwanz hilft dabei, das Gleichgewicht zu halten. Den Tag verschläft er mit zahlreichen Familienmitgliedern in seinem Baumversteck, und erst nachts begibt er sich auf Jagd nach allerlei Kleingetier von Insekten bis zu Eidechsen. Auch Früchte und Samen nimmt er gern.

Je nach Nahrungsangebot, das von der Regenzeit abhängig ist, bringt der Senegalgalago 1-2 mal pro Jahr ein Junges zur Welt. Schon nach 4 Monaten ist es geschlechtsreif und wird selbständig. (Verbreitung: West- und Ostafrika)

Grauer Wollaffe *(Lagothrix lagothricha)*

◁ Schwungvoll turnt der 50-70 cm lange Wollaffe, der ebenfalls zur Familie der Kapuzineraffen *(Cebidae)* gehört, durch das Geäst von Bäumen. Sein kräftiger langer Greifschwanz, der 60-70 cm lang werden kann, leistet ihm dabei wertvolle Dienste. Die Hände mit den entgegengestellten Daumen ermöglichen ihm im Geäst einen sicheren Griff. Man trifft das Tier fast ausschließlich in Gesellschaft zahlreicher Familienmitglieder an. Die soziale Gruppe, die oft aus mehr als 50 Tieren besteht, ist ein wichtiger Bestandteil seines Lebens. Der Wollaffe ernährt sich hauptsächlich von pflanzlicher Nahrung, die er auf Bäumen sucht. Mitunter geht er auch auf den Boden, wo er sich teilweise in fast aufrechtem Gang fortbewegt.

Die Tragzeit dauert weniger als ein halbes Jahr, und bereits nach wenigen Wochen kann das Junge allein klettern. Meist hält es sich jedoch im dichten Fell der Mutter fest und läßt sich herumtragen. (Verbreitung: Südamerika, vor allem am westlichen Amazonasbekken und in Peru)

Magot *(Macaca sylvana)*

Der kräftige, schwanzlose Magot aus der Familie der Meerkatzenartigen *(Cercopithecidae)* ist der einzige Affe, der in einem Teil Europas vorkommt. Er bewohnt felsiges Gelände mit Baumbestand und ernährt sich von Pflanzennahrung, mitunter auch von Insekten, Spinnen und Vogeleiern.

Das Territorium, in dem etwa 30 Tiere leben, wird von einem starken Leittier abgegrenzt. Nach der Paarung, die nicht an bestimmte Jahreszeiten gebunden ist, trägt das Weibchen in ca. 7 Monaten ein bis zwei Junge aus. Die Säugedauer beträgt 3-4 Monate. Mit etwa 4 Jahren sind die Jungen erwachsen, verlassen die Mutter jedoch oft schon im Alter von 6 Monaten.

In Europa kommt der Magot nur auf den Felshängen Gibraltars vor. Der Bestand wird regelmäßig durch Tiere aus dem nordafrikanischen Atlasgebirge aufgefrischt. (Verbreitung: Marokko, Nordalgerien, Gibraltar)

▽

Mandrill *(Mandrillus sphinx)*

Das Gesicht des kräftig gebauten Mandrills, ebenfalls ▷ aus der Familie der Meerkatzenartigen *(Cercopithecidae)*, ist von tiefen Furchen durchzogen, die blau leuchten. Die Nasenpartie ist dazwischen rot gefärbt. Wenn sich der Mandrill aufregt, nimmt die Intensität der Farbe noch stark zu. Neben dem Gesicht ist auch das Gesäß hellrot bis bläulichviolett gefärbt.

Das Männchen erreicht eine Größe von knapp 1m; das weniger eindrucksvoll gefärbte Weibchen ist meist wesentlich kleiner. Während die Gruppe die Nacht geschützt auf einem Baum verbringt, sucht sie ihre Nahrung tagsüber am Boden. Neben verschiedenen Früchten und Blättern frißt der Mandrill auch Insekten, kleine Wirbellose und Wirbeltiere. (Verbreitung: Westafrika)

Grüne Meerkatze *(Cercopithecus aethiops)*

◁ Nur zum Schlafen klettert die 40-80 cm lange Meerkatze *(Cercopithecidae)* auf Bäume an Waldrändern. Tagsüber zieht sie in Gruppen auf der Suche nach Eßbarem über die Savanne, ohne sich weit von den schützenden Bäumen zu entfernen. Pflanzennahrung jeglicher Art, manchmal auch Kleingetier, stehen auf ihrem Speisezettel. Meerkatzen können neben geschicktem Klettern und Springen auch ausgezeichnet schwimmen. Sie sind auf Wasser angewiesen und entfernen sich nie weit davon.

Ein einziges Junges kommt nach ca. 200 Tagen zur Welt und klammert sich im Fell der Mutter fest. Nach wenigen Wochen kann es selbst klettern und verläßt die Mutter für kurze Zeit. Es wird 6 Monate gesäugt. (Verbreitung: West- bis Südafrika)

Nasenaffe *(Nasalis larvatus)*

◁ Der Nasenaffe, der aus der Familie der Schlankaffen *(Colobidae)* ist, hat einen außerordentlich treffenden Namen, denn das Männchen besitzt eine bis zu 10 cm lange herunterhängende Gurkennase. Bei der Nahrungsaufnahme ist dieser Rüssel oft im Weg und muß mit einer Hand beiseite gehalten werden. Bei Weibchen und Jungtieren ist die Nase weniger stark ausgeprägt.

Der 55-75 cm lange Nasenaffe bewohnt in Gruppen von 1-2 Männchen und einigen Weibchen mit Jungtieren Mangrovensümpfe und Baumbestände an Flußufern. Die lauten, kreischenden Rufe sind schon von weitem zu hören.

Wie bei anderen Vertretern der Familie Schlanknasen besteht die Nahrung des Nasenaffen aus verschiedenen Sumpfpflanzen, Sprößlingen, Blättern und Früchten, die er auf Bäumen, am Boden und im Wasser sucht. (Verbreitung: Borneo)

Roter Stummelaffe *(Colobus badius)*

Die einzige Gattung aus der Familie der Schlankaffen *(Colobidae)*, die in Afrika lebt, ist die der etwa 60-70 cm langen Stummelaffen. Während das Fell des Roten Stummelaffen orangerot gefärbt ist, existieren mehrere Unterarten in anderen Farbvarianten, zum Teil mit schwarzen Körperpartien. Innerhalb ihres Lebensraumes, den Regenwäldern in Wassernähe, schließen sich mehrere Familienverbände zu größeren Gruppen von manchmal über 100 Tieren zusammen. Es ist ein eindrucksvolles Schauspiel, die gewandten Kletterer durch das Geäst hoher Bäume turnen zu sehen. Hier finden sie genügend Nahrung wie z.B. Früchte, Blätter und junge Triebe.

Das einzelne Junge wird von der Mutter aufgezogen, bis es nach einem Jahr selbständig ist. (Verbreitung: Westafrika, Kongobecken)

▽

Siamang *(Symphalangus syndactylus)*

Mit einer Länge von annähernd einem Meter ist der Siamang *(Hylobatidae)* der größte Gibbon. Seine auseinandergestreckten Arme haben eine Spanne von 1,50-1,80 m. Der gesamte Körper ist schwarz behaart, unterhalb des Kopfes liegt ein aufblasbarer Kehlsack, der zur Unterstützung der lauten, bellenden Schreie dient. Trotz seiner Größe und des Gewichts von 20 kg turnt der Siamang akrobatisch im Geäst großer Bäume. Er frißt Früchte und andere Pflanzenteile, mitunter auch Insekten und Eier.

Jüngere erwachsene Tiere leben allein, bis sie einen Partner gefunden haben. Paare mit mehreren Jungen bewohnen ein festes Territorium. (Verbreitung: Bergwälder Sumatras und Malaysias)

▽

Lar *(Hylobates lar)* △

Mit unglaublichem Geschick schwingt sich der 50-80 cm lange Lar aus der Familie der Gibbons *(Hylobatidae)* von Ast zu Ast. Die langen Arme ermöglichen ihm einen weiten und stets sicheren Griff. Das Fell des Lars, der auch Weißhandgibbon genannt wird, ist gräulich-gelb und kann bis zu Schwarz variieren. Hände und Füße sind jedoch stets sehr hell gefärbt. Wie die anderen Gibbons kommt auch der Lar nur selten an den Boden. Seine Nahrung aus verschiedenen Pflanzen findet er in den Baumkronen.

In der Regel bilden ein Männchen, ein Weibchen und einige Jungtiere einen Familienverbund. Die Jungen bleiben über 2 Jahre bei der Mutter. (Verbreitung: Südostasien)

Orang-Utan *(Pongo pygmaeus)*

Das Wort Orang-Utan stammt aus der malaiischen ▷ Sprache und bedeutet Waldmensch. Tatsächlich ist diese urtümliche Namensgebung gar nicht sehr falsch, denn der Orang-Utan ist einer der nächsten Verwandten des Menschen und bewohnt dichte Regenwälder Indonesiens. Trotz seiner Größe von 1,5 m bewegt er sich dank seiner langen Arme sicher hangelnd durchs Geäst. Einzeln oder paarweise durchstreift der Orang-Utan aus der Familie der Menschenaffen *(Pongidae)* den Dschungel und sucht nach Früchten, verschiedenen Pflanzenteilen, kleinen Vögeln und deren Eiern. Für die Nacht bereitet er ein Baumlager aus Zweigen und Blättern.

Nach einer Tragzeit von 9 Monaten kommt in der Regel ein Junges zur Welt, das etwa 6 Monate gesäugt und von der Mutter hingebungsvoll betreut wird.

Leider sind die friedfertigen Tiere heute vom Aussterben bedroht, da ihr Lebensraum wirtschaftlicher Nutzung weichen muß. Auch gewisse Schutzmaßnahmen können nicht darüber hinwegtäuschen, daß diese Art in der Zukunft nur geringe Überlebenschancen haben wird. (Verbreitung: Sumatra, Borneo)

Gorilla *(Gorilla gorilla)*

◁ Der mit Abstand größte Vertreter der Primaten ist der Gorilla *(Pongidae)*. Obwohl vor allem die teilweise zwei Meter großen Männchen mit ihrem kraftvollen Körper und dem mächtigen Gebiß auf den ersten Blick furchterregend aussehen, ist der Gorilla im Grunde ein sanftmütiges Tier. Seine unglaubliche Kraft setzt er nur ein, wenn er sich ernstlich bedroht fühlt. Es lohnt sich, in einem Zoo die Verhaltensweise der Tiere innerhalb der Gruppe zu beobachten. In Freiheit bewohnt die in ihrem Bestand äußerst gefährdete Art Regenwälder bis in eine Höhe von 3000 m. Man unterscheidet bei diesen Tieren zwischen Flachland- und Berggorillas.

Der Gorilla ernährt sich ausschließlich von Pflanzen, die er in Bäumen und am Boden sucht. Die Nacht verbringen Weibchen und Jungtiere in selbstgebauten Schlafnestern auf Bäumen, während die oft erheblich größeren Männchen infolge ihres Gewichts am Fuß der Bäume schlafen.

Ein Gorillababy, das nach 9 Monaten zur Welt kommt, ist von der Mutter völlig abhängig. Erst nach ungefähr 5 Monaten kann es laufen und klettern, und es dauert ca. 3 Jahre, bis es die Mutter verläßt und eigene Wege geht. (Verbreitung: Afrika)

Schimpanse *(Pan troglodytes)*

◁ Neben seinem menschlichen Aussehen ist der ca. 1,6 m große Schimpanse *(Pongidae)* aufgrund seiner außerordentlichen Intelligenz die Tierart, welche den Menschen am nächsten steht. Innerhalb der sozialen Gruppe, die aus Tieren beiderlei Geschlechts bestehen kann, findet eine rege Kommunikation aus Lauten und Gesten statt.

Mit seinen Greifhänden kann der Schimpanse Werkzeuge für unterschiedliche Zwecke benutzen. Es wurde beobachtet, daß Schimpansen, aufrecht stehend, einem angreifenden Raubtier Knüppel entgegengeschleudert haben oder mit einem dünnen Zweig in Termitenbauten stochern, um anschließend die Insekten davon abzulecken. Der Primat frißt in der Hauptsache jedoch Pflanzennahrung wie z.B. Früchte. (Verbreitung: Afrika)

Bonobo / Zwergschimpanse

(Pan paniscus)

Obgleich der knapp einen Meter große Bonobo *(Pongidae)* von Zoologen oft als Unterart des Schimpansen betrachtet wird, gibt es doch etliche Unterschiede, die dafür sprechen, Bonobos als eigenständige Art anzusehen. Neben der deutlich geringeren Größe fällt die schlankere und langgliedrigere Statur auf. Auch das Paarungsverhalten des Bonobo unterscheidet sich von dem der anderen Schimpansen, so daß normalerweise keine Paarung untereinander stattfindet. ▷

Der Bonobo ist ein Urwaldschimpanse, der sich deutlich öfter an Ästen hangelnd fortbewegt als seine größeren Brüder. Ansonsten ähnelt er im Verhalten und Aussehen den übrigen Schimpansen.

Das Weibchen bringt nach ca. 230 Tagen ein Junges zur Welt, das es aufopferungsvoll umsorgt. (Verbreitung: Afrika, und zwar südlich des Kongostroms)

Register

A

Aalartige 113
Acanthocardia tuberculata 28
Acanthocinus aedilis 82
Acarina 38
Accipiter gentilis 141
Acherontia atropos 102
Acinonyx jubatus 196
Acipenser sturio 112
Acipenseriformes 112
Acrania 109
Adalia bipunctata 78
Admiral 99
Aegeria apiformis 94
Aegypius monachus 142
Aepyceros melampus 209
Aeschna cyanea 50
Affen 214
Afrikanischer Elefant 200
Agelastica alni 83
Aglais urticae 98
Aguila chrysaetos 140
Ährenfischartige 121
Ailuropoda melanoleuca 193
Alca torda 161
Alcedo atthis 171
Alces alces 206
Alciformes 161
Alepisaurus ferox 115
Alkenvögel 161
Alopias vulpinus 111
Alpenbock 80
Alpenschneehuhn 163
Altai-Pfeifhase 186
Alucita pentadactyla 95
Alytes obstetricans 129
Ameisenjungfer,
siehe Ameisenlöwe
Ameisenlöwe 88
Ammophila sabulosa 66
Amöbe 9
Amphibia 127
Amphipoda 42
Anas clypeata 155
Ancylus fluviatilis 20
Anguilla anguilla 113
Anguilliformes 113
Anguillula aceti 16
Anguis fragilis 135
Anisoptera 50
Annelida 31
Anobium punctatum 77
Anomia ephippium 26
Anostraca 41
Anser anser 155
Anseranas semipalmata 156
Anseriformes 155
Anthocharis cardamines 96
Anthonomus pomorum 85
Antidorcas marsupialis 210
Anudonta cygnaea 27
Anura 129
Apatura iris 98
Apfelblattsauger 57
Apfelblütenstecher 85
Aphaniptera 92
Aphrodite aculeata 32
Apis mellifera 68
Apoda 127
Apodiformes 169
Apollo 96
Aptenodytes forsteri 147
Apterygota 47
Apteryx australis 146
Apus apus 169
Ara macao 167
Arachnida 34
Araneae 34
Araneus diadematus 35
Arctia caja 105
Arenicola marina 32
Argyroneta aquatica 36
Arianta arbustorum 23
Arion rufus 23
Aromia moschata 82
Arthropoda 33
Articulata 31
Artyodactyla 203
Arvicola terrestris 189
Asiatischer Elefant 200
Asilus crabroniformis 90
Asseln 43
Astacus astacus 43
Asterias rubens 108
Asteroidea 108
Astropecten aurantiacus 108
Atheriniformes 121
Atlantische Makrele 124
Atlantischer Eissturmvogel 150
Atlantischer Lachs 114
Attagenus pellio 75
Augentier 10
Aurorafalter 96
Austernfischer 157
Autographa gamma 106
Aves 139

B

Bachflohkrebs 42
Bachforelle 114
Bachschmerle 119
Badeschwamm 12
Balaenoptera musculus 201
Balaninus nucum 85
Bankivahuhn 163
Barschfische 123
Baßtölpel 151
Beilbauchfisch 119
Belone belone 121
Bernsteinschnecke 21
Bettwanze 61
Beutelteufel 181
Beuteltiere 180
Biber 188
Bienenwolf 66
Birkenblattroller 86
Birkenspanner 101
Bison 209
Bison bison 209
Biston betularia 101
Bitterling 116
Bivalvia 25
Blattgrüne Mamba 137
Blatta orientalis 52
Blattaria 52
Blattflügler 88
Blattfußkrebse 41
Blaue Schmeißfliege 92
Blauer Erlenblattkäfer 83
Blauer Scheibenbock 81
Blaugrüne Mosaikjungfer 50
Blauhai 111
Blaukehlchen 176
Blauwal 201
Blinde Turmschnecke 22
Blindschleiche 135
Blindwühlen 127
Blutroter Schnellkäfer 76
Blutzikade 57
Boa Constrictor 138
Bolitobius lunulatus 72
Bombus terrestris 68
Bombycilla garrulus 173
Bombylius major 90

Bonobo 220
Bos mutus 208
Branchiostoma lanceolatum 109
Branchipus stagnalis 41
Brandgans 155
Braunbär 192
Braune Beerenwanze 61
Braune Venusmuschel 28
Brauner Bär 105
Brauner Kolibri 170
Brauner Schlangenstern 108
Brauner Steinläufer 45
Breitmaulnashorn 212
Brillenschlange 137
Buccinum undatum 19
Buchdrucker 86
Bücherskorpion 39
Bufo bufo 129
Bunodactis verrucosa 14
Bunter Pilzkurzflügler 72
Buntfüßige Sturmschwalbe 150
Buntspecht 172
Burhinus oedicnemus 159
Buteo buteo 140

C

Callidium violaceum 81
Calliphora vicina 92
Callista chione 28
Calopteryx splendens 49
Camelus bactrianus ferus 204
Campodea fragilis 47
Camponotus herculeanus 65
Canis lupus 191
Capra ibex 210
Capreolus capreolus 205
Caprimulgiformes 169
Caprimulgus europaeus 169
Capybara, siehe Wasserschwein
Carabus auratus 69
Carabus violaceus 69
Carassius auratus 117
Carausius morosus 56
Carduelis carduelis 176
Carnivara 191
Casmerodius albus 153
Cassida viridis 84
Castor fiber 188
Casuarius casuarius 146
Catocala nupta 106
Caudata 128
Cecilioides acicula 22
Celerio euphorbiae 102
Cepaea nemoralis 24
Cephalopoda 30
Cepphus grylle 162
Cerambyx cerdo 81
Ceratotherium simum 212
Cercopis vulnerata 57
Cercopithecus aethiops 216
Cervus elaphus 205
Cetacea 201
Cetonia aurata 73
Chalcides bedriagai 134
Chamaeleo chamaeleo 133
Charadriiformes 157
Charadrius hiaticula 157
Chauliodus sloani 116
Chelifer cancroides 39
Chelonia 131
Cheloniidae 132
Chilopoda 45
Chiroptera 185
Chlorohydra viridissima 13
Chondrichthyes 111
Chordata 109
Chordatiere 109 ff.
Chrysis iguata 65
Chrysopa vulgaris 88
Chrysozona pluvialis 90
Cicindela campestris 70
Cicinnurus regius 178
Ciconia ciconia 153
Ciconiiformes 153
Cimex lectulárius 61
Circus pygargus 141
Cirripedia 42
Cladocera 42
Clausilia dubia 22
Clupea harengus 113
Clupeiformes 113
Cnidaria 13
Coccinella septempunctata 78
Coelenterata 13
Coleoptera 69
Colobus badius 217
Colorado-Kartoffelkäfer 83
Columba palumbus 166
Columbiformes 166
Constrictor constrictor 138
Copepoda 41
Coraciiformes 171
Cossus cossus 93
Crangon crangon 43
Crax rubra 163
Cricetus cricetus 188
Crocodylia 132
Crocodylus porosus 132
Crocuta crocuta 195
Crustacea 40
Cryptocephalus sericeus 84
Cuculiformes 167
Cuculus canorus 167
Culex pipiens 89
Cyclostomata 110
Cynips quercusfolii 64
Cypriniformes 116
Cyprinus carpio 118

D

Dachs 194
Daphnia pulex 42
Dasypoda plumipes 67
Daubentonia madagas-cariensis 213
Decapoda 43
Dendroaspis angusticeps 137
Dendrocoelum lacteum 15
Dendrolagus matschiei 182
Dendrolimus pini 100
Dentalium dentale 25
Deporaus betulae 86
Dermaptera 51
Dermestes lardarius 76
Dermochelis coriacea 132
Deroceras agreste 23
Deutsche Wespe 67
Didelphis virginiana 180
Diprion pini 63
Diptera 89
Distelfink, siehe Stieglitz
Dolycoris baccárum 61
Doppelschwanz 47
Dornhaiartige 111
Dorschartige 120
Drescherhai, siehe Fuchshai
Dreistachliger Stichling 122
Dromaius novaehollandiae 145
Dugong 199
Dugong dugong 199
Dukatenfalter 98
Dytiscus marginalis 70

E

Eberfischartige 123
Echinodermata 107

Echinoidea 107
Echinus esculentus 107
Echter Bonito 124
Edelsteinkoralle 13
Edelsteinrose 14
Edentata 183
Eichelhäher 178
Eichengallwespe 64
Eichenprozessionsspinner 103
Eichhörnchen 187
Einsiedlerkrebs 44
Eintagsfliege 48
Eintagsfliegen 48
Eisbär 192
Eisvogel 171
Elater sanguineus 76
Elch 206
Electrophorus electricus 118
Elefantenschildkröte 132
Elephas maximus 200
Elster 177
Emu 145
Emys orbicularis 131
Enhydra lutris 194
Ensis siliqua 29
Enterobius vermicularis 16
Ephemera danica 48
Ephemeroptera 48
Epitonium clathrus 18
Equus grevyi 211
Equus przewalskii 211
Erdferkel 183
Erdhummel 68
Erdkröte 129
Erebia medusa 99
Erinaceus europaeus 184
Eriocheir sinensis 44
Eßbarer Seeigel 107
Eselspinguin 148
Esox lucius 115
Essigälchen 16
Eucobresia diaphana 22
Eudiptula minor 147
Euglena 10
Eulenvögel 168
Eupagurus bernhardus 44
Euproctis chrysorrhoea 104
Europäische Auster 26
Europäische Sumpf-schildkröte 131
Europäischer Flußaal 113
Europäischer Igel 184
Europäischer Maulwurf 184
Europäischer Skorpion 39
Europäisches Chamäleon 133
Europäisches Wildkaninchen 186
Euscorpius carpathicus 39
Euthynnus pelamis 124
Exocoetus volitans 122

F

Falconiformes 140
Falco peregrinus 143
Falco tinnunculus 143
Fallkäfer 84
Fangheuschrecken 55
Fasan 164
Federling 59
Feingerippte Schließmund-schnecke 22
Feldgrille 54
Feldsandlaufkäfer 70
Feuergoldwespe 65
Feuerkäfer, siehe Kardinalkäfer
Feuersalamander 128
Feuerwanze 60
Fingertier 213
Fischwühle 127
Flaggensylphe 170
Flamingo 154
Fledertiere 185
Flöhe 92
Flohkrebse 42
Florfliege 88
Flugfisch, siehe Schwalbenfisch
Flußbarsch 123
Flußkrebs 43
Flußnapfschnecke 20
Flußperlmuschel 27
Flußpferd 203
Flußseeschwalbe 160
Forficula auricularia 51
Formica rufa 65
Fratercula arctica 162
Froschlurche 129
Frühlings-Mistkäfer 73
Fuchshai 111
Fulmarus glacialis 150

G

Gadiformes 120
Galago senegalensis 214
Galapagospinguin 148
Galliformes 163
Gallinula chloropus 165
Gallus gallus 163
Gammaeule 106
Gammarus pulex 42
Gänsevögel 155
Garrulus glandarius 178
Gasteropelecus sternicla 119
Gasterosteiformes 122
Gasterosteus aculeatus 122
Gastropoda 17
Gavia arctica 149
Gaviiformes 149
Gebänderte Prachtlibelle 49
Geburtshelferkröte 129
Gefleckte Schnirkel-schnecke 23
Gefleckter Pelzkäfer 75
Gelbrandkäfer 70
Gemeine Ackerschnecke 23
Gemeine Entenmuschel 42
Gemeine Garnele 43
Gemeine Küchenschabe 52
Gemeine Seemaus 32
Gemeine Wendeltreppe 18
Gemeiner Gründling 117
Gemeiner Holzwurm 77
Gemeiner Kalmar 30
Gemeiner Krake 30
Gemeiner Ohrwurm 51
Gemeiner Regenwurm 31
Gemeiner Schiffsbohrwurm 29
Gemeiner Seestern 108
Gemeiner Stör 112
Gemeiner Tintenfisch 30
Gemeiner Totengräber 71
Gemeiner Wasserfloh 42
Gemeiner Weberknecht 37
Geneta genetta 195
Genett, siehe Kleinfleck-Ginsterkatze
Geometra papilionaria 101
Geotrupes stercorarius 73
Geotrupes vernalis 73
Gepard 196
Gérris gibbifer 62
Gespenstschrecken 55
Gestreifter Thunfisch, siehe Echter Bonito
Geweihschwamm 12
Gewöhnlicher Flossenfuß 134
Giebel 117
Giraffa camelopardalis 207
Giraffe 207

Glanzrüßler 85
Gliederfüßer 33 ff.
Gliedertiere 31
Gliederwürmer, siehe Ringelwürmer
Gobio gobio 117
Goldafter 104
Goldbutt 125
Goldfisch, siehe Giebel
Goldlaufkäfer 69
Goldleiste 69
Goldschmied, siehe Goldlaufkäfer
Gonepteryx rhamni 96
Goniodes colchicus 59
Gorilla 219
Gorilla gorilla 219
Gottesanbeterin 55
Grabfüßer 25
Graphosoma italicum 60
Grasfrosch 130
Graue Fleischfliege 92
Grauer Wollaffe 215
Graugans 155
Greifvögel 140
Grévyzebra 211
Große scharlachrote Milbe 38
Große Vielfraßschnecke 21
Großer Ameisenbär 183
Großer Mistkäfer 73
Großer Panda 193
Großer Rückenstrahler 41
Großer Schillerfalter 98
Großer Tümmler 202
Großer Wollschweber 90
Großes Glühwürmchen 75
Großes Nachtpfauenauge 101
Großlibellen 50
Grottenolm 128
Gruiformes 165
Grüne Meerkatze 216
Grüner Eichenwickler 94
Grüner Leguan 133
Grüner Schildkäfer 84
Grünes Blatt 101
Grünes Heupferd 54
Grus grus 165
Gryllotalpa gryllotalpa 55
Grylleiste 162
Gryllus campestris 54
Guanako 204
Gymnogypus californianus 144
Gyrinus natator 70

H

Habicht 141
Haematopus ostralegus 157
Haie 111
Hainschnirkelschnecke 24
Halbaffen 213
Haliotis tuberculata 17
Halocynthia papillosa 109
Haltica oleracea 84
Hamster 188
Haselmaus 187
Haselnußbohrer 85
Hasentiere 186
Häubchenmuschel 27
Haubentaucher 149
Hauhechel-Bläuling 97
Hausbock 81
Hausmaus 189
Hausmutter 106
Haussperling 175
Hausspinne 35
Hautflügler 63
Hecht 115
Hechtdorsch 121
Heideschnecke 24
Heilbutt 126
Heldbock 81
Helicella itala 24
Helix pomatia 24
Hellroter Ara 167
Hemaris tityus 103
Heodes virgaureae 98
Hering 113
Heringsartige 113
Heringskönig 123
Heringsmöwe 160
Heteroptera 60
Himantopus himantopus 158
Hippocampus hippocampus 122
Hippoglossum hippoglossum 126
Hippopotamus amphibius 203
Hirschkäfer 74
Hirudo medicinalis 31
Hirundo rustica 173
Hister bipustulatus 72
Höhere Insekten 48
Hohltiere 13
Hokko 163
Holothuria tubulosa 107
Holothurioidea 107
Holzbock 38
Holzschlupfwespe 63
Homoptera 57
Honigbiene 68
Hornhecht 121
Hornisse 67
Hornissenjagdfliege 90
Hornissenschwärmer 94
Hosenbiene 67
Hühnervögel 163
Hundertfüßer 45
Hydra 13
Hydrochoerus hydrochaeris 190
Hydrous piceus 71
Hyla arborea 130
Hylobates lar 218
Hylotrupes bajulus 81
Hymenoptera 63
Hyracoidea 199

I

Ichthyophis glutinosus 127
Iguana iguana 133
Impala 209
Inachis io 99
Indischer Flughund 185
Inger 110
Insecta 46
Insectivora 184
Insekten 46
Insektenfresser 184
Ips typographus 86
Ischyropsalis helwigii 37
Isopoda 43
Isoptera 56
Iulus fallax 45
Ixodes ricinus 38

J

Jakobskrautbär 105
Jakobsmuschel 25

K

Käfer 69
Käferschnecke 17
Käferschnecken 17
Kaffernbüffel 208
Kaiserpinguin 147
Kalifornischer Kondor 144
Kamel 204
Kamelhalsfliegen 87
Kamelhalsfliegen 87

Kap-Klippschliefer 199
Kardinalkäfer 79
Karibu, siehe Rentier
Karpfen 118
Karpfenartige 116
Kasuar 146
Katta 213
Kibitz 157
Kiefernbuschhorn-Blattwespe 63
Kiefernspinner 100
Kiemenfußkrebse 41
Kirschenfliege 91
Kiwi 146
Kleidermotte 93
Kleine Hufeisennase 185
Kleine Strandschnecke 18
Kleiner Fuchs 98
Kleinfleck-Ginsterkatze 195
Kleinlibellen 49
Kloakentiere 179
Knoblauchkröte 129
Knochenfische 112
Knorpelfische 111
Knotige Herzmuschel 28
Koala 181
Kohl-Erdfloh 84
Kohlmeise 175
Kohlschnake 89
Kohlweißling 97
Kolbenwasserkäfer 71
Kolibris 170
Königsparadiesvogel 178
Königsschlange, siehe Boa Constrictor
Kopffüßer 30
Kopflaus 59
Kormoran 151
Krabbenspinne 34
Kranich 165
Kranichvögel 165
Kräuterdieb 77
Krebstiere 40
Kreuzotter 136
Kreuzspinne 35
Kriechtiere 131
Krokodile 132
Kuckuck 167
Kuckucksvögel 167
Kugelfischartige 123
Kugeltierchen 10

L

Lacerta viridis 135
Lachmöwe 160
Lachsartige 114
Lagomorpha 186
Lagopus mutus 163
Lagothrix lagothricha 215
Lama guanicoe 204
Lamniformes 111
Lampra rutilans 75
Lampyris noctiluca 75
Lanius excubitor 174
Lanzenfisch 115
Lanzettfischchen 109
Lappentaucher 149
Lar 218
Lariformes 159
Larus argentatus 159
Larus fuscus 160
Larus ridibundus 160
Laternenfisch 116
Laubfrosch 130
Laufvögel 145
Lederschildkröte 132
Leistenkrokodil 132
Lemur catta 213
Lepas anatifera 42
Lepidochiton cinereus 17
Lepidoptera 93
Lepisma saccharina 48
Leptinotarsa decemlineata 83
Lepus timidus 186
Leuchtqualle 14
Libellen 49
Libellula depressa 50
Lilienhähnchen 83
Lilioceris lilii 83
Lima lima 26
Limnochares aquatica 38
Limosa limosa 159
Lindenprachtkäfer 75
Liposcelis divinatorius 59
Lithobius forficatus 45
Littorina neritoides 18
Locusta migratoria 53
Lodigo vulgaris 30
Löffelente 155
Löffler 154
Löwe 197
Loxodonta africana 200
Lucanus cervus 74
Iullus fallax 45
Lumbricus terrestris 31
Lurche 127
Luscinia svecica 176
Lymantria monacha 104
Lymnaea stagnalis 20
Lyonetia clerkella 94

M

Macaca sylvana 215
Macrocyclops fuscus 41
Macroglossum stellatarum103
Macropus rufus 182
Madenwurm 16
Magot 215
Maikäfer 74
Maiwurm, siehe Ölkäfer
Malacosoma neustrium 100
Mammalia 179
Mandrill 216
Mandrillus sphinx 216
Manis gigantea 183
Manta birostris 112
Manteltiere 109
Mantis religiosa 55
Mantodea 55
Margaritifera margaritifera 27
Marmor-Zitterrochen 112
Marsupialia 180
Matschie-Baumkänguruh 182
Mauerassel 43
Mauergecko 134
Mauersegler 169
Maulwurfsgrille 55
Maurische Landschildkröte 131
Mäusebussard 140
Mecoptera 87
Medizinischer Blutegel 31
Meerengel 111
Meerneunauge 110
Meerzahn 25
Megaloptera 87
Melanogrammus aeglefinus 120
Meles meles 194
Meloe violaceus 79
Melolontha vulgaris 74
Menschenfloh 92
Merluccius merluccius 121
Metazoa 11
Milben 38
Milchweiße Planarie 15

Milvus milvus 141
Misumena vatia 34
Mittelmeermies-
muschel 25
Mola mola 123
Mollusca 17
Mönchsgeier 142
Mönchsgrasmücke 174
Mondfisch 123
Mondvogel 104
Monotremata 179
Moosschraube 21
Moschusbock 82
Motacilla flava 174
Möwen 159
Mus musculus 189
Musca domestica 91
Muscardinus avellanarius 187
Muscheln 25
Musculium lacustre 27
Mya arenaria 29
Myctophum punctatum 116
Myiatropa florea 91
Myriopoda 45
Myrmecophaga tridactyla 183
Myrmeleon formicarius 88
Mytilus galloprovincialis 25
Myxine glutinosa 110

N

Nachtschwalben 169
Nacktnasenwombat 180
Nagetiere 187
Naja naja 137
Nasalis larvatus 217
Nasenaffe 217
Nassarius reticulatus 19
Natrix natrix 136
Necrophorus vespillo 71
Nemathelminthes 15
Neonfisch 119
Neophron percnopterus 142
Népa cinerea 61
Nesseltiere 13 ff.
Netzreusenschnecke 19
Niedere Würmer 15 ff.
Noctua pronuba 106
Noemacheilus barbatulus 119
Nonne 104
Notonécta glauca 62
Notostraca 41
Nyctea scandiaca 168

O

Obstbaum-Miniermotte 94
Oceanites oceanicus 150
Ochotona alpina 186
Ochsenfrosch 130
Ocreatus underwoodi 170
Octopus vulgaris 30
Odobenus rosmarus 198
Odonata 49
Ohrenförmige Glasschnecke 22
Ohrwürmer 51
Okapi 207
Okapia johnstoni 207
Ölkäfer 79
Oniscus aselus 43
Ophioderma longicauda 108
Ophiuroidea 108
Opiliones 37
Orang-Utan 219
Orcinus orca 202
Oriolus oriolus 177
Ornithorhynchus anatinus 179
Orycteropus afer 183
Oryctolagus cuniculus 186
Osteichthyes 112
Ostrea edulis 26

P

Paarhufer 203
Pan paniscus 220
Pan troglodytes 220
Panorpa communis 87
Panthera leo 197
Panthera tigris 197
Papageien 167
Papageitaucher 162
Papilio machaon 95
Parnassius apollo 96
Parus major 175
Passer domesticus 175
Passeriformes 173
Pavo cristatus 164
Pecten jacobaeus 25
Pediculus humanus capitis 59
Pelagia noctiluca 14
Pelecaniformes 151
Pelecanus onocrotalus 152
Pelobates fuscus 129
Perca fluviatilis 123
Perciformes 123
Perissodactyla 211
Perla burmeisteriana 51
Petromyzon marinus 110
Pfau 164
Pflanzensauger 57
Phaethon rubricauda 152
Phalacrocorax carbo 151
Phalangium opilio 37
Phalera bucephala 104
Pharomachrus mocino 169
Phasanius colchicus 164
Phascolarctos cinereus 181
Phasmida 55
Philanthus triangulium 66
Phoca vitulina 198
Phoenicopterus ruber 154
Pholidota 183
Phthiraptera 59
Physeter catodon 201
Pica pica 177
Piciformes 172
Picoides major 172
Pieris brassicae 97
Pierwurm, siehe Sandwurm
Pilgermuschel, siehe Jakobs-
muschel
Pinguine 147
Pinnipedia 198
Pirol 177
Planipennia 88
Planorbarius corneus 20
Platalea leucorodia 154
Plathelminthes 15
Plattbauch-Libelle 50
Plattfische 125
Plattwürmer 15
Plecoptera 51
Pleuronectes platessa 125
Pleuronectiformes 125
Podiceps cristatus 149
Podicipediformes 149
Podura aquatica 47
Polydrusus sericeus 85
Polyommatus icarus 97
Polyplacophora 17
Pongo pygmaeus 219
Porifera 11
Posthornschnecke 20
Pottwal 201
Pracheirodon innesi 119
Prachttaucher 149
Priapswürmer 16
Priapulida 16
Primaten 213

Primates 213
Prionace glauca 111
Prionus coriarius 79
Proboscidea 200
Procavia capensis 199
Procellariiformes 150
Procyon lotor 193
Prosimiae 213
Proteus anguineus 128
Protozoa 9
Przewalski-Pferd 211
Psittaciformes 167
Psocoptera 59
Psophus stridulus 54
Psylla mali 57
Pterophyllum scalare 125
Pteroptus giganteus 185
Pterygota 48
Ptinus fur 77
Pulex irritans 92
Puma 196
Puma concolor 196
Pupilla muscorum 21
Purpura lapillus 19
Purpurbock 80
Purpuricenus kaehleri 80
Purpurschnecke 19
Pygopus lepidopodus 134
Pygoscelis papua 148
Pyrochroa coccinea 79
Pyrrhócoris ápterus 60
Python molurus 138

Q

Quadraspidiotus perniciosus 58
Quetzal 169

R

Rackenvögel 171
Rajiformes 112
Ramphastus toco 172
Rana catesbeiana 130
Rana temporaria 130
Rangifer tarandus 206
Rankenfüßer 42
Raphidia notata 87
Raphidioptera 87
Rattus norvegicus 190
Raubtiere 191
Raubwürger 174
Rauchschwalbe 173
Reblaus 58
Recurvirostra avosetta 158
Regenbremse 90
Regenpfeiferartige 157
Regulus regulus 175
Reh 205
Rentier 206
Reptilia 131
Rettichschwamm 12
Rhagoletis cerasi 91
Rhinolophus hipposiderus 185
Rhodeus sericeus 116
Rhyssa persuasoria 63
Riesen-Hüpferling 41
Riesenameise 65
Riesenholzwespe 64
Riesenmanta 112
Riesenschuppentier 183
Riesentukan 172
Ringelnatter 136
Ringelspinner 100
Ringeltauben 166
Ringelwürmer 31 ff.
Rochen 112
Rodentia 187
Röhrenholothurie 107
Röhrennasen 150
Röhrenzähner 183
Rosalia alpina 80
Rosapelikan 152
Rosenkäfer 73
Rote Schnarrheuschrecke 54
Rote Seescheide 109
Rote Waldameise 65
Rote Wegschnecke 23
Roter Kammstern 108
Roter Stummelaffe 217
Rotes Ordensband 106
Rotes Riesenkänguruh 182
Rotfeder 117
Rotfuchs 191
Rothirsch 205
Rotmilan 141
Rotschwanz-Tropikvogel 152
Rückenschaler, siehe Blattfußkrebse
Rückenschwimmer 62
Ruderfüßer 151
Ruderfußkrebse 41
Rundmäuler 110
Rüsseltiere 200

S

Sabella pavonia 32
Säbelschnäbler 158
Sägebock 79
Sagittarius serpentarius 144
Saimiri sciureus 214
Salamandra salamandra 128
Salmo salar 114
Salmo trutta 114
Salmoniformes 114
Saltatoria 53
San-José-Schildlaus 58
Sand-Wegwespe 66
Sandklaffmuschel 29
Sandregenpfeifer 157
Sandwurm 32
Sarcophaga carnaria 92
Sarcophilus harrisi 181
Sattelmuschel 26
Saturnia pyri 101
Säugetiere 179
Scaphopoda 25
Scardinius erythrophthalmus 117
Schaben 52
Schädellose 109
Schafstelze 174
Schellfisch 120
Schermaus 189
Schildkröten 131
Schimpanse 220
Schlammfliege 87
Schlammfliegen 87
Schlangen 136
Schlangensterne 108
Schlauchwürmer 15
Schleiereule 168
Schleimaal, siehe Inger
Schliefer 199
Schmetterlinge 93
Schmutzgeier 142
Schnabelhafte 87
Schnabeltier 179
Schnecken 17
Schneckenkanker 37
Schnee-Eule 168
Schneehase 186
Schnurfüßer 45
Scholle, siehe Goldbutt

Schotenförmige Messerscheide 29
Schrecken 53
Schreitvögel 153
Schuppenkriechtiere 133
Schuppentiere 183
Schuppige Feilenmuschel 26
Schwalbenfisch 122
Schwalbenschwanz 95
Schwämme 11 ff.
Schwanzlurche 128
Schwarzfersenantilope, siehe Impala
Schwebfliege 91
Schwertfisch 125
Schwertwal 202
Sciurus vulgaris 187
Scolecida 15
Scomber scombrus 124
Scorpiones 39
Seehecht, siehe Hechtdorsch
Seehund 198
Seeigel 107
Seekühe 199
Seenadelartige 122
Seeohr 17
Seeotter 194
Seepferdchen 122
Seeschildkröten 132
Seesterne 108
Seetaucher 149
Seewalzen 107
Seezunge 126
Segelflosser 125
Seglervögel 169
Seidenschwanz 173
Sekretär 144
Selasphorus rufus 170
Senegalgalago 214
Sepia officinalis 30
Serpentes 136
Sialis fuliginosa 87
Siamang 218
Siebenpunkt-Marienkäfer 78
Silberfischchen 48
Silbermöwe 159
Silberreiher 153
Silurus glanis 120
Simiae 214
Sirenen, siehe Seekühe
Sirenia 199
Sirex gigas 64
Skabiosenschwärmer 103
Skorpione 39
Skorpionsfliege 87
Smaragdeidechse 135
Solea vulgaris 126
Sommerkiemenfuß 41
Sorex araneus 184
Spalax leucodon 189
Spaltfußgans 156
Spanischer Walzenskink 134
Spechtvögel 172
Speckkäfer 76
Sperlingsvögel 173
Sphenisciformes 147
Spheniscus mendiculus 148
Spiegelkarpfen, siehe Karpfen
Spinnen 34
Spinnentiere 34
Spitz-Schlammschnecke 20
Spongia officinalis 12
Spongilla lacustris 12
Springbock 210
Squaliformes 111
Squamata 133
Squatina squatina 111
Stabheuschrecke 56
Stachelhäuter 107 ff.
Staphylinus olens 72
Staublaus 59
Staubläuse 59
Stechmücke 89
Steinadler 140
Steinbock 210
Steinbrech-Widderchen 93
Steinfliege 51
Steinfliegen 51
Stelzenläufer 158
Stentor polymorphus 10
Sterna hirundo 160
Stichlingsartige 122
Stieglitz 176
Stinkender Raubkäfer 72
Störe 112
Strahlentierchen 10
Strauß 145
Streifenwanze 60
Streptopelia decaocto 166
Streptopelia turtur 166
Strigiformes 168
Struthio camelus 145
Struthioniformes 145
Stubenfliege 91
Succinea putris 21
Sula bassana 151
Sumpfdeckelschnecke 18
Sus scrofa 203
Süßwasserpolyp, siehe Hydra
Sycon raphanus 12
Sylvia atricapilla 174
Symphalangus syndactylus 218
Synceros caffer 208
Syngnathiformes 122

T

Tadorna tadorna 155
Tagpfauenauge 99
Talpa europaea 184
Tapir 212
Tapirus terrestris 212
Tarantola mauritanica 134
Taubenschwänzchen 103
Taubenvögel 166
Taumelkäfer 70
Tausendfüßer 45
Tegenaria domestica 35
Teichhuhn 165
Teichmolch 128
Teichmuschel 27
Tellina tenuis 28
Teredo navalis 29
Termiten 56
Testudo elephantopus 132
Testudo graeca 131
Tetraodontiformes 123
Tettigonia viridissima 54
Thalarctos maritimus 192
Thalassicolla nucleata 10
Thaumetopoea processionea 103
Thea vigintiduopunctata 78
Thyria jacobaeae 105
Tierläuse 59
Tiger 197
Tigerpython 138
Tineola bisselliella 93
Tintenfische 30
Tipula oleracea 89
Tordalk 161
Torpedo marmorata 112
Tortrix viridiana 94
Totenkopf 102
Totenkopfäffchen 214
Triel 159
Triops cancriformis 41
Triturus vulgaris 128
Trochilidae 170

Trogoniformes 169
Trogons 169
Trompetentierchen 10
Trottellumme 161
Tunicata 109
Tüpfelhyäne 195
Tubulidentata 183
Türkentaube 166
Turmfalke 143
Tursiops troncatus 202
Turteltaube 166
Tyto alba 168

U

Uferschnepfe 159
Unpaarhufer 211
Upupa epops 171
Uria aalge 161
Urinsekten 47
Ursus arctos 192
Urtiere 9 ff.

V

Vanellus vanellus 157
Vanessa atalanta 99
Vertebrata 110
Vespa crabro 67
Vespa germanica 67
Vielzeller 11
Vipera berus 136
Vipernfisch 116
Virginisches Opossum 180
Viteus vitifolii 58
Viviparus viviparus 18
Vögel 139 ff.
Volvox 10
Vombatus ursinus 180
Vulpes vulpes 191

W

Waldspitzmaus 184
Wale 201
Walroß 198
Wanderfalke 143
Wanderheuschrecke 53
Wanderratte 190
Wanzen 60
Waschbär 193
Wasserflöhe 42
Wasserläufer 62
Wasserratte, siehe Schermaus
Wasserraubtiere 198
Wasserschwein 190
Wasserskorpion 61
Wasserspinne 36
Wasserspringschwanz 47
Weberknechte 37
Weichtiere 17 ff.
Weidenbohrer 93
Weinbergschnecke 24
Weißstorch 153
Wellhornschnecke 19
Wels 120
Westblindmaus 189
Wiedehopf 171
Wiesenschwärzling 99
Wiesenweihe 141
Wildschwein 203
Windengeistchen 95
Wintergoldhähnchen 175
Wirbeltiere 110
Wolf 191
Wolfsmilchschwärmer 102
Wolfsspinne 36
Wollhandkrabbe 44

X

Xerolycosa nemoralis 36
Xiphias gladius 125

Y

Yak 208

Z

Zahnlose 183
Zarte Tellmuschel 28
Zebrina detrita 21
Zehnfußkrebse 43
Zeiformes 123
Zeus faber 123
Ziegenmelker 169
Zimmermannsbock 82
Zitronenfalter 96
Zitteraal 118
Zweiflügler 89
Zweipunktiger Stutzkäfer 72
Zweipunkt-Marienkäfer 78
Zweiundzwanzigpunkt-Marienkäfer 78
Zwergpinguin 147
Zwergschimpanse, siehe Bonobo
Zwergschwan 156
Zygaena filipendulae 93
Zygnus columbianus 156
Zygoptera 49